英语语境与翻译策略研究

张婷婷　杨斯媛　孙　丹◎著

图书在版编目（CIP）数据

英语语境与翻译策略研究 / 张婷婷, 杨斯媛, 孙丹著. -- 长春：时代文艺出版社, 2024.1
ISBN 978-7-5387-7295-1

Ⅰ.①英… Ⅱ.①张…②杨…③孙… Ⅲ.①英语－翻译－研究 Ⅳ.①H315.9

中国国家版本馆CIP数据核字(2023)第215814号

英语语境与翻译策略研究
YINGYU YUJING YU FANYI CELUE YANJIU
张婷婷　杨斯媛　孙丹　著

| 出 品 人：吴　刚 |
| 责任编辑：曾艳纯 |
| 装帧设计：文　树 |
| 排版制作：隋淑凤 |

出版发行：时代文艺出版社
地　　址：长春市福祉大路5788号　龙腾国际大厦A座15层　（130118）
电　　话：0431-81629751（总编办）　0431-81629758（发行部）
官方微博：weibo.com/tlapress
开　　本：710mm×1000mm　1/16
字　　数：219千字
印　　张：14.75
印　　刷：廊坊市广阳区九洲印刷厂
版　　次：2024年1月第1版
印　　次：2024年1月第1次印刷
定　　价：76.00元

图书如有印装错误　请寄回印厂调换

前　言

英语语境与翻译策略是一个引人注目的课题，涉及语言学、翻译学和跨文化交际等多个领域。这个领域的研究有助于让人深入理解英语语境对翻译过程和结果的影响，以及翻译者在处理不同语境时选择的策略。

翻译者选择词汇时可能会考察在正式和非正式语境中的词汇选择差异，以及在文学作品和商务文件等不同领域中的词汇应用。在复杂句法结构的情境下，翻译者可以调整句子结构以适应目标语言的语法规则，也可以考察虚拟语气、时态等方面的差异。语境对文化内涵的表达以及社会变迁对语境的影响，在翻译时都需要谨慎处理。翻译者在处理不同语境时采取不同的策略，比如在保留原作情感色彩的同时确保信息的准确传达。研究这些问题有助于揭示语境与翻译之间的复杂关系，为跨文化翻译提供更具体的指导。同时，这个研究也有助于理解英语作为一种全球性语言在不同文化和语境中的运用。

语境与翻译之间的关系是深奥而复杂的，尤其在英语这样的全球性语言中更加显著。英语在不同的语境中承载着丰富的文化内涵，翻译者在处理英语文本时需要敏感地理解并转达这些内涵，灵活运用不同的翻译策略，根据语境选择合适的翻译方式，包括直译、意译、增译或省略等。英语中的时尚词汇、流行短语往往受到社会变迁的影响，翻译者需要了解这些变化，以确保翻译文本在目标语言中具有时效性。

目　录

第一章　英语语境与翻译概述
第一节　英语语境对翻译的重要性 ……………………………… 001
第二节　翻译策略的理论框架 …………………………………… 031
第三节　翻译中常见的语境挑战 ………………………………… 060

第二章　英语语境的特征
第一节　语法和语义特点 ………………………………………… 094
第二节　文化因素在语境中的作用 ……………………………… 114
第三节　行业和领域对语境的影响 ……………………………… 133

第三章　翻译策略的分类与分析
第一节　直译与意译的比较 ……………………………………… 144
第二节　等效翻译策略 …………………………………………… 147
第三节　情境适应的翻译方法 …………………………………… 149

第四章　语境对翻译的影响
第一节　语境与语言层次的关系 ………………………………… 172

第二节　语境对翻译准确性的挑战 …………………………… 189
　　第三节　不同语境下的语用差异 ……………………………… 201

第五章　英语语境对翻译策略的启示

　　第一节　语境与词汇选择 ……………………………………… 213
　　第二节　语境与句法结构 ……………………………………… 219
　　第三节　语境对文化内涵的影响 ……………………………… 221

参考文献 ………………………………………………………… 226

第一章 英语语境与翻译概述

第一节 英语语境对翻译的重要性

一、语境在翻译中的定义和作用

(一) 定义语境

1. 语境的概念

语境是指在文本、对话或事件发生时存在的背景，其中包含了多个方面的信息，如文化、社会和历史等。语境为理解和解释特定内容提供了关键的框架，影响着信息的传递和接收。

2. 语境在翻译中的广义和狭义应用

（1）在广义上，语境包含了所有可能影响翻译的因素，涵盖了文化、社会、历史、言语习惯等多个层面。这种广义的语境应用使译者考虑到更宽泛的背景信息，确保翻译更全面、贴切。

（2）狭义上，语境指的是具体的文本背景，即在特定的语境中进行翻译。这包括了文本所处的场景、对话的前后关系、特定的语境限定词等，对于确保准确的翻译至关重要。

通过广义和狭义两方面的应用，译者能够更全面地考虑到翻译任务中的各种因素，确保翻译文本在语境中的恰当表达。

（二）语境在翻译中的作用

1. 确定词汇和语法选择

语境在翻译中扮演着至关重要的角色。它包括文本所处的文化、历史、社会和特定领域的背景信息。理解这些信息有助于译者更好地把握作者的意图，确保译文更加准确地传达原文的含义。在确定词汇选择时，译者需要考虑文本的语气和风格。不同的场景可能需要不同水平的正式或非正式用语，特定的行业或领域可能有其专有的术语。例如，在法律文件中使用的词汇可能与日常对话中使用的不同，因此译者需要根据语境选择适当的词汇，以确保翻译既准确又符合特定领域的规范。此外，语法结构的选择也是关键。一些语言可能在表达思想或观念时使用不同的结构，因此译者需要理解原文中的语法特点，并在翻译中找到相应的结构。语境还可以影响到语法的选择，因为在不同的语境中，相同的表达方式可能会有不同的语法要求。总体来说，语境提供了一个框架，帮助译者做出词汇和语法选择，以确保翻译不仅准确无误地传达信息，还能够保持与原文相似的风格和意境。这需要译者具备广泛的知识和深刻的理解力，以便在翻译过程中综合考虑各种因素。

2. 解决歧义

歧义是翻译中常见的挑战之一。语境对于理解和解决歧义至关重要。首先，语境提供了更广泛的信息，帮助译者理解一个词或短语可能有多种解释。有时，一个词在不同的上下文中可能具有不同的含义，而语境可以帮助译者确定哪个是最合适的。例如，英语中的一词在医学领域和普通用语中可能有截然不同的意义。其次，语境有助于捕捉源语言中的隐含信息。有时，原文中的一些信息可能并未直接表达，而是通过上下文和语境传递。译者需要敏锐地感知这些暗示，以便在译文中保留相同的含义。解决歧义还涉及对作者意图的理解。了解作者在特定情境下想要传达的信息，以及他们使用特定词汇或结构的原因,可以帮助译者更好地处理歧义。这需要深入挖掘文本,并可能涉及对文学或文化背景的了解。总之,语境是解决歧义的关键工具。通过深入理解文本所处的环境和作者的意图,译者能够更准确地选择翻译策略,确保译文传达的不仅是字面意义,还有作者的真实意图。

3. 文化适应

文化适应是翻译中至关重要的一环,而语境是实现文化适应的关键。首先,语境使译者能够理解原文中蕴含的文化元素。这可能涉及特定文化的习惯、传统、价值观等。通过了解这些方面,译者可以更好地选择目标语言中与之相对应的文化元素,以确保译文在文化上更为贴近读者。其次,语境帮助译者把握原文中的隐喻、谚语或文化特有的表达方式。有时,某种表达在一种文化中是常见的,但在另一种文化中可能没有相应的说法。通过语境,译者能够辨别并巧妙地转换这些文化元素,以使译文更易于目标文化的读者理解。此外,了解语境还有助于译者在翻译过程中避免文化冲突。某些表达、观念或行为在不同文化中可能具有不同的含义,而通过深入了解语境,译者能够避免误传或引起误解。总的来说,语境为译者提供了关于文化方面的有益信息,使他们能够更好地进行文化适应。这有助于确保译文既准确传达了原文的文化内涵,又符合目标文化的语境和读者的习惯。

4. 语用因素考虑

语境对于考虑语用因素在翻译中起着至关重要的作用。首先,语境帮助译者理解并传达原文中的言外之意。有时,文本中包含的信息不仅仅限于字面上的意思,还可能有隐含的、间接的信息。语境提供了揭示这些言外之意的线索,使译者能够更好地把握并在译文中恰当地表达这些含义。其次,语气是另一个受语境影响较大的方面。原文中的语气可能是严肃的、幽默的、正式的或非正式的,而译者需要通过了解语境来捕捉并保留相同的语气。这对于确保译文与原文在交际效果上相一致非常关键。此外,语境还有助于处理原文中可能存在的模糊或不确定的表达。通过深入理解上下文，译者能够更好地解决原文中的歧义，确保译文在语用上更为明确。总体而言，语境在翻译中的角色是多方面的，其中包括了解和传达言外之意、保持相同的语气以及处理模糊表达等语用因素。这些都有助于确保译文不仅在语法上准确，而且在交际和语用层面上与原文一致。

5. 行业和领域适应

在特定行业或领域进行翻译时，语境对于理解和运用专业术语是至关重要的。首先，语境提供了关于特定行业或领域的背景信息。了解这些信息有助于译者更好地理解原文中涉及的专业术语的上下文和应用方式。例如，在医学领域，一个术语在外科手术文章的上下文中可能有不同的含义，而在药理学中可能有另一层面的解释。其次，语境帮助译者捕捉到行业内的约定用语和惯例。每个行业都有其独特的表达方式和专业术语的使用规范，而这些规范可能并不总能在字典或常规语言学资料中找到。通过了解语境，译者能够更好地适应并准确运用这些专业术语。此外，语境有助于译者更好地理解原文中复杂的技术或专业概念。这包括了解相关的科学、技术或商业原理，以确保翻译既准确又清晰地传达了这些概念。总体来说，语境在行业和领域适应中发挥了关键作用。对于专业术语的准确理解和运用，译者需要通过深入研究语境，确保译文在专业领域内具有准确性和可理解性。

（三）语境的挑战与应对

1. 多义性和歧义

多义性是一个词汇或短语具有多种可能解释的情况，而语境是消除或利用这种多义性的关键。在翻译中，译者需要特别注意处理多义性，以避免引起歧义或失去原文的意义。语境提供了额外的信息，帮助译者确定在特定上下文中一个词或短语的最准确的含义。这有助于消除可能导致混淆的多义性，并确保译文与原文在意义上一致。有时，译者也可以利用多义性，以在翻译中引入一些巧妙的表达或双关语。然而，这需要谨慎，因为过度利用多义性可能导致误解。在使用多义性时，译者需要确保其选择与文本的整体风格和目的相符。总体来说，对多义性的敏感处理是翻译中的一项重要任务。通过深入理解语境，译者能够更好地理解和应对多义性，从而确保译文既准确又清晰地传达原文的意义。

2. 文化隐喻

文化隐喻是在一种文化中普遍理解的比喻，但在另一种文化中可能会被误解或失去原有的意义。处理文化隐喻需要译者深入了解文化差异，以避免翻译中的困境。语境在这里发挥了至关重要的作用。了解文化隐喻所处的上下文以及其在原文中的特定含义，有助于译者正确理解并在译文中恰当地呈现这些隐喻。对于文化隐喻的处理，一种常见的策略是进行等效转换，即将源语言中的隐喻转化为目标语言中有相似文化背景的隐喻。然而，有时可能需要进行更灵活的调整，以确保翻译更贴近目标文化的理解。在处理文化隐喻时，译者还需要谨慎考虑目标读者的文化背景。不同的读者可能对相同的隐喻有不同的理解，因此译者需要权衡如何在译文中传达原文的文化内涵，同时使之对目标读者更具有意义。总之，处理文化隐喻需要深入的文化理解和对语境的敏感把握。通过这样的方式，译者可以避免在翻译中陷入文化差异带来的困境，确保译文在传达意义的同时保持文化的连贯性。

3. 行业专业性

行业专业性对于翻译是至关重要的。不同领域有其特定的术语、背景知识和文化内涵，只有具备相关领域的专业知识的译者才能确保翻译的准确性和专业性。这尤其在科技、医学、法律等领域更为显著。在进行专业领域的翻译时，一些关键点包括：翻译人员需要熟悉并准确理解领域内的专业术语，确保翻译的一致性和准确性。了解特定领域的行业知识，能够理解文本的上下文，确保翻译不仅准确无误，而且符合领域内的常规表达和用语。不同领域的翻译可能涉及特定文化的差异，译者需要具备敏锐感和掌握这些文化知识，以确保译文的通顺和符合文化背景。行业术语和标准可能随着行业的发展而变化，翻译人员需要保持对行业动态的关注，确保他们的知识保持更新。在需要深入专业领域的翻译时，与领域专家合作是一个明智的选择。专业人士的参与能够确保翻译的准确性和专业性。在这个过程中，不仅需要对语言有深入的了解，还需要对特定领域的行业要求有足够的认知。这样的专业性和深度是确保翻译质量的关键。面对特定行业的语境，译者需要具备相关领域的专业知识，以确保准确翻译专业术语。

通过深入理解语境的定义和作用，译者能够更有效地应对翻译过程中的各种挑战，提高翻译质量。

二、英语语境对翻译准确性的影响

英语语境对翻译准确性有着显著的影响，这是因为语境不仅仅是单词的组合，还涉及文化、习惯用语、隐喻等方面。以下是一些英语语境对翻译的影响：

（一）文化背景

英语表达往往与其所处的文化背景紧密相关。某些表达在英语中可能是司空见惯的，但在其他语境中可能无法准确传达其文化内涵。因此，翻译时需要考虑目标语言文化的特点，选择合适的表达方式。

1. 习惯用语和俚语

习惯用语和俚语是英语中非常丰富且常用的表达形式，它们往往具有文化特色和隐喻含义。在翻译过程中，对这些表达的准确理解和合适运用至关重要。一些例子包括：直译可能会让人产生误解，更好的表达方式可能是使用目标语言中的类似表达，比如在中文中可以说"化解尴尬"。直译可能不足以表达其轻松的含义，应该使用目标语言中对应的俚语或成语。直译可能不够生动，可使用中文的"硬着头皮"来传达相同的含义。在翻译中灵活运用目标语言的表达方式，尤其是当原文中包含了大量习惯用语和俚语时，是确保译文自然流畅且能够准确传达原意的关键。同时，这也需要翻译人员对目标语言的口语表达和文化内涵有深刻的了解。

2. 隐喻和比喻

隐喻和比喻是语言中常见的修辞手法，它们在英语中常用于形象生动地表达概念。在翻译过程中，确实需要敏锐地捕捉原文中的隐喻和比喻，并找到在目标语言中具有相似意义的表达方式。这样可以确保所翻译的文本既保持原文的意境，又能让目标语言读者更好地理解。有时候，直译隐喻和比喻可能导致误解，因为不同语言和文化中的隐喻可能有很大的差异。因此，翻译人员需要运用创造性思维，灵活运用目标语言的表达方式，使翻译更为精准、通顺。在处理隐喻和比喻时，文化的角度也是至关重要的。不同文化对于隐喻和比喻的理解可能存在差异，因此翻译人员需要考虑目标读者的文化背景，选择更符合他们理解习惯的表达方式。

3. 正式与非正式语境

在处理正式与非正式语境时，确实需要敏感地把握语言的恰当性。正式语境通常用于正式的场合，如商务信函、学术论文等，要求用词严谨、避免口语化。非正式语境则更灵活，可以运用口语化的表达，更贴近日常交流。在翻译时，考虑到文本所处的语境和用途是非常重要的。如果原文使用了正式的措辞，那么翻译时也需要保持相应的正式性，以确保传达文本的专业和严肃性。相反，非正式的表达则可以在翻译中使用更为随意和口语的语言，使译文更加接近原文的语境。这种恰当的语境选择有助于保持翻译的贴切性，使得目标语言读者能够更好地理解并接受翻译文本。

4. 上下文的重要性

上下文对于准确理解和翻译文本的意义至关重要。一个单词或短语可能在不同的上下文中有不同的含义，而上下文可以提供关键信息，帮助翻译人员正确解读并选择适当的翻译。在翻译时，了解整个句子、段落，甚至是整篇文本的语境是非常重要的。这有助于避免歧义，确保翻译的连贯性和一致性。在某些情况下，可能需要查看整个篇章或相关文档，以充分理解作者的意图。因此，一个优秀的翻译人员不仅要注重翻译目标语言的语法和词汇，还需要在广泛的上下文中灵活运用语言，以便更好地传达原文的含义。

总体而言，英语语境对翻译是一个综合性的挑战，需要翻译人员具备深厚的英语语言能力和跨文化沟通能力，以便更准确地传达原文的意义。

三、语境与文化因素的交互作用

语境与文化因素之间存在着密切的交互作用，彼此相互影响。让我们来看看其中的一些关键点：

（一）语境对文化的塑造

语境在文化形成和演变中扮演着关键的角色。以下是一些说明：社交交流是文化的重要组成部分。特定社交语境中的交往规范、礼仪和语用规则塑造了文化中人们之间的关系。社交语境可以包括家庭、工作场所、宗教场合等，每个场合都可能有独特的语境影响。历史事件和经验在语境中留下深远的烙印，影响文化的演进。特定的历史语境可以塑造人们对身份、国家、传统等的认知。历史事件和传统故事在语境中传承，成为文化认同的一部分。文学作品、艺术品等在语境中传达着文化的价值观和审美观。这些创作反映了特定时代和社会的文化特征，通过语境传递给后代。媒体和科技的发展也对文化产生深远的影响。通过不同媒体和科技平台传播的信息和价值观可以塑造和改变文化的认知方式和态度。语境中的特定象征和符号在文化中具有强大的意义。这些符号通过语境传递文化的象征意义，成为文化共识的一部分。总体而言，语境是文化演变和传承的载体，通过不同的语境，人们对于文化的理解和实践发生变化。社会、历史、文学、媒体等多个方面的语境相互交织，共同塑造着一个群体或社会的文化面貌。

（二）文化对语境的解读

文化对语境的解读具有深远的影响，以下是一些相关说明：不同文化拥有不同的语用规则和社交礼仪,这直接影响了人们对语境中言语行为的解读。例如,一种言辞在某一文化中可能被视为正式和尊重,而在另一文化中可能被看作过于生硬或冷漠。文化背景会影响人们对于隐喻和比喻的理解。某些隐喻在一种文化中可能是常见的文化共识,但在另一种文化中可能被误解或产生不同的象征意义。一些文化更倾向于言辞的含蓄和间接表达,而另一些文化可能更倾向于直接表达。这会导致相同语境中的言辞在不同文化中产生截然不同的解读。文化对非语言交流的解读方式也存在差异。例如,身体语言、面部表情和姿势可能在某些文化中具有特殊的含义,而在其他文化中可能被理解为不同的情感或意图。文化对时间的观念以及行为的时间安排也会影响对语境的理解。一些文化注重准时和效率,而另一些可能更注重灵活性和人际关系。文化中的社会结构和权力关系会影响人们对于语境中权威和权力的解读。某些行为在一种文化中可能被视为尊重,而在另一种文化中可能被看作是对权威的挑战。总的来说,文化对语境的解读产生了深刻的影响,因为人们在理解语境时会根据其所属文化的价值观、信仰和社会规范进行解释。这种文化内的共享语境形成了人们对于交流和互动的框架。

(三)语境对翻译的影响

语境在翻译过程中具有至关重要的作用,可以准确传达原文的含义。以下是语境对翻译的影响的一些关键点:

1. 多义性和歧义

多义性和歧义是翻译中常见的挑战,而语境在解决这些问题时发挥着关键作用。让我们深入了解一下:一个词可能在不同的语境中具有不同的含义。例如,英语单词"bank"可以指银行,也可以指河岸。在翻译时,译者需要根据上下文确定最合适的含义,以确保翻译的准确性。歧义可能源自于原文中的模糊表达或语法结构。语境提供了额外的信息,帮助译者理解并解决这些歧义。通过仔细分析上下文,译者可以更准确地捕捉作者的意图。语境包括了文本的上下文信息,这包括前文、后文以及文本所处的背景。通过深入了解上下文，译者能够更好地理解原文中的词汇或短语，并避免产生不准确的翻译。语境中的其他词语和短语与待翻译的词汇之间存在关联。通过分析这些关联，译者可以推断出最符合语境的翻译选项。关联词汇有助于建立词汇之间的语义关系。语境也包括了文化因素，因为不同文化可能对同一词汇有不同的理解。考虑到文化背景，译者能够更好地把握原文中的语境，确保翻译在目标文化中具有准确的含义。在处理多义性和歧义时，译者需要具备灵活的语境分析能力，善于根据上下文的指引做出准确的翻译选择。这确保了译文与原文在语境上的一致性，提高了翻译的质量。

2.文化内涵的传递

文化内涵的传递是翻译中至关重要的一环，因为文化因素直接影响着原文的意义和情感色彩。以下是关于文化内涵传递的一些建议和说明：译者需要对原文中蕴含的文化元素有敏感性。这可能涉及特定的习惯、信仰，以及在原文中使用的象征、隐喻等。在翻译中，采用一些本土化的手法有助于传递文化内涵。这包括使用目标文化中更为常见或容易理解的表达方式，以使译文更贴近目标受众。译者可能需要进行一些背景调研，了解原文所涉及的文化背景。这有助于确保译文不仅准确地传达了原文的意思，还传递了相应的文化信息。尽管需要进行文化传递，但译者也要注意保留原文的特色。有时，原文中的文化元素可能难以在目标文化中找到直接的对应，此时译者需要谨慎处理，以确保保留原文的独特性。译者需要避免引起文化冲突。一些文化元素可能在另一种文化中具有不同的含义或可能引起误解。在这种情况下，译者需要谨慎处理，避免翻译出现不当的文化关联。翻译的目标是使原文的意思在目标文化中得到理解。因此，译者需要适应目标受众的文化认知，以确保译文更容易为他们接受。通过考虑和传递文化内涵，译者能够更好地呈现原文的深层含义，使翻译更具丰富性和准确性。这样的翻译不仅在语言上通顺，还在文化上具有连贯性。

3.语法结构和语用规则

语法结构和语用规则在翻译中扮演着至关重要的角色。以下是一些关于语法结构和语用规则对翻译的影响的要点：语境提供了对于原文语法结构的线索。在翻译过程中，译者需要确保所选用的语法结构在目标语言中是合乎规范的，并与原文语境相一致。语境中的语用规则包括了在特定语境中使用表达的惯例。译者需要了解并遵循这些规则，以确保翻译在目标文化中的自然度和得体性。语境中可能存在口语和书面语的差异。译者需要根据上下文判断何时采用口语，何时采用书面语，以使翻译更符合原文的语用风格。不同的语境可能需要不同的语法结构和语用规则。通过深入了解上下文，译者可以更好地把握目标语言中适用的语法和语用形式。文体和场合会影响语法结构和语用规则的选择。在正式场合和非正式场合，或者在不同的文体中，译者需要根据语境的特点灵活运用语法和语用规则。不同文化可能有不同的语用规则和表达方式。在翻译中，译者需要考虑目标文化的语境，以便更好地传达原文中的语境信息。通过仔细分析语法结构和语用规则，译者可以确保翻译在语言和文化上都与原文保持一致，从而更好地传达作者的意图和情感。

4. 语境中的隐含信息

处理语境中的隐含信息对于准确翻译原文的情感和意境至关重要。以下是关于隐含信息在翻译中的作用的一些建议：译者需要具备对语境的敏感度和洞察力，以捕捉到原文中可能隐含的信息。这可能包括作者的态度、情感色彩以及不言而喻的含义。通过分析上下文和文本中的线索，译者需要进行推断和解读，以揭示隐含信息。这可能涉及了解文化因素、社会背景以及作者的写作风格。隐含信息有时是言外之意的表达。译者需要挖掘原文中可能蕴含的更深层次的含义，以在译文中传达作者可能未明说但暗示的信息。隐含信息通常与情感和情绪密切相关。译者需要通过语境中的暗示和细微之处，有效地传递原文中的情感色彩，使译文更富有情感。隐含信息可能涉及逻辑关系，而这些关系可能在原文中未明确表达。译者需要理解这些逻辑关系，并在译文中呈现类似的推理。在文学作品中，隐含信息通常通过隐喻和象征进行传达。译者需要理解这些文学手法，并在译文中保留或重新表达这些隐喻。通过正确处理隐含信息，译者能够更全面地传达原文的意义，使译文更贴近原文的情感和深层含义。这对于保持翻译的自然度和艺术性非常关键。

5. 口语和书面语的转换

口语和书面语之间的转换是翻译中需要注意的重要方面。以下是一些关于口语和书面语转换的要点：考虑翻译的目标受众是关键的一步。口语和书面语在不同的社会和文化背景中可能有不同的用法。译者需要了解目标受众的语言习惯，以选择适当的表达方式。不同的场合和文体可能需要不同的语言风格。在正式场合，书面语可能更为合适，而在非正式场合或对话中，口语更能贴近实际沟通。尽管需要适应目标文化和语言的要求，但译者也要注意保持原文的语言风格。某些原文可能使用了特定的口语表达，译者需要在目标语言中找到相应的口语表达，以保留原文的特色。不同地域可能对口语和书面语有不同的偏好。一些口语表达在某个地区可能很常见，而在另一个地区可能不太被理解。译者需要考虑这些地域差异。翻译的目标之一是保持译文的自然度。即使在进行口语和书面语的转换时，译者也应该追求一种自然、流畅的表达方式，以使译文更容易为目标受众接受。有时，原文中的口语表达可能需要在翻译中进行适度的文体调整，以适应目标文化的语言规范。这需要译者在灵活运用语言时保持平衡。通过适应口语和书面语的转换，译者能够更好地满足不同场合和受众的需求，实现翻译的准确和自然。这种灵活性和理解力是成功翻译的关键。

6. 专业术语和行业背景

处理专业术语和行业背景是翻译中的一项重要任务，而语境对于在特定领域准确理解和翻译原文至关重要。以下是一些建议：译者需要在相关领域获取足够的专业知识。这可能涉及阅读相关文献、了解行业标准和术语，以及熟悉该领域的常见实践。为了确保一致性，译者可以建立一个术语表，记录并翻译在特定领域中常见的专业术语。这有助于在整个翻译过程中保持一致性。每个行业都有其独特的文化和实践。译者需要了解这些文化特征，以更好地理解原文中的背景信息，确保翻译在目标文化中能够得到正确理解。如果可能，与领域内专家或相关行业从业者进行沟通，获取关于特定术语和行业实践的建议。这有助于译者更全面地理解原文。除了专业术语，理解整个文本的上下文也很重要。某些术语在不同的上下文中可能有不同的含义，因此确保考虑整个语境是至关重要的。在翻译专业文本时，有时需要对原文进行适度的语言调整，以适应目标文化的专业语言规范。这需要译者具备一定的灵活性和判断力。通过深入了解专业术语和行业背景，译者能够更准确地传达原文中的专业信息，确保译文在目标文化中得到正确理解。这对于涉及科学、技术、法律等专业领域的翻译尤为重要。

总体而言，语境对翻译的影响不仅仅涉及语言层面，还涉及文化、语用和专业领域等多个方面。译者需要全面考虑语境，以确保翻译能够忠实、准确地传达原文的意义。

四、文化因素塑造言语习惯

文化因素对言语习惯和语用规则的塑造具有深远的影响。以下是一些关于文化因素如何塑造言语习惯的要点：

（一）社交礼仪

社交礼仪在文化中发挥着重要的作用，尤其是在言语行为方面。以下是一些社交礼仪对言语行为的影响的例子：在一些文化中，人们更倾向于使用委婉的语气，避免直接表达个人意见或批评。这表现为使用含蓄的措辞，以保持社交和睦。礼貌和尊重是社交礼仪中的重要价值。在一些文化中，人们可能更注重表达尊重和谦逊，避免在言辞中显得过于自信或自大。不同文化对于交际距离有不同的标准。一些文化可能更接受亲密的交际距离和身体接触，而其他文化可能更注重保持一定的距离。礼物的赠送和赞美的表达也受到文化差异的影响。在一些文化中,过分夸奖可能被视为虚伪,而在另一些文化中,表达赞美可能被认为是友好的行为。社交礼仪也涉及在不同场合和角色中的言语行为。在正式场合,人们可能更注重使用正式和礼貌的语言。礼仪还包括非言语交流,如面部表情、姿势和眼神交流。这些元素在不同文化中可能有不同的解读和期望。了解和尊重不同文化的社交礼仪有助于建立良好的跨文化关系,避免误解和冲突。在跨文化交流中,关注社交礼仪是有效沟通的一部分。

(二)尊重和谦逊

文化对于尊重和谦逊的理解和表达方式有很大影响。在一些文化中,尊重和谦逊被看作一种美德,而在其他文化中,直接和坦率的表达方式可能更受推崇。这种文化差异在交流和人际关系中起着重要作用。在一些文化中,人们可能更倾向于使用委婉的语气,回避直接的表达,以示对他人的尊重。这种方式可能包括使用间接语气、含蓄的说辞或者通过非言语方式表达尊重和谦逊。在另一些文化中,直接而坦率的表达被认为是真实和诚实的表现,被视为一种有效的沟通方式。在这些文化中,避免使用委婉语气可能更容易理解和接受。除了言语表达,文化对于尊重和谦逊的理解也体现在非言语层面,比如身体语言、面部表情和眼神交流。一些文化可能更注重非言语的尊重和谦逊的体现。在一些文化中,人们可能更注重社交礼仪,如问候和交往时的礼貌用语,以展示对他人的尊重。而在其他文化中,强调直接而简洁的社交表达可能更受欢迎。在跨文化交往中,了解和尊重不同文化对于尊重和谦逊的理解方式是至关重要的。这可以帮助避免文化误解,促进良好的跨文化交流,以及建立积极的人际关系。在不同文化之间,灵活运用交流方式,尊重并理解对方的文化背景,是建立互信和共融的关键。

(三)非语言交流

非语言交流在跨文化交际中扮演着至关重要的角色。以下是一些关于文化如何影响非语言交流的方面:不同文化对于眼神交流有不同的期望和解读。在一些文化中，直视对话伙伴可能被视为自信和诚实，而在其他文化中可能被认为是无礼或挑衅。手势在交流中有着重要的作用，但它们的含义可能在不同文化中有所不同。某些手势在一个文化中可能是友好的，而在另一种文化中可能被解读为侮辱。面部表情是情感表达的关键部分。不同文化对于表达喜怒哀乐的面部表情有着不同的规范。有些文化可能更注重面部表情的控制，而其他文化可能更倾向于开放表达情感。姿势和身体语言也受到文化差异的影响。在一些文化中，身体的姿势可能被解读为自信或放松，而在另一些文化中可能被认为是不尊重或失礼的。触碰在一些文化中是普遍接受的，而在另一些文化中可能被视为私人空间的侵犯。了解文化对触碰的态度对于避免不适当的行为至关重要。不同文化对于非言语信号的解读可能有所不同。理解这些信号在文化上的含义有助于更准确地理解对话伙伴的意图。因此，在跨文化交际中，除了语言交流外，对非语言交流的敏感和理解同样重要。这有助于避免误解和促进有效的跨文化沟通。

（四）隐喻和比喻

隐喻和比喻是文化中充满创造力的语言元素，对于言语的表达方式和传达的含义都具有深远的影响。以下是一些关于隐喻和比喻在文化中的作用：隐喻和比喻通常受到文化背景的塑造，不同文化对于相同概念的隐喻和比喻可能有着截然不同的选择，因为这些选择反映了文化中的共享认知和价值观；隐喻和比喻常常具有象征意义，通过比较不同的事物来传达深层次的思想和情感；理解这些象征的文化含义对于正确理解和解释表达方式至关重要；隐喻和比喻在文学和艺术中广泛使用，文化的审美标准和艺术传统会影响创作者选择的隐喻和比喻，从而赋予作品独特的文化色彩；隐喻和比喻不仅仅是言语的工具，它们也塑造了人们的思维方式，通过使用特定的隐喻，文化传递了关于世界、人际关系和价值观的观念。由于不同文化对于隐喻和比喻的选择存在差异，可能导致文化认知的差异。同一隐喻在不同文化中可能被理解为不同的概念。隐喻和比喻经常在口头传统中传递。通过故事、谚语和口头表达，文化传承和强化了特定的隐喻，形成共同的理解和语言传统。在跨文化交际和翻译中，理解和适应不同文化中的隐喻和比喻是确保信息传达准确性和贴近原意的关键。这也是语言多样性和文化多元性的一个美妙之处。

（五）群体和个体

群体和个体主义是文化心理学中的两个基本概念，它们在言语中的反映具有深刻的影响。以下是关于群体和个体在言语中表达的一些建议：在强调集体主义的文化中，人们更倾向于使用"我们"和"我们的"来强调共同体的责任感。言语中的表达方式强调群体的共同目标和责任，而不是个体的独立行动。集体主义文化通常强调团队合作和协作。言语中的表达方式可能强调团队中每个成员的贡献，而非个体的成就。在强调个体主义的文化中，个人的独立性和自我表达更为受到重视。言语中可能更强调个人的意愿、观点和成就。个体主义文化中的言语表达可能更倾向于自我宣扬，强调个人的优势和成就。相反，在集体主义文化中，可能更强调谦逊和团队的共同努力。在集体主义文化中，决策可能更倾向于集体的共识和团队协商。言语中可能使用"我们认为"而非"我认为"，以表达决策的共同性。集体主义文化通常更注重社会规范和共同体的期望。言语表达可能更强调社会的期望和共同的价值观。了解和尊重群体和个体主义之间的文化差异对于有效的跨文化沟通至关重要。这有助于建立互信关系，并在言语中更好地适应不同文化的期望和规范。

（六）正式与非正式

正式与非正式的言语差异是非常重要的文化方面。以下是一些关于正式与非正式在文化中的表达：在一些文化中，社会层次和尊重的观念可能导致在言语中使用更正式和礼貌的表达方式。尤其是与长辈、上级或陌生人的交往中，更倾向于使用正式的称谓和语气。另一些文化可能更强调平等和直接的交流，可能更愿意在言辞中使用非正式和亲近的表达方式。在这些文化中，使用直接的称呼和语气可能被视为更真实和开放。在一些文化中，职场和商务环境可能要求使用正式和礼貌的言辞，以保持专业性。而在其他文化中，更强调轻松和非正式的工作环境。在亲密的关系中，如家庭和朋友之间，可能更倾向使用非正式的言辞，这表达了亲近和友好的情感。不同的场合和仪式也可能影响言语的正式程度。正式的场合可能需要更正式的言辞，而非正式的社交活动则更适合非正式的表达。在文学和书面表达中，文化背景也会影响正式与非正式的选择。正式的文体可能更受到传统和文学规范的影响。了解文化对于正式和非正式言语的期望有助于在跨文化交流中更好地选择言辞，避免可能的误解或冲突。这也突显了言语的灵活性，需要根据不同的文化情境进行调整。

（七）时间观念

时间观念在不同文化中的差异对于言语习惯和社交行为有着深远的影响。以下是一些关于时间观念如何在言语中表达的方面：在一些文化中，准时被视为对他人的尊重和专业素养的表现。因此，在言语中可能会强调约定的具体时间。相反，在一些文化中，时间可能更具弹性，准时并非必须，言语中可能强调灵活性和宽容。一些文化强调未来的计划和目标，因此在言语中可能会涉及未来的时间框架。在其他文化中，强调当下的体验和即时的行动，可能更强调当下的时间。文化对时间的看法也与时间管理和效率的观念相关。在一些文化中，言语中可能强调高效和迅速地完成任务，而在其他文化中可能更注重过程和人际关系。在一些文化中，等待可能被视为不可避免的一部分，言语中可能会使用委婉语气表达等待的态度。在其他文化中，可能更直接地表达对于等待的不满或期望的迅速行动。文化的历史观念也会影响对时间的看法。一些文化可能更注重传统和历史的延续，言语中可能体现出对过去的尊重。在其他文化中，可能更关注未来的变化和创新。了解不同文化对于时间的理解和重视有助于更好地适应跨文化环境，避免因时间观念的差异而引起的误解和冲突。在言语中灵活运用与时间相关的表达方式，可以更有效地沟通和建立互信关系。理解这些文化因素对于在跨文化交流和翻译中避免误解和冲突至关重要。言语习惯的差异是跨文化交际中一个常见的挑战，因此适应文化差异是有效沟通的重要组成部分。

五、语境对文学作品的解读

文学作品的解读确实是一个深受语境和文化影响的复杂过程。以下是一些关于语境如何影响对文学作品解读的方面：

（一）文学风格和修辞手法

文学风格和修辞手法是文学作品中独特的表达方式，它们深受作者所处文化和文学传统的影响。以下是一些关于文学风格和修辞手法如何受到文化影响的方面：不同文化可能更倾向于使用特定的修辞手法。例如，某些文化可能更注重比喻和隐喻，而其他文化可能更倾向于直接、生动的表达。不同文学传统对于叙事结构的偏好可能存在差异。一些文化可能更喜欢线性的叙事，而另一些文化可能更倾向于非线性或回溯式的叙事结构。不同文化可能对于对话和人物语言的表达方式有着不同的期望。一些文化可能更注重礼貌和正式的对话，而其他文化可能更倾向于生动、口语化的表达。文学作品中的象征主义和隐喻通常受到文化的影响。某些文化可能更注重象征的意义，而其他文化可能更注重直接传达信息。诗歌和韵文的节奏和韵律在不同文学传统中也存在差异。一些文化可能更注重音韵的和谐，而其他文化可能更注重诗歌的节奏和形式。文学作品中的意象和意境通常通过精心选择的词语和描写方式来塑造。不同文学传统可能更倾向于特定类型的意象和意境。文学传统中的实验性和创新性也受到文化的影响。某些文化可能更愿意尝试新颖的文学形式和实验性的写作，而其他文化可能更保守。因此，文学作品的风格和修辞手法不仅仅是作者个体的选择，还深受其所处文化和文学传统的熏陶。对于读者而言，了解这些文化差异有助于更深入地理解和欣赏文学作品。

（二）文学元素的象征意义

文学作品中的象征常常是丰富而深刻的，而不同文化的读者可能对这些象征产生不同的解读。以下是关于文学元素的象征意义如何受到文化影响的一些建议：一些象征在特定文化中可能更具共鸣度。例如，特定动物、颜色或自然元素在某种文化中可能有着深刻的象征意义，而在另一种文化中可能被理解为不同的概念。文学作品中常常引用宗教或神话中的元素，这些元素在不同宗教或神话体系中可能有截然不同的象征含义。读者的宗教背景会深刻影响对这些象征的理解。作品中的历史事件或人物也可能具有象征意义。不同文化对于历史事件的解读和评价存在差异，因此对象征意义的理解也可能有所不同。文学作品中常常反映社会问题和政治议题，而这些反映的象征意义在不同文化和时期可能有截然不同的解读。自然界中的元素在文学作品中经常被用作象征。例如，风、水、山等元素可能在不同文化中具有不同的象征意义。文学中的人物行为和动作也可能具有象征性。一些动作在某种文化中可能被视为正面的象征，而在另一种文化中可能有着不同的评价。语言本身也可能成为文学作品中的象征。某些词汇或语言结构可能在文学作品中被用以传递深层次的文化观念。因此，解读文学作品时考虑到文化和语境是非常重要的。读者需要敏感地理解作者选择的象征元素，并将其置于相关的文化和历史语境中理解。这也是文学作品在不同文化中产生多样解读的原因。

（三）历史和社会背景

文学作品的历史和社会背景是解读和理解作品的关键元素之一。以下是一些关于历史和社会背景如何影响文学作品的方面：文学作品往往反映了所处时代的特征，包括社会结构、科技水平、道德观念等。这些特征对于理解作品中人物行为和思想的动机至关重要。作品中可能融入了作者所经历的或其所处时代的重大历史事件。这些事件可能成为作品情节或主题的背景，深刻影响着作品的情感色彩和内涵。不同历史时期和社会背景中存在着不同的社会制度和结构。文学作品可能通过描绘社会制度的变迁、阶级关系的演变等来反映这些社会方面的变革。文学作品也反映了文化观念的变迁。对于家庭、性别、道德等观念的变化，往往能在作品中找到深刻的反映。作者创作文学作品的时候可能深受政治氛围的影响。政治动荡、战争或革命等事件可能在作品中找到对应的投影。作家的个体经历和生活背景对于作品创作有着直接的影响。理解作家的生平和经历有助于更深入地理解作品的内涵。一些文学作品可能反映出作者对于社会变革批判的态度。这些作品往往是对当时社会现象的批判或反思。综合考虑这些历史和社会背景因素，读者可以更全面地理解文学作品，并将作品中的人物、情节、主题等元素置于更宽广的社会和历史语境中。这样的解读更富有深度和意义。

（四）文学传统和流派

文学传统和流派是文学作品创作的背景和框架，对于作品的风格、结构以及主题产生深远的影响。以下是一些关于文学传统和流派如何影响作品的方面：不同的文学传统和流派通常有着独特的风格和写作技巧。例如，现实主义注重真实性和细致描写，而超现实主义可能追求想象力和非现实的表达。文学传统和流派对于作品的结构和叙事方式提出了不同的要求。传统的叙事结构可能追求线性、起承转合的发展，而实验性的流派可能突破传统，采用非线性或多重叙述的形式。不同流派通常关注不同的主题和意义。例如，浪漫主义可能关注个体情感和自然的美，而现代主义可能追求对现代社会的批判和反思。作品中的角色塑造和人物关系受到文学传统和流派的影响。戏剧可能注重人物关系的发展，而短篇小说可能更侧重于个体心理的描绘。文学传统和流派对于语言的运用和修辞手法也有着独特的要求。一些流派可能追求简练、明快的表达，而另一些流派可能更注重象征和隐喻的运用。不同的文学传统反映了不同的社会和文化观念。文学作品往往在一定的文学传统中才能够被准确理解，因为它们与传统中的其他作品相互交融。一些文学传统和流派更偏向于创新和突破传统，而另一些可能更保守和传承经典。这种态度影响了作家对于文学创作的取向。因此，理解文学传统和流派对于解读文学作品至关重要。读者通过了解作品所处的文学传统，可以更准确地把握作品的语境、风格和深层主题。

（五）文学作品与文化共鸣

文学作品的文化共鸣度是指作品在特定文化中引起共鸣和理解的程度。以下是一些关于文学作品与文化共鸣的方面：作品中使用的文化符号和象征在特定文化中可能具有深刻的意义，但在其他文化中可能被误解或无法理解。共享的文化经验使得这些符号更易被理解和让人产生共鸣。作品往往反映了特定文化中的社会观念和价值观。这些观念和价值观在作品中得以表达，当读者属于相同文化时，更容易理解和产生共鸣。作品可能涉及特定文化的历史和传统，这对于理解作品的深层含义至关重要。读者如果对该文化的历史和传统有了解，更容易感受到作品的文化共鸣。作品的语言和文学风格通常受到所处文化的影响。当读者熟悉并理解该文化的语言和风格时，更容易领会作品的美学和表达方式。作品可能涉及特定文化中的社会问题，引起读者的情感共鸣。当作品触及读者熟悉的社会问题时，共鸣度就会更加显著。不同文学传统和流派在不同文化中有不同的受欢迎程度。某些文学流派可能在某个文化中备受推崇，而在其他文化中可能不太受欢迎。一些文学作品可能因为其文化特点而在特定文化中备受推崇，但在其他文化中可能因为文化差异而受到挑战。因此，文学作品的文化共鸣度是一个动态而复杂的概念，它取决于作品所处的文化环境以及读者的文化背景和经验。这也是文学跨越文化界限时可能面临的挑战之一。

（六）翻译的影响

翻译是一项极具挑战性的工作，因为它涉及将一个文学作品从一种语境和文化转移到另一种语境和文化。以下是一些关于翻译对文学作品的影响的方面：不同语言之间存在着词汇、语法结构和表达方式的差异。翻译者需要在尽量保持原作风格的同时，找到目标语言中最贴切的表达方式。翻译时需要考虑到文化的差异，因为某些文化特有的元素在另一种文化中可能无法完全对应。翻译者要力求在目标语言中传达原作的文化内涵。作品原本在一个特定的语境中创作，翻译可能需要调整这个语境，以适应目标文化的读者。这可能涉及解释背景信息、传达隐含意义等方面。每个作家都有独特的文学风格，而翻译者需要尽力在翻译中保持这种风格。这需要翻译者具备很高的语言艺术水平。一些作品中的声音和韵律元素在翻译时可能难以保持原貌。这包括韵律感、押韵、口音等方面。不同文化对于审美的标准有所不同，因此某些表达在翻译时可能需要调整，以符合目标文化的审美习惯。翻译是一种创造性的过程，翻译者的主观理解和审美观念会对翻译结果产生影响。每个翻译者都可能为同一段文学作品赋予不同的味道。因此，翻译是一项既复杂又艺术性极强的任务，成功的翻译不仅要准确传达原作的意义，还要在目标语言中创造出一种与原作相当的文学艺术效果。

（七）读者的文化背景

读者的文化背景对于文学作品的解读起着至关重要的作用。以下是一些关于读者文化背景影响的方面：读者的文化背景决定了他们对于作品中文化元素的熟悉程度。当作品涉及读者熟知的文化元素时，会引起更强烈的共鸣。不同文化背景的读者可能有着不同的价值观和信仰体系。这些价值观和信仰会影响对作品中道德和宗教主题的理解和感受。读者所处文化的历史经验也会深刻影响对作品中历史事件和人物的理解。对于一些历史事件的态度可能因文化背景而有所不同。不同文化对于社会问题的看法存在差异，因此作品中涉及的社会问题会在不同文化的读者中引发不同的反应。读者的母语和语言能力会影响对作品语言和修辞的理解。母语为作品中所用语言的读者更容易捕捉到作者的精妙之处。不同文化对于审美的标准存在差异。一些审美元素在某个文化中可能被视为经典，而在另一个文化中可能不被重视。读者所处文化的文学传统和风格也会影响对作品的理解。对于一些文学手法和元素，不同文化的读者可能有着不同的接受程度。因此，同一部作品可能在不同文化背景的读者中产生多样化的解读和感受。这也是文学作品具有开放性和多义性的原因之一。阅读文学作品时，了解作者、翻译和读者之间的文化因素，可以更全面地理解作品的多层次含义。

因此，文学作品的解读不仅仅是对文字的理解，还包括对语境和文化的敏感洞察。这也是为什么同一部作品会在不同文化间产生丰富而多样的解读和理解。

六、文化因素在多语境沟通中的应用

在多语境的沟通中，文化因素起着至关重要的作用。以下是一些关于文化因素在多语境沟通中的应用：

（一）语境敏感

语境的多样性是跨文化沟通中的一大挑战。同样的词语或表达在不同文化中可能具有不同的含义，甚至有可能引起误解。语境敏感性涉及对文化差异的敏感性，以确保沟通者能够适应不同的语境，避免产生误解和歧义。在语境敏感的沟通中，一些关键的方面包括：有时，信息不是直接陈述的，而是通过语境中的隐含信息传递的。了解文化背景有助于沟通者更好地捕捉和理解这些隐含信息，避免对方可能产生的误解。文化差异也体现在非言辞的因素上，如肢体语言、面部表情和眼神交流。在某些文化中，一种表情可能表示满意，而在另一些文化中可能表示不满。语境敏感性涉及对这些非言辞因素的敏感和理解。不同文化对于一些词汇可能有不同的敏感度。一些词汇在某个文化中可能是正面的，而在另一个文化中可能被视为负面。沟通者需要在用词上保持谨慎，避免触及可能引起不适或误解的领域。在处理语境时，尊重文化差异是至关重要的。沟通者需要理解不同文化对于某些事物的看法可能存在差异，而不是简单地将自己的文化观念强加于他人。通过提高语境敏感性，沟通者能够更好地适应多元化的语境，建立起更加有效和富有共鸣的沟通关系。这也是促进文化多样性的重要一环。

（二）避免误解和歧义

避免误解和歧义是在跨文化沟通中确保有效交流的关键一环。文化差异可能导致同样的词语在不同文化中产生不同的理解，因此谨慎选择词语至关重要。以下是一些关于避免误解和歧义的建议：在进行跨文化沟通之前，了解对方的文化背景是非常重要的。这包括语言习惯、社交礼仪、价值观等方面的了解。俚语和隐喻在不同文化中可能有不同的含义，甚至可能完全不被理解。尽量避免使用这些表达方式，以减少误解的可能性。语气和表达方式在不同文化中可能有不同的解读。一些表达可能在某些文化中被认为是正式和尊重的，而在另一些文化中可能被视为过于生硬或冷漠。避免使用过于复杂或含糊不清的语言。清晰简洁的表达方式更容易被理解，并减少歧义的可能性。如果意识到可能存在误解，及时澄清是至关重要的。这有助于避免问题进一步扩大，并促使双方更好地理解对方的意图。尊重对方的文化差异是建立良好跨文化关系的基础。理解并尊重对方的语言习惯和交流方式，有助于减少误解。在沟通过程中，寻求对方的反馈是很有价值的。了解对方如何理解你的表达，可以帮助你更好地调整和适应。通过综合运用这些策略，沟通者可以更好地在跨文化环境中避免误解和歧义，建立更加有效的沟通桥梁。

（三）尊重文化差异

尊重文化差异是构建成功跨文化沟通的基石。以下是一些关于尊重文化差异的重要实践：了解对方文化的最好方式是主动学习。阅读有关文化差异的书籍、参与跨文化培训、与对方交流，都是提高文化意识的途径。每个文化都有自己的礼仪和社交规范。尊重并遵循这些规范有助于建立良好的沟通关系。例如，在一些文化中，特别强调尊重长者，而在另一些文化中可能更注重平等。不同文化之间存在许多差异，因此避免基于自己文化的假设来评价对方。尽量保持开放心态，接受不同的观点和做事方式。非语言信号在文化差异中起着重要的作用。注意对方的肢体语言、面部表情和姿势，这些都可以提供关于对方感受和意图的线索。在跨文化沟通中，灵活适应是关键。有时需要调整自己的沟通风格和方式，以符合对方文化的期望。如果不确定对方的文化期望或偏好，可以通过提问来获取信息。

这有助于避免基于错误假设导致的误解。在用语和表达方式上保持尊敬。在一些文化中，用语可能更加正式和客套，而在另一些文化中可能更加直接。理解并尊重这种差异是至关重要的。通过尊重文化差异，沟通者可以建立起相互理解和信任，从而促进更加顺畅和成功的跨文化沟通。

（四）调整沟通风格

调整沟通风格以适应对方的文化偏好是非常智慧的沟通策略。以下是一些关于调整沟通风格的实践建议：在与具不同文化背景的人沟通之前，尽量了解对方的沟通偏好。有些文化更注重直接、明确的表达，而有些文化可能更倾向于委婉、间接的表达方式。考虑到不同文化中对于语言的使用有所不同，灵活运用语言是很关键的。在一些文化中，直接、肯定的语气可能是受欢迎的，而在另一些文化中，更加谨慎和委婉可能更为合适。沟通的节奏也是文化差异的一部分。有的文化喜欢快节奏的交流，而有的文化可能更倾向于缓慢、充分思考的方式。适应对方的沟通节奏有助于更好地理解和被理解。一些文化对于冲突性语言的接受度较低，因此要尽量避免使用过于直接或具有冲突性的表达方式。寻求共鸣和合作性的表达可能更受欢迎。姿态和面部表情在文化间的解读也有所不同。一些文化可能更注重面部表情的表达，而另一些文化可能更关注身体语言的含义。留意这些方面有助于更好地理解对方的情感状态。

（五）灵活运用语言

在多语境沟通中，灵活运用语言是确保有效沟通的关键之一。以下是一些关于灵活运用语言的实践建议：有些术语在特定文化中可能很常见，但在其他文化中可能难以理解。避免过度使用这些文化特定的术语，或者在使用时提供适当的解释。简洁明了的语言更容易被理解。避免使用过于复杂或冗长的句子，以确保信息的准确传达。在选择语言表达方式时，考虑到整体语境是非常重要的。了解对方的文化、习惯和背景，有助于选择更适当的语言。在沟通中，询问对方是否理解你的表达是一个有效的策略。这有助于确保信息被准确地理解，而不是基于假设。一些词语在不同文化中可能具有冒犯性，因此要避免使用可能引起误解或不适的语言。在一些文化中，正式场合可能更注重书面语，而在其他文化中可能更注重口语，了解对方的喜好并相应调整语言的形式，尽量寻找可以跨越文化差异的共通之处。使用通用的语言表达方式，有助于构建共同的理解。通过灵活运用语言，你可以更好地适应多样的文化背景，促进跨文化沟通的成功。

（六）跨文化协调

跨文化协调是在多元文化环境中取得成功的关键因素。以下是一些关于跨文化协调的实践建议：在团队中倡导文化敏感和尊重的氛围，使每个成员都感到被理解和尊重。这有助于提高团队的凝聚力和效率。为团队成员提供文化培训，帮助他们了解彼此的文化差异。培训可以涵盖语言、价值观、沟通风格等方面，以提高团队成员的文化意识。在团队中设立专门的跨文化沟通渠道，让成员能够分享他们的文化特点、期望和沟通风格。这有助于减少误解和冲突。鼓励团队成员开放地表达他们的看法和感受。建立一个相互尊重、包容的沟通环境，使每个人都感到自己的声音被听到。考虑到不同文化中对于工作方式和时间的不同看法，灵活安排工作方式。允许团队成员根据自己的文化习惯和时区的差异进行合理调整。信任是成功合作的基石，通过建立信任关系，团队成员更愿意彼此合作，分享信息，从而提高整体团队的绩效。如果出现文化差异引发的冲突，及时解决是非常重要的。采取开放、公正的方式解决问题，避免将文化差异变成不必要的矛盾。通过有效的跨文化协调，团队可以更好地发挥各自的优势，取得共同的成功。

七、文化敏感的领导

文化敏感的领导在多语境团队中发挥着至关重要的作用。以下是一些关于文化敏感领导的实践建议：

（一）了解团队成员的文化背景

了解团队成员的文化背景是建立强大、协同工作的团队的关键步骤。以下是一些进一步深化了解团队成员文化背景的实践建议：与每个团队成员进行个体会谈，了解他们的文化背景、家庭背景和个人经历。这有助于建立个体之间的信任关系。领导者可以首先分享自己的文化经历和背景，为团队成员打开分享的空间。这种开放性有助于打破沉默，促使团队成员更愿意分享。注意团队成员可能庆祝的重要文化活动，例如传统节日、纪念日等。表达对这些活动的关注，有助于加强团队的凝聚力。不同文化背景的人可能有不同的沟通风格。了解团队成员的沟通偏好，有助于在沟通中更有效地传递信息。了解文化背景的同时，也要注意到每个个体的独特性。不同的人即使来自相同的文化，也可能有不同的观念和经历。了解团队成员可能面临的文化适应挑战，并提供必要的支持和资源。这有助于创造一个支持性的工作环境。在团队中建立一个文化敏感的反馈机制，让团队成员能够分享他们在工作中的文化体验，并提供对团队文化的建设性反馈。

（二）倡导文化多样性

倡导文化多样性不仅有助于团队的创造力和创新性，还能够提升整体的绩效。以下是一些进一步倡导文化多样性的实践建议：在团队交流和培训中，强调文化多样性是一种资源，能够为团队带来不同的视角和思考方式。这有助于树立团队成员对文化差异的积极态度。分享来自不同文化背景的团队成员在项目中的成功故事。这些例子能够直观地展示文化多样性如何促进创新和解决问题。在团队内部建立一个文化交流的平台，鼓励团队成员分享自己的文化传统、习俗和庆祝活动。这可以增进团队成员之间的理解。开展文化教育计划，向团队成员介绍各种文化背景，包括历史、价值观、艺术等方面。这有助于拓宽团队成员的视野。在项目分组或任务分配时，有意识地促使不同文化背景的团队成员合作。这种多元团队合作能够促进创造性解决问题。将文化多样性纳入团队和个人的绩效评估指标中。这有助于强调文化多样性的重要性，并激励团队成员在这方面取得成绩。制定文化敏感的沟通准则，鼓励团队成员在交流中考虑文化差异，以确保沟通更为顺畅。通过倡导文化多样性，领导者可以创造一个更具活力和创新力的团队，提高团队的适应性和竞争力。

（三）提供文化培训

提供文化培训是一种有效的方式，可以帮助团队成员更深入地理解彼此的文化背景，增强文化敏感性，从而改善团队的协作和沟通效果。以下是一些实践建议：定期组织文化培训会议，邀请专业的文化顾问或培训师进行培训。这可以涵盖不同的文化背景、沟通风格等方面的内容。在公司内部或通过外部培训机构提供文化教育课程，帮助团队成员更全面地了解各种文化，包括历史、宗教、传统等。鼓励团队成员分享自己在不同文化环境中的体验。这有助于促进开放对话，减少对陌生文化的误解。进行模拟演练，让团队成员在模拟的跨文化场景中体验和解决潜在的文化冲突。这可以提高团队的跨文化协作能力。提供团队成员可以查阅的文化资源和工具，包括书籍、在线课程、文化指南等。这有助于个体在需要时深入了解特定文化。根据团队的具体需求，定制文化培训计划，强调对团队目标和工作环境的适应性。定期组织跨文化交流活动，例如文化节、主题午餐等，促使团队成员亲身体验和分享不同文化的魅力。

（四）创造包容的工作环境

创造包容的工作环境是培养文化敏感性和多元团队协作的重要一环。以下是一些建议：领导者可以强调每个团队成员的贡献和独特性，鼓励不同观点的分享。制定和强调公司的反歧视政策，确保每个员工都受到平等对待，无论其文化背景、性别、宗教信仰等。鼓励团队成员进行开放、诚实的对话。建立一个可以自由表达观点、提出疑虑的氛围，这有助于减少沟通障碍。为团队成员提供文化支持系统，包括文化导师、支持小组等，使新加入的成员能够更容易融入团队。确保招聘和晋升机会是多元化的，避免偏向某一特定文化背景。这有助于打破文化上的天花板。定期举办文化庆祝活动，让团队成员分享自己的文化庆典、传统或美食。这有助于增进团队成员之间的了解。在工作环境中提供文化培训，帮助员工更好地理解和适应不同文化背景的同事。提供灵活的工作制度，以满足不同文化中员工的不同需求，包括宗教节日、家庭聚会等。通过这些措施，领导者可以创造一个包容性的工作环境，使团队成员能够充分发挥其潜力，共同为团队的成功贡献力量。

（五）灵活调整管理风格

灵活调整管理风格是建立高效多元团队的重要策略之一。以下是一些建议，帮助领导者更好地调整管理风格：了解每位团队成员的文化偏好、工作风格和沟通方式。根据个体差异，个性化管理方法，以满足他们的需求和期望。进行个体评估，了解每个团队成员的优势、发展领域和目标。基于这些信息，制订个性化的发展计划。保持开放和主动的沟通。鼓励团队成员分享他们的文化偏好和对管理风格的期望，以便及时调整。提供定期的反馈，确保团队成员清楚了解他们的表现如何。这有助于调整管理方法，以促进个体和团队的发展。提供培训机会，帮助团队成员发展跨文化领导和合作的技能。这可以提高他们适应多元文化环境的能力。考虑实施灵活的工作制度，以满足不同文化中员工的工作时间和工作方式的不同需求。在团队中强调文化敏感性的重要性，促使成员相互理解和支持。定期回顾团队的表现和互动，根据反馈和成果，调整管理方法，以达到更好的协作效果。通过灵活调整管理风格，领导者能够更好地满足团队成员的需求，激发团队的创造力和合作力。在你的管理经验中，是否有成功调整管理风格的实例？

（六）鼓励团队合作

鼓励团队合作是培养文化敏感性和多元团队协作的重要一环。以下是一些方法，有助于促进团队成员之间更好的合作：提供跨文化培训，帮助团队成员理解不同文化的特点、习惯和价值观。这有助于减少误解，增进互信。定期组织团队建设活动，以促进团队成员之间的互动和沟通。这样的活动可以创造轻松的氛围，鼓励成员更自由地分享观点。设立共同的合作目标，使团队成员意识到彼此间的合作是实现整体成功的关键。这有助于激发合作精神。定期组织文化交流会议，让团队成员分享彼此的文化经验。这有助于拓展视野，增进理解。建立文化支持网络，让有相似文化背景的成员互相支持。这可以提供一个更加亲近的社交环境。鼓励团队成员分享自己文化中的最佳实践，以及在跨文化团队中取得成功的经验。这有助于形成团队内部的学习文化。在团队中设立专门的文化敏感团队领导人，负责促进文化敏感性和团队合作。培养团队成员的开放心态，让他们乐于接受和学习不同文化的特点。这有助于打破文化壁垒。

（七）处理文化冲突

处理文化冲突是领导者的一项重要责任，而采取公正和平等的方法是确保问题得到妥善解决的关键。以下是一些建议，帮助领导者有效处理文化冲突：给予双方机会表达他们的观点和感受。了解每个人在文化冲突中的立场，有助于建立相互理解。避免偏袒任何一方，保持中立的立场。领导者的角色是中立的调解者，而非站在某一文化一方。促使双方进行开放的文化对话，以增进对彼此文化的理解。有时，冲突是由于文化误解而产生的。强调双方的共同点和共同目标，以建立合作基础。找到双方都能接受的解决方案，而非强调差异。如果冲突是因为文化差异导致的误解，可以考虑制订文化教育计划，帮助团队成员更好地理解对方文化。在团队中建立有效的冲突解决机制，使成员能够在文化差异引发的问题上得到及时帮助。鼓励团队成员培养文化智商，提高跨文化沟通和合作的能力。这可以在团队中创造更和谐的氛围。定期评估文化冲突的状况，并根据反馈调整处理方法。持续改进是解决文化冲突的关键。综上所述，文化因素在多语境沟通中的应用不仅涉及语言的选择，还包括对文化背景的理解和尊重。通过文化敏感的沟通，可以构建更加有效和富有深度的跨文化关系。

总体而言，语境和文化因素之间的交互作用在语言、翻译、沟通和文学等多个领域都有深远的影响。理解和尊重这种交互作用有助于建立更有效的跨文化交流和理解。

第二节 翻译策略的理论框架

一、翻译策略的基本概念

在翻译领域，翻译策略是译者根据不同翻译任务和语境选择的具体翻译方法或手段。这些策略旨在保持原文的意义和风格，同时确保译文在目标语言中自然流畅。以下是翻译策略的一些基本概念：

（一）直译和意译

直译和意译是翻译中常用的两种基本策略，它们在不同的情境下被灵活运用。让我们深入了解一下这两种翻译策略：直译强调逐字逐句地保持原文的结构、语法和词汇，力求对应每一个原文元素。适用于语法结构相似、文化背景相近的翻译任务。常见于法律文件、科学文献等领域。意译更注重传达原文的意思和思想，允许在翻译过程中灵活调整结构和表达方式，以适应目标语言的习惯。适用于原文与目标文化背景有较大差异、存在语言难以对应的情况。常见于文学作品、广告文案等领域。直译强调保真度，但可能在表达上显得生硬。在某些情况下，过于直译可能导致目标语言读者难以理解。意译注重灵活性和流畅度，但需要谨慎，以免失去原文的细节和精确性。在大多数翻译任务中，译者常常需要综合运用直译和意译，根据具体情境做出合适的选择。灵活性是关键，译者需要根据文本特点、读者背景以及翻译目的权衡使用直译和意译。在实际翻译中，选择直译还是意译取决于多个因素，包括语言特点、文体风格、目标受众以及翻译任务的要求。通过巧妙地结合这两种策略，译者可以更好地传达原文的意义，同时保持译文的自然流畅。

（二）加词和减词

加词和减词是翻译过程中常见的两种调整手段，用以确保翻译的自然流畅和语法准确。我们来深入了解一下这两种翻译策略：加词是指在翻译过程中向译文中添加一些词语，以保持语言的完整性和通顺度。当原文表达方式在目标语言中显得过于简略，需要更多细节或连接词语来使句子更流畅时，译者会选择加词。减词是指在翻译过程中省略或删除原文中的一些词语，以适应目标语言的表达规范和语法结构。当原文表达方式在目标语言中显得冗长或翻译后显得不自然时，译者可能选择减词，去除一些冗余信息。在加词和减词的选择中，译者需要平衡保持原文意义和适应目标语言表达风格的需求。加词和减词都需要谨慎操作，以确保不改变原文的核心意思。加词和减词的决策也取决于翻译任务的语境和目的。有时为了更好地传达作者的意图，需要增加一些细节；而在其他情况下，为了简化表达或符合目标语言的语法规范，可能需要减少冗余。无论是加词还是减词，维护原文的意义完整性是关键。译者需要确保在调整语言表达时不损失原文的核心信息。

（三）同义词替换

同义词替换是翻译中常用的策略之一，通过选择与原文相近但在目标语言中更合适的同义词，以确保翻译的准确性和流畅性。我们来深入了解一下同义词替换的基本概念：在进行同义词替换时，译者需要仔细选择与原文词汇意义相近的目标语言词汇。这有助于保持原文的语义准确性。同义词的替换不仅要考虑词义的匹配，还要考虑语境和语气。有时候，原文的词汇可能带有特定的语气，译者需要确保同义词的选择在目标语言中也传达相似的情感或语气。在特定的专业领域或行业翻译中，同义词替换需要更加谨慎。保持专业术语的准确性是关键，而且同义词的选择应符合该领域的规范。有些同义词可能在修辞或风格上有微妙的差别。译者需要根据原文的修辞和风格特点，选择最适合的同义词。当原文中的词汇具有多义性时，同义词的替换可能更具挑战性。译者需要根据上下文来确定最符合语境的同义词。在同义词替换中，译者还需考虑目标读者的习惯和理解水平。选择更为贴近目标读者习惯的同义词，有助于提高译文的可理解性。

（四）调整语序

调整语序是翻译中的一种常见策略，旨在使译文更符合目标语言的语法结构和表达习惯。让我们进一步了解这个翻译策略的基本概念：调整语序的目的是确保译文在语法结构上与目标语言一致。这包括词语的顺序、句子的结构和成分之间的关系。通过调整语序，译者可以使译文更贴近目标语言的自然表达习惯。这有助于提高译文的流畅性和可读性，使其更容易被目标读者理解。在调整语序时，译者需要考虑上下文的语境。确保调整后的语序能够在特定语境中传达准确的含义，避免歧义或不自然的表达。语序的调整也可以影响到表达的语气和情感。译者需注意保持原文的语气，并确保调整后的语序传达出相似的情感色彩。有些句子可能采用了特定的修辞手法或风格，调整语序时需要保持原文的修辞效果和风格特点。调整语序还可以用于突出句子中的重要信息或强调某个部分。通过灵活运用语序，译者能够引导读者关注到关键信息。

（五）文化转换

文化转换是翻译中的一项关键策略，旨在确保译文在目标文化中更容易被理解和接受。让我们深入了解文化转换的基本概念：文化转换涉及原文中具有文化特定背景的元素，包括但不限于习惯、传统、风俗、宗教信仰等。这些元素可能在目标文化中并不具有相同的含义或形式。在文化转换中，译者需要将原文中的文化元素转化为目标文化更为熟悉和接受的形式。这包括调整说法、用词，以符合目标文化的习惯和语境。文化转换的目标之一是避免文化冲突。通过将原文中的文化元素转化为目标文化的合适形式，可以减少因文化差异而导致的误解或不适。转换文化元素时需要考虑上下文的语境。确保转换后的表达在整个句子或段落中仍然保持一致，不破坏原文的语境。在进行文化转换时，译者可能需要对目标读者进行文化教育，介绍原文中的文化元素，并解释其在原文中的意义，以便目标读者更好地理解。尽管进行文化转换，译者仍需尊重原文的意图。在转换过程中，努力保持原文的核心信息和情感，以确保翻译的准确性。

（六）保留原文结构

保留原文结构是翻译中的一项重要策略，它旨在确保译文在语法和逻辑上与原文保持一致。让我们深入探讨这个翻译策略的基本概念：保留原文结构意味着在翻译过程中要尽量保持原文的逻辑关系。句子的主谓宾结构、修饰关系等在译文中应得以保留，以确保信息传达的连贯性。不仅要保持逻辑结构，还需要保持原文的表达方式。这包括保留原文中的修辞手法、语气以及特定的句式结构，以使译文更贴近原文的风格。在进行翻译时，译者需要确保目标语言中的语法结构与原文相一致。这涉及正确运用目标语言的语法规则，以保持句子的合理性。原文中信息的层次结构应当在译文中得以保留。重要信息和次要信息的排列顺序在翻译中应当反映原文的结构。对于较长的文本，保留原文结构还涉及篇章连贯性的维护。段落之间的逻辑关系、转折、承接等要在译文中得到体现。有些语言具有特殊的句法结构或语法规则，译者需要找到目标语言中相应的结构，以便保留原文中的特殊表达方式。保留原文结构是一项挑战性的任务，尤其是在目标语言与源语言之间存在较大结构差异的情况下。

（七）上下文补充

上下文补充是一种非常有效的翻译策略，尤其是在原文中存在一定的隐含信息或文化内涵需要被明确传达时。让我们深入了解一下这个策略：在翻译中，有时原文中的信息并不是直接明确陈述的，而是通过上下文或读者的先验知识进行推断。通过在译文中添加上下文信息，可以帮助目标读者更清晰地理解隐含的意思。不同文化之间存在许多差异，某些信息在原文中可能是常识，但在目标文化中可能并不清晰。通过上下文补充，可以弥补这些文化差异，确保译文在目标文化中能够被准确理解。在专业领域的翻译中，有时需要对原文中的专业术语或技术性信息进行更详细的解释。这涉及采用适当的技术译法，以确保准确传达原文的专业内容。考虑目标读者的背景和知识水平，适时地为他们提供一些额外的信息，使他们更容易理解原文的意图。通过在译文中添加一些充实的语言表达，可以使文本更富有表现力，更贴近原文的风格和感觉。上下文补充也有助于避免翻译中的歧义。当原文存在模糊或多义性时，通过添加上下文信息可以帮助读者更准确地理解意思。

这些翻译策略的选择取决于原文和目标语言之间的差异，以及译者对于特定翻译任务的理解。在实际翻译中，译者常常需要灵活运用这些策略，以产生质量高且符合语境的译文。

二、主流翻译理论中的策略观点

在主流翻译理论中，有许多关于翻译策略的观点和方法。以下是一些主要的翻译理论中常见的策略观点：

（一）功能对等理论

在功能对等理论中，翻译的目标是实现与原文相似的交际功能和效果。这一理论强调翻译的目的性，即确保译文在目标语言文化环境中能够传达出与原文相似的功能。以下是在功能对等理论下可能采用的一些翻译策略：意译通过重新表达原文的方式，以确保目标语言读者能够理解并产生与原文相似的效果。这可能涉及调整语法结构、词汇选择等方面。调整文体和风格根据目标文体和读者群体的特点，调整翻译文本的文体和风格，使其更符合目标语言文化的表达习惯。将原文中的文化元素转化为适应目标文化的形式，以确保读者能够理解并产生类似的文化体验。着重保留原文中的核心信息，以确保译文能够传达出相似的含义和功能。根据目标语言的语气和语调的特点，调整翻译文本，使其更贴近目标语言的语言习惯。功能对等理论在翻译实践中强调了翻译的实际应用和交际目的，使译文更适应目标文化和读者的需求。

（二）Skopos 理论

Skopos 理论强调翻译的目的性，即翻译的目标决定了选择的翻译方法。这个理论关注的不仅是从源语言到目标语言的语言传递，还包括考虑翻译的使用环境、目的和预期效果。翻译目的是翻译的中心概念，表示翻译的目标和目的。翻译的目的可以是多样的，可能是为了传达信息、为了文学艺术的呈现、为了商业目的等。Skopos 理论认为在翻译过程中存在一个动态平衡，即在考虑源文本和目标文本之间的关系时，翻译的目的和文本的使用环境会影响翻译决策。翻译的质量是根据其在特定目的和环境中的合适性来判断的。一种翻译可能在某个情境中是合适的，但在另一个情境中可能就不合适。Skopos 理论认为翻译是一个相对自主的过程，翻译人员有责任根据翻译目的来做出决策。这个理论的应用有助于突破一种"等效"观念，即翻译并不是简单地替换词语，而是在实现特定目标的过程。

（三）文化翻译理论

文化翻译理论强调在翻译中传达文化内涵，认为文化因素对翻译的影响至关重要。在处理文化差异时，翻译者可能采用一系列策略，包括但不限于：在意译中，翻译者有更大的自由度，可以根据目标语言和文化的语境调整原文，以更好地传达文化内涵。文化转换是一种更深层次的翻译策略，涉及对文化概念、价值观等的重新表达，以适应目标文化的习惯和价值体系。翻译者可能会在翻译中加入注释、脚注或其他形式的解释，以帮助读者理解源文化的背景和内涵。翻译者需要敏感地处理源文和目标文化之间的差异，避免引起文化冲突或误解。针对特定文化，进行本土化处理，使翻译更符合目标文化的语境和接受度。文化翻译理论的应用有助于确保翻译不仅在语言上准确，而且在文化层面上能够传达原文的深层内涵。

（四）信达雅理论

信达雅理论强调在翻译中平衡翻译的目的性和忠诚度。这一理论的核心概念包括：译者在翻译过程中要对原文保持忠诚。这意味着尽可能地保留原文的语言风格、文化内涵和作者的意图。翻译的目的是要传达特定的信息或情感。因此，译者需要确保译文能够达到预定的目标，有效地传达给目标受众。译文的表达形式应该是雅致的，符合目标文化的语言规范和审美标准。这有助于提高译文的可读性和接受度。关键在于平衡这三者，不偏向过度保守导致文不达意，也不偏向过度创新导致失去原文的精神。在实践中，信达雅理论有助于翻译者在面对决策时考虑多个方面，确保翻译既能够实现预定目标，又能够忠实于原文的语境和内涵。

（五）重译

重译注重在翻译中保持信息的相关性，以确保目标语言读者能够获得与原文相似的认知效果。这一理论关注读者的认知过程，强调翻译的目标是要在读者那里产生类似于原文作者所期望的认知效果。在应用重译理论时，一些关键的方面包括：重译理论强调将读者放在翻译决策的中心。翻译的目标是让读者能够理解并产生与原文作者相似的认知效果。译文应保持与原文相近的信息结构和相关性。这有助于确保读者能够更容易地理解翻译文本。翻译的成功与否取决于读者在阅读过程中获得的认知效果。这可能包括理解作者的观点、感受到相似的情感等。在保持信息相关性的同时，也需要考虑目标文化的语境和读者的文化背景，以确保翻译在新的文化环境中仍然有效。

（六）功能主义翻译

功能主义翻译理论注重翻译的实际应用和功能，而不仅仅是语言形式的转换。这一理论强调：译者的首要任务是根据翻译任务的目的来调整翻译策略。翻译的目标可能是传达信息、满足读者期望、促使行动等。着眼于最终的读者和受众，译者需要确保翻译文本对他们具有实际的、预期的功能。适应源文本和目标文本的文体和语境，以确保翻译不仅在语言上准确，还在特定文化和社会环境中有意义。翻译是一种任务，因此译者需要灵活地选择策略，以满足任务的特定需求。功能主义翻译理论认为在翻译过程中需要平衡不同的因素，包括准确性、通顺性、自然度等。在实践中，功能主义翻译理论的灵活性有助于译者更好地适应不同的翻译任务和场景。这些翻译理论提供了多样的策略观点，突显了在翻译中考虑目的、文化、功能等因素的重要性。在实际翻译中，译者可能会根据具体情境选择不同的策略，以达到最佳的翻译效果。

三、策略在英语语境下的应用

在英语语境下,翻译策略是指在将一种语言的内容转化为另一种语言时采用的方法和计划。这在各种领域都有广泛的应用,包括文学、商业、法律等。下面我们来看看在英语语境下翻译策略的应用。

(一)文学翻译策略

1. 保留原作语气和文学风格

保留原作语气和文学风格的第一步是深入理解原作的情感和语言氛围。译者需要准确把握原作中表达的情感,包括作者的态度、情绪、幽默感等。这对于在翻译中保持一致性至关重要。每位作家都有自己独特的文学风格和表达方式。译者在翻译过程中需要注意保留原作中那些特有的语言特色,包括词汇的选择、句式的结构等。这有助于传达作者的独特写作风格。为了保留原作的语气,译者可能需要采用相似的修辞手法。这包括比喻、暗示、排比等修辞手法,以确保译文在语言形式上与原作相匹配,传达相似的修辞效果。保留原作语气和文学风格时,译者需要考虑目标读者的感受和理解水平。适当调整翻译,使之更符合目标读者的语言习惯和文学背景,确保他们能够理解并感受到原作的情感色彩。文学作品通常承载着作者独特的声音和个性。译者需要尽力保持这种声音,以便读者在阅读译文时能够感受到作者的个性。这可能涉及对作者的生平、作品风格等方面的深入了解。通过采用这些策略,译者能够更好地传达原作的情感和文学价值,使译文在语气和风格上与原作保持一致,让读者能够体验到作者所希望传达的情感和情绪。

2. 调整文化元素以适应目标读者

在调整文化元素时,译者首先需要深入了解目标读者的文化背景。这包括目标读者所在地区的传统、价值观、历史等方面的知识。通过对目标读者文化的深入理解,译者能够更准确地判断哪些文化元素可能需要调整。

一种常见的策略是将原作中的文化元素替换为目标语文化中更为熟悉的对应物。这可以包括食物、传统习俗、特定节日等。通过使用目标文化的相关元素，译者能够使读者更容易理解和产生共鸣。对于一些无法直接替换的文化元素，译者可以通过提供文化解释和注释来帮助读者理解。这可以是脚注、尾注或在文本中直接插入解释性语句。注释的形式需要根据文学作品的性质和读者的阅读体验来灵活选择。在调整文化元素时，译者需要保持故事情节的连贯性。确保调整后的文本在逻辑上仍然流畅，不影响故事的完整性。这需要译者在调整文化元素时保持谨慎，避免对故事整体产生负面影响。文学作品的美感常常与文化元素密切相关。在调整文化元素时，译者需要考虑如何保留原作中的美感和情感。这可能需要在目标语文化中寻找与原作相似的美学元素，以确保翻译作品依然具有艺术上的价值。通过灵活运用这些调整文化元素的策略，译者能够在确保读者理解的同时，保持文学作品的文化丰富性，使翻译作品在不同文化背景中都能够产生共鸣。

3.保留原作的节奏和韵律

保留原作的节奏和韵律的关键是深入理解原作的韵律结构。译者需要仔细研究原作中的音韵规律、韵脚形式、句子长度等，确保在翻译过程中能够准确传达原作的节奏感。为了在目标语言中保留原作的音乐感，译者可能会选择采用相似的音韵效果。这包括在译文中保持类似的韵脚、押韵、音律等元素，以尽量还原原作的声音特点。不同语言有不同的音韵特点，因此译者需要考虑目标语言中能够实现的音韵效果。有时候，可能需要调整韵律结构或选择特定的表达方式，以使译文在目标语言中能够更自然地呈现韵律感。除了音韵效果外，句子长度和节奏也是影响韵律感的重要因素。译者需要注意保持译文中的句子长度和节奏，以确保读者能够在阅读时感受到原作的韵律之美。保留韵律还需要考虑意境的统一。译者需要确保在保留原作的音乐感的同时，不破坏诗歌或文学作品的整体意境。韵律的保留应该有助于加强作品的表达，而非削弱。通过运用这些策略，译者可以尽可能地在目标语言中还原原作的音乐感和韵律,使读者在阅读译文时能够体验到与原作相似的艺术享受。这对于诗歌等具有强烈节奏感的文学作品尤为重要。

4. 解决语际和语内差异

了解源语言和目标语言之间的语际和语内差异是解决问题的第一步。这包括词汇的不同含义、句法结构的差异、文化概念的不同理解等。通过深入了解这些差异,译者可以更好地应对挑战。在解决语际差异时,译者可能需要运用转换和调整结构的策略。这包括选择目标语言中更为合适的表达方式,调整句子结构,以确保翻译文本在语法和语言习惯上更符合目标语言的要求。解决语内差异可能涉及选择目标语言中的等效词汇。由于不同语言之间的词汇有时并不一一对应,译者需要在保留原作意义的前提下选择最为接近的词汇,以确保翻译的准确性。文学作品中常常包含丰富的文化元素,解决语际和语内差异时,译者需要考虑文化差异对作品的影响。这可能需要通过注释或调整表达方式,以便目标语言读者更好地理解文化内涵。在解决差异时,译者需要确保保持情感和意境的一致性。即使在语际和语内差异的处理中,也不能损害原作所要传达的情感和意境。这需要译者在调整时保持敏感性和谨慎性。文学手法可以是译者弥合语际和语内差异的工具。例如,通过运用比喻、象征、隐喻等修辞手法,译者可以在目标语言中传达出源语言中的情感和意义,以弥合文化和语言之间的隔阂。通过综合运用这些策略,译者能够在文学翻译中解决语际和语内差异,实现原作情感和语言特色的有效传达。这需要译者有深厚的语言和文化背景知识,以做到准确、灵活地应对不同差异。

5. 考虑目标读者的文学背景

译者在翻译文学作品之前,可以进行一些调查,了解目标读者的文学知识水平。这包括了解他们可能已经阅读过的文学作品、对不同文学体裁的了解程度,以及对文学传统和名著的熟悉程度。根据目标读者的文学背景,译者可以选择适合的翻译策略。如果目标读者对文学有深入的了解,译者可能更倾向于保留原作的文学特色和复杂性。对于相对不熟悉文学的读者，译者可能需要采用更简洁、更直接的表达方式。不同的文学体裁有其独特的特点，而不同的读者对这些特点的接受程度也各不相同。译者需要考虑目标读者对于特定体裁的接受程度，以调整翻译策略。例如，诗歌可能需要更多的注释和解释，而小说可能需要更注重叙事的流畅性。根据目标读者的文学背景，译者可以调整语言风格和难度。对于熟悉文学的读者，可以使用更为丰富、抽象的语言；而对于相对新手的读者，可能需要使用更直白、清晰的语言，以确保他们能够更好地理解和欣赏作品。如果原作中涉及目标读者可能不熟悉的文学、历史或文化背景，译者可以考虑在译文中引入适当的背景信息。这有助于读者更好地理解作品中的文学引用或文化元素。尽管要考虑目标读者的文学背景，但译者也需要保持对原作整体风格的尊重。即使调整了一些表达方式，也应确保译文仍然能够传达原作的情感和意义。通过考虑目标读者的文学背景，译者可以更准确地定位翻译的风格和深度，确保译文既能够满足文学专业读者的期待，又能够吸引更广泛的读者群体。

通过灵活运用这些文学翻译策略，译者能够更好地平衡保留原作风格和适应目标文化的需求，创造出更具表达力和情感共鸣的翻译作品。

（二）商业翻译策略

1. 确定目标市场的商业文化

了解目标市场的商业文化包括研究该市场的商业礼仪和沟通方式。不同地区可能有不同的商业礼仪，例如商务会议的礼仪、商务信函的写作方式等。译者需要了解并准确运用这些规范。每个市场都有其独特的商务习惯和惯例。这可能涉及商务洽谈的方式、合同签订的流程、商务招待的规矩等。译者需要对这些方面进行调查和了解，以确保翻译的内容符合目标市场的期望。不同的商业文化使用不同的商业用语和惯用语。译者需要熟悉目标市场常用的商业术语，以便在翻译中使用准确的表达方式。这有助于确保翻译结果更符合当地商业环境。商业往往与社交文化和人际关系紧密相连。了解目标市场的社交文化,包括商业场合下的社交规矩和人际关系的重要性,有助于译者在翻译中体现出商业文化的细致差异。商业信函和文件的格式在不同的文化中可能有所不同。译者需要了解目标市场对于商业文件格式的要求,确保翻译的文件在形式上与当地的商业标准一致。不同的商业文化可能对语言的正式程度有不同的要求。有些市场更注重正式的表达,而有些则更倾向于直接、简练的语言。译者需要在翻译中根据目标市场的正式程度进行调整。与当地专业人士交流是了解商业文化的重要途径。与当地商务专业人士、翻译行业从业者等建立联系,获取实时的商业信息和文化动态,有助于译者更准确地把握商业翻译的要求。通过深入研究和了解目标市场的商业文化,译者能够更精准地选择适当的表达方式,确保翻译结果在商业环境中得到良好的接受。

2. 使用广泛接受的商业术语

在进行商业翻译前,译者可以构建一个详尽的行业术语词汇表,包括该领域常用的专业术语和商业名词。这有助于在翻译中选择最准确的表达方式。对于每个行业术语,译者需要深入理解其准确的含义和用法。这包括了解术语在特定上下文中的使用方式,以确保翻译结果既准确又贴近原文的专业性。行业通常会有一些标准和规范,规定了专业术语的使用方式。译者可以参考这些标准和规范,以确保翻译的术语选择符合业界的惯例。商业领域不断发展演变,新的专业术语也会不断涌现。译者需要关注行业的发展趋势,确保翻译中使用的术语能够反映最新的行业概念和用语。如果遇到某些术语的确切含义不明确的情况,译者可以与领域专家进行沟通。与行业内的专业人士交流,获取他们的解释和建议,有助于确保翻译的专业性和准确性。在使用商业术语时,译者需要确保在整个文档中保持一致性。一致性有助于读者更容易理解和接受翻译的内容。译者可以在词汇表或术语表中记录已使用的术语,以确保统一性。根据目标读者的专业知识水平,译者可能需要调整术语的难度。对于专业领域的读者,可以使用更专业的术语;对于非专业领域的读者,可能需要提供简明易懂的解释。通过精确把握行业术语和商业名词，译者能够在翻译中使用更准确、专业的表达方式，确保翻译结果在目标市场中能够得到正确理解。

3. 考虑目标受众的商业背景

在考虑目标受众的商业背景时，译者首先需要分析目标受众所处的商业领域。不同领域可能有不同的专业术语和行业规范，了解这些差异有助于调整翻译策略。了解目标受众的专业知识水平是关键。有些受众可能是行业内的专业人士，对于专业术语和深层次的商业内容有较高的理解能力；而另一些受众可能是非专业人士，需要更简明易懂的表达。受众的经验和背景也是影响翻译策略的因素。译者可以考虑受众是否有相关行业经验、是否熟悉特定的商业流程，以调整翻译的深度和详细程度。商业术语存在不同的层次，从通用术语到高度专业的术语。译者需要根据目标受众的专业水平选择适当的商业术语层次，以确保翻译内容既准确又容易理解。针对可能不熟悉商业领域的受众，译者可以在文中提供必要的解释和背景信息，帮助他们更好地理解商业术语和概念。这可以通过脚注、注释或附录等方式实现。受众可能有不同的需求和期望，译者需要了解这些因素。一些受众可能更注重实际操作和应用，而另一些可能更关心理论和战略层面。根据受众的需求调整翻译的重点。与目标受众建立沟通渠道是调整翻译策略的有效手段。通过反馈、问卷调查或与受众的直接交流，译者可以更准确地了解受众的需求和反馈，进而调整翻译方向。通过全面考虑目标受众的商业背景，译者可以更有针对性地调整商业翻译的策略，使翻译更贴近受众的理解水平，提高信息传递的效果。

4. 避免文化误解和敏感问题

了解不同文化之间的差异是避免文化误解的关键。译者需要深入研究目标文化的商业礼仪、价值观念、沟通风格等，以避免因文化差异而产生误解。在商业翻译中，避免过度依赖文化相关的术语或表达，因为这些可能在不同文化中产生不同的理解。译者应选择通用、普遍被接受的商业术语，以降低文化误解的风险。商业翻译中应避免使用具有歧视性或冒犯性的语言。某些表达在一个文化中可能是普通的商业用语，但在另一个文化中可能被视为不尊重或冒犯。采用本地化的方法有助于避免文化误解。本地化包括调整文化相关的元素，使其更符合目标文化的口味和习惯。这可能包括调整颜色、图像、标语等。一些商业话题可能涉及敏感问题，如宗教、政治、性别等。译者需要谨慎处理这些问题，确保翻译的内容不会触及目标文化中的敏感点。在不确定文化差异和敏感问题的情况下，译者可以请教文化专家或顾问。他们可以提供关于目标文化的深入见解，帮助译者更好地理解潜在的文化习惯和敏感问题。译者可以通过与目标受众或本地业务伙伴建立反馈机制，及时获取关于翻译效果的信息。在实际应用中，根据反馈进行修正，避免潜在的文化误解。通过以上措施，译者可以有效地避免商业翻译中可能出现的文化误解和敏感问题，确保翻译内容在目标文化中被准确理解且不引起负面反应。

5. 调整语言风格和表达方式

了解目标市场的语言风格是调整翻译表达方式的第一步。有些市场可能更偏好正式、严谨的语言，而另一些可能更注重直接、简洁的表达。译者需要明确目标市场的语言习惯。商业文件通常要求语言简洁明了，避免过多的修辞和复杂的句式。译者在翻译时应精简语言，确保信息能够被清晰地传达，避免歧义。长句和复杂的语法结构可能降低文档的可读性。译者可以避免过度使用从句和复杂结构，选择简单直接的表达方式，以提高读者的理解度。在商业翻译中，使用通用的商业词汇有助于确保翻译结果在不同行业和领域中都能被理解。译者可以选择那些被广泛接受的词汇，避免使用过于专业或局部化的术语。根据目标受众的语言水平调整表达方式。对于专业领域的读者，可以使用一些行业术语，但对于非专业领域的读者，需要使用更通俗易懂的表达方式。保持良好的段落结构有助于读者更好地理解文档的逻辑关系。译者可以通过恰当的段落分隔和标题设置，使文档结构清晰，内容条理有序。不同行业和市场可能有不同的商业文件表达规范。译者需要了解目标市场的行业规范，确保翻译结果符合当地商业文件的通用规范和标准。在调整语言风格和表达方式时，译者需要保持一致性。一致的语言风格有助于形成统一的品牌形象，并使文档更易于阅读和理解。通过对语言风格和表达方式的调整，译者可以确保商业翻译结果更符合目标市场的习惯和规范，提高文档的可读性和传达效果。

6.适应不同国家和地区的法规

在进行商业翻译前，译者需要仔细研究目标国家或地区的法规。这包括了解商业领域的法律法规、合同法规、隐私法规等方面的要求。不同行业可能有特定的法规和合规性要求。译者需要了解目标行业的法规，确保翻译的商业文件符合相关的行业法规和标准。在翻译过程中，译者需要核实翻译内容是否符合目标国家或地区的法规。这包括确保使用的术语和表达方式在法律上是准确且合规的。部分法规可能要求在文档中使用特定的措辞或表达方式。译者需要调整翻译的表达方式，以确保文档符合法规的要求，避免可能的法律风险。随着数字化的推进，隐私和数据保护法规变得越来越重要。译者需要特别关注与个人信息有关的内容，确保翻译结果符合目标地区的隐私法规。商业文件中可能涉及商业交往和合同签订等方面的法律规范。译者需要了解这些规范，以确保商业文件在法律层面的合规性。在翻译涉及复杂法规的商业文件时，译者可以与法律专业人士合作。法律专业人士能够提供关于法规要求的专业意见，确保翻译内容的法律准确性。法规随时可能发生变化，译者需要保持对法规的及时了解。定期更新法规知识，以确保翻译内容始终符合最新的法规要求。通过深入了解目标国家或地区的法规，并在翻译过程中严格遵守相关法规，译者可以确保商业翻译内容合乎法律法规，降低法律风险。

7.保持信息的准确性和一致性

在进行商业翻译前，译者需要仔细核对原文信息。确保对原文的理解准确无误，对商业术语和专业术语的掌握正确，以避免翻译过程中出现信息错误。建立专业词汇表和术语表有助于保持信息的一致性。译者可以在翻译过程中参考这些表格，确保相同的术语在文档中被一致地翻译。商业文件通常是连贯的,译者需要关注上下文的一致性。确保文档中的各个部分在语言和表达方式上保持一致,以提高整体文档的质量。翻译记忆工具可以帮助译者在翻译过程中保持一致性。这些工具能够存储之前翻译过的文本,并在后续翻译中提供匹配的翻译,确保相同的表达在整个文档中一致。商业文件中可能包含大量数字和数据,译者需要特别注意核对这些信息。确保数字的准确性,并保持与原文一致。在整个文档中统一使用相同的术语和格式,有助于提高信息的一致性。译者可以制定规范,确保文档中的术语使用和格式风格保持一致。在翻译过程中遇到不确定的地方,译者应该及时解决疑问,可以与委托方或领域专家进行沟通,确保对特定术语或表达的理解是准确的。定期进行审校是确保信息准确性和一致性的重要步骤。译者可以在翻译完成后留出一段时间,再次审视整个文档,确保没有遗漏或错误。通过以上措施,译者可以有效地保持商业翻译中信息的准确性和一致性,提高翻译质量,确保最终的文档能够准确传达原文的意思。通过运用这些商业翻译策略,译者能够更好地适应不同的商业环境和文化背景,确保翻译结果在目标市场中能够产生预期的商业效果。

(三)法律翻译策略

1. 专业法律术语的一致性处理

在进行法律翻译之前,译者应该建立一个详细的法律术语表。这个表格可以包含常见的法律术语、其对应的翻译,以及可能的变体或同义词。这有助于确保在整个文档中对同一术语的一致性使用。使用权威的法律词典和法规文本来核实法律术语的准确翻译。法规文本通常包含标准化的术语使用,可以作为参考依据,确保翻译的一致性。部分法律术语在不同语言中翻译者可能更愿意直译,但这并不总是准确的翻译。译者需要在专业的背景下判断何时使用直译,何时需要使用更符合目标语言法律体系的表达方式。对于同一法律概念,译者应该保持统一的表达方式,不要在文档中使用多种翻译,以确保读者对特定术语的理解保持一致。在确保一致性的同时,译者也需要考虑文化差异可能带来的语言差异。有些法律概念在不同的法律体系中可能有微妙的差异，译者需要在保持一致性的同时适度调整以符合目标文化。在翻译过程中，译者需要仔细审查上下文，确保选择的术语在特定语境下是合适且一致的。有时候，根据文档的具体内容和目的，术语的翻译可能需要适度调整。设立一个反馈机制，与领域专家或法律专业人士保持沟通。及时获取他们的反馈和建议，以确保专业术语的一致性和准确性。通过采取这些策略，译者可以有效地处理专业法律术语的一致性，确保法律文件在不同语言版本中保持准确、清晰，避免歧义和混淆。

2. 精准翻译法规和法条

深入理解法规和法条：

在进行翻译前，译者需要深入理解原文法规和法条的含义、背景和目的。只有对法律文本有透彻的理解，才能进行精准的翻译。法规和法条通常受到特定国家或地区法律体系的约束。译者应该参考目标语言国家或地区的法律体系，确保翻译结果符合当地法规的规定。使用权威的法律词典来核对法规和法条中的专业术语。这有助于确保翻译的准确性，并避免术语理解上的错误。保持法规和法条的结构和逻辑一致性，尽量避免结构调整。法律文件的结构对于法律解释至关重要，翻译时应保留原文的条理性。不同法律体系对于相似法律概念可能存在微妙的差异。译者需要敏感地捕捉这些差异，以确保翻译结果在目标文化中得到准确理解。每个国家或地区的法律体系都有其独特的表达方式。译者应当适应目标法律体系的表达方式，以使翻译更符合当地的法律语境。如果可能，译者可以参与相关法律研究，了解法规和法条的最新解释和修订。这有助于保持对法律环境的敏感性。法规和法条可能会被修订，译者在翻译过程中应该核实修订记录，确保使用的是最新版本的法规和法条。对于高度专业的法律翻译，与法律专业人士合作是一个明智的选择。法律专业人士能够提供对法规和法条的深刻理解，确保翻译的准确性。通过综合运用这些策略，译者可以实现对法规和法条的精准翻译，确保翻译结果在法律层面上准确无误，满足法律文件的专业要求。

3. 文化背景的考虑

在进行法律翻译之前，译者可以接受文化敏感性培训，了解目标文化的法律体系、价值观和法律表达方式。这有助于避免基于原文文化背景的直译误解。每个国家的法律体系都反映了其独特的法律文化。译者需要深入了解目标文化中法律概念的理解和运用方式，以避免含译结果在文化层面上引起误解。对于那些在不同文化中有不同含义的法律术语，译者需要根据具体情境进行调整。这可能涉及选择更符合目标文化法律体系的术语或进行适度解释。与目标文化的法律专业人士保持沟通，咨询法律术语的使用方式和法律概念的理解。这有助于译者更好地融入目标文化的法律环境。一些法律术语在直译时可能引起歧义，译者应当避免直译可能导致的误解。通过选择更明确、符合目标文化理解的表达方式，确保法律文本的清晰度。在保持准确性的前提下，译者应适应目标文化的表达方式。法律文件的语言风格和表达方式在不同文化中可能有所不同，译者需要根据目标文化的语境进行适度调整。不同法律体系的根本原则可能有所不同，译者需要了解并考虑这些差异。在翻译过程中，要确保法律文件传达的根本原则在目标文化中得到正确理解。对翻译结果进行文化审核，确保法律文件的表达方式和法律概念在目标文化中是合适且可理解的。这可以通过与目标文化的法律专业人士或审阅者进行合作来实现。通过综合考虑文化背景的差异，译者可以更好地适应目标文化的法律环境，避免文化误解，确保翻译结果在法律和文化层面上都得到正确理解。

4. 保留法律文件的逻辑结构

在进行翻译之前，译者需要深入理解原文法律文件的结构。这包括了解不同部分之间的逻辑关系、标题的重要性以及段落的组织方式。法律文件中的标题通常具有特定的法律意义，译者应该保持标题的一致性，确保翻译中的标题能够准确反映原文的法律含义。一些法规对于文件的结构和格式可能有明确规定。译者需要遵循这些规定，以确保翻译的法律文件在法律层面上是符合要求的。保持翻译文本中各部分的逻辑对应关系，确保目标文档能够传达与原文相同的法律逻辑。每个章节、段落和子项的位置和关系都应该与原文保持一致。在翻译过程中，译者应保持段落结构的清晰。每个段落应该有明确的主题，避免信息混淆或不清晰的表达。合适的连接词有助于维持逻辑结构的连贯性。在翻译过程中，译者应确保使用与原文相符的连接词，以传达正确的逻辑关系。在不同部分之间、不同章节之间，译者需要注重上下文的衔接。合理使用过渡句和引导性语言，确保整个文档在逻辑上的流畅性。保留原文中的编号和标点符号是维持逻辑结构的重要步骤。这包括章节号、条款号、小标题等，确保翻译文本中的结构与原文保持一致。法规文件可能有其独特的语言风格，包括正式、严谨的措辞。译者需要在翻译中遵循这一语言风格，以维持法规文件的整体一致性。通过以上策略，译者可以有效地保留法律文件的逻辑结构，确保翻译文本在法律层面上能够清晰传达原文的法律逻辑关系。

5.谨慎处理不同法律体系的差异

在进行法律翻译之前，译者需要深入了解目标国家或地区的法律体系。包括法律概念、程序、制度等方面的了解，有助于译者更好地适应目标文化的法律环境。对比原文和目标文法律体系中的法律术语和概念，译者需要认识到不同体系中可能存在的差异。这有助于避免直译可能导致的误解，选择更符合目标文法律体系的表达方式。如果可能，译者可以与目标文化的法律专业人士合作。法律专业人士能够提供深刻的法律见解，帮助译者更好地理解和处理不同法律体系的差异。在翻译法律文件时，与法律顾问保持沟通，咨询法律文件中涉及的法律概念是否符合目标法律体系的规定。这有助于确保翻译的内容在法律上是准确合法的。对于不同法律体系中的细微差异，译者可能需要适度调整表达方式。这不仅包括术语的选择，还可能涉及一些法律概念在不同法体系中的具体表达方式。法律程序在不同法律体系中可能存在显著的差异，包括诉讼程序、合同程序等。译者需要特别关注这些差异，确保翻译的文本在法律程序上是合理和准确的。不同法律体系可能采用不同的法律制度，例如民法制度和普通法制度。译者需要考虑这些制度性差异，以确保翻译的内容与目标法律体系相符。译者需要避免在翻译中不当引用原文法律体系的概念或程序。确保引用的内容在目标文法律体系中是适用和准确的。通过综合考虑以上策略，译者可以谨慎处理不同法律体系的差异，确保翻译结果在目标文化和法律环境中是合法和准确的。

6. 保密和隐私的处理

在开始法律翻译项目之前，译者和委托方应签署明确的保密协议。该协议规定了涉及的保密信息、保密期限、责任分工等方面的内容，确保双方的权益得到保护。在翻译过程中，译者需要清楚了解哪些信息被视为敏感信息。这可能涉及商业机密、个人身份信息、法律案件的细节等。了解敏感信息的范围有助于避免不必要的风险。译者应确保在安全的翻译环境中进行工作，避免使用不安全的网络连接或共享文档。这有助于减少信息泄露的风险。在处理敏感信息时，译者可以选择在单独的工作区域进行翻译，避免他人未经授权地接触到敏感信息。对于电子文档，译者可以采用数据加密的方式来保护文件的安全性。使用加密工具确保文档在传输和存储过程中不容易被非授权人员访问。限制对翻译项目的访问权限，确保只有必要的人员能够接触到敏感信息。这包括在团队合作时，只分享必要的信息给相关团队成员。避免在公共场所（如咖啡馆、图书馆等）处理敏感信息，以减少信息泄露的风险。选择在安全、私密的工作环境中进行工作。在翻译完成后，译者应该安全地删除临时文件和草稿，确保不留下任何可能泄露信息的痕迹。译者和相关团队成员应接受定期的信息安全和保密培训，提高对敏感信息处理的意识和技能。如果译者发现任何违反保密协议的行为，应立即报告给委托方，并采取适当的措施解决问题。通过综合运用这些策略，译者可以有效地处理法律文件中涉及的保密和隐私内容，确保翻译过程中敏感信息得到妥善保护。

7. 联系领域专家

译者可以通过专业社交平台、行业活动等途径建立与法律专业人士的联系。建立广泛的专业网络有助于在需要时快速获取专业咨询。建立长期合作伙伴关系，与法律专业人士保持密切的合作。有了稳定的合作伙伴，译者可以更方便地获取专业建议。参加法律研讨会、培训课程等专业活动，与法律领域的专家面对面交流。这有助于建立实质性的专业联系，提高对法律问题的理解。利用在线专业平台，如法律论坛、专业社群等，寻找法律专业人士进行咨询。这些平台通常是专业人士分享知识和经验的地方。与专业律师事务所建立联系，可以直接向专业律师咨询法律问题。律师事务所通常有多领域的专业人士，可以提供全面的法律支持。参与法律相关的在线社群，与律师、法学专业人士建立联系。这些社群是分享行业动态、讨论法律问题的理想场所。如果项目需要深度法律专业知识，建议考虑聘请法律顾问或专业咨询服务。这样可以确保翻译项目在法律层面上得到专业的支持。保持对法律领域知识的更新，了解最新的法规、判例和法律发展。这有助于译者更好地理解法律文件中的内容，并确保翻译的准确性。参与法律专业协会，与协会成员建立联系。协会通常组织各种专业活动，是获取法律领域信息和建立专业关系的好途径。通过积极联系领域专家，译者可以获取权威、准确的法律信息，确保翻译项目在法律层面上达到高质量水平。

8. 逐句逐条翻译

在开始翻译时，译者应逐句仔细理解原文。对每一句的法律术语、结构和含义进行深入分析，确保准确理解原文的法律内容。逐句逐条的翻译有助于维持法律文件的逻辑关系。每一句都应准确反映原文的法律逻辑，确保整个文件的连贯性和合理性。在逐句翻译过程中，译者需要保持法律术语的一致性。确保相同的法律术语在整个文件中都被一致地翻译，避免术语混淆。对于法律文件中的具体法律条款，采用逐句逐条的方式可以确保每个条款都得到精准翻译。这对于法律文件的准确性至关重要。逐句逐条的翻译有助于保持文本的原汁原味。译者需要努力保留原文的表达方式，特别是在法律文件中常见的特定措辞和结构。法律文件中常涉及逻辑连接和引用关系，逐句翻译时需要确保这些关系得到正确传达。每一句都应与前后文保持逻辑连接，确保法律条款的引用准确。在逐句翻译中，审慎使用衔接词和连接词，确保句与句之间的关系清晰。这有助于读者更好地理解法律文件的文本结构。逐句逐条的翻译方式需要进行多次校对验证。每一句都需要仔细检查，确保翻译的准确性和一致性。维护法律术语表是逐句逐条翻译的一个重要步骤。及时更新术语表，确保使用的法律术语得到一致和准确的翻译。在逐句翻译中，如果遇到任何疑问或歧义，译者应及时与法律专业人士沟通，澄清翻译中可能存在的不确定性。通过逐句逐条的翻译方式，译者可以更全面、系统地处理法律文件，确保每一句和每一条都得到精准而准确的翻译。

9.定期审校和修订

制定定期审校计划，确保在翻译完成后的特定时间点进行审校。这有助于防止因为疲劳或时间紧迫而忽略错误。雇佣经验丰富的法律专业审校人员，他们对法律文件具有深刻的理解，能够发现并纠正术语和法律逻辑方面的错误。采用逐句逐条的方式进行审校，确保每一句和每一条的翻译都得到仔细检查。特别关注法律术语、法律条款的准确性。对比原文和译文，确保翻译文本在语言和法律逻辑上与原文一致。发现任何差异或错误，及时进行修订。进行语法和拼写检查，确保翻译文本没有明显的语言错误。法律文件的准确性不仅体现在法律术语上，语言的准确性也同样重要。定期更新法律术语表，将在审校过程中发现的新术语或修订纳入术语表。保持术语表的及时性和准确性。确保整个法律文件在法律逻辑上的一致性。审校时需要关注每一段的连接和引用关系，确保法律文件的整体逻辑清晰。在修订过程中，征求法律专业人士的意见，确保翻译文本在法律层面上是准确的。专业的法律建议有助于提高翻译质量。关注可能导致混淆的法律概念或术语，确保它们在翻译文本中得到正确的呈现。对于法律文件中常见的易混淆之处要格外留心。如果有多名翻译人员参与项目，进行团队协作审校，每位翻译人员都可以提供独特的视角，帮助发现潜在的错误。通过定期的审校和修订，译者可以不断提高法律文件翻译的质量，确保文本在法律层面上准确无误。

通过采用以上策略，法律翻译可以更好地确保文档在专业、法律和文化层面都得到准确传达，满足法律文件的高度准确性和专业性的要求。

（四）技术翻译策略

1. 专业术语处理

根据文档上下文和特定领域的要求，选择合适的专业术语翻译。确保翻译符合文档整体语境。考虑目标受众的专业水平和领域知识。对于专业读者，可以更多地使用原文专业术语；对于非专业读者，应采用更通俗易懂的翻译。建立和维护术语表，确保在整个文档中对相同术语的一致性处理。这有助于避免混淆和提高文件的专业性。考虑文档类型的特殊性。在一些规范性文档中，可能更倾向于保留源语言术语，而在培训材料或用户手册中，使用更通用的翻译更合适。遵循行业标准的术语翻译。一些行业可能有共同的术语规范，译者应了解并尽量符合这些规范。在需要时，与领域专家或技术专业人士进行咨询。他们的深入了解可以提供对特定术语的准确理解。对于某些无法准确翻译或在目标语言中无等效术语的术语，可以考虑在翻译中引用原文，同时提供解释或注释。考虑文档的具体用途。如果文档是供内部专业人士使用，可以更自由地使用专业术语；如果是为广大读者服务，应更注重可理解性。在翻译完成后，进行专业审校，并收集目标读者的反馈。根据反馈调整术语选择，确保更符合受众期望。技术领域不断发展，术语也会更新。译者应保持对最新技术发展的学习，及时更新术语表和翻译策略。通过综合运用这些策略，译者能够在专业术语处理上更好地平衡准确性和可读性，以满足文档的目标和受众需求。

2. 目标受众分析

在翻译开始之前，进行对目标受众的详细调查，了解他们的专业领域、职业背景和技术水平，区分受众类型，例如专业技术人员、普通用户或管理人员。每个群体可能对术语和表达方式有不同的接受程度。在目标受众中，评估他们的专业水平。对于高度专业的读者，可以更自由地使用专业术语，而对于非专业读者，则需要更简明易懂的表达。如果可能，进行问卷调查以收集受众的意见，了解他们对术语理解的难易程度，以便调整翻译策略。考虑文档的具体用途。如果是培训材料或用户手册，受众可能更广泛，需要采用更通俗易懂的表达方式。考虑文档被使用的场景。在紧急维护或问题解决的场景中，读者可能更希望简洁直白的表达。对于不同专业水平的群体，采用灵活的翻译策略。在同一文档中，可以使用脚注或注释来解释某些专业术语。查阅类似领域的文档，了解在相似情境下受众更喜欢的表达方式。借鉴成功的翻译实践。与目标受众沟通，了解他们的反馈。有时直接的沟通可以提供更直接的指导，帮助调整翻译风格。翻译完成后，收集反馈并进行总结。将反馈信息用于不断改进翻译策略，以更好地满足目标受众的需求。通过深入了解目标受众，译者能够更有针对性地选择合适的翻译策略，确保技术信息在不同群体中被准确理解。

3. 平衡准确性和可读性

在翻译过程中，确保准确理解原文中的技术信息。明确定义术语和概念，以避免误导和混淆。采用简明扼要的表达方式，避免过度冗长的句子和复杂的结构。清晰直接的表达有助于提高可读性。对于非专业受众，避免过度使用专业术语。选择更通用的词汇，或提供术语的简要解释，以确保可读性。通过使用具体实例和案例研究，将技术信息置于实际背景中，有助于读者更好地理解抽象的技术概念。文档结构应清晰明了，采用分段和明确的标题。这有助于读者更轻松地跟随文档的逻辑结构。尽管要简化表达，但避免过度简化以至于失去准确性。确保技术信息的基本概念得到充分传达。根据目标受众的语言水平选择适当的用词和句式。对于不同语言水平的读者，采用不同的表达方式。进行用户测试，收集读者的反馈。通过测试，了解读者在理解和应用技术信息时遇到的困难，以进行相应的调整。在文档中添加注释或脚注，用于解释复杂的技术术语或提供进一步的背景信息，以帮助读者理解。与技术领域的专家合作，确保翻译文本既准确又易于理解。专家的反馈和建议对平衡准确性和可读性至关重要。通过巧妙平衡准确性和可读性，技术翻译可以满足不同受众的需求，使技术信息更广泛地为人所用。

4. 标准化术语表

建立一个详细的术语表，包括技术领域常用的术语和短语。确保术语表的涵盖范围广泛，覆盖文档可能涉及的所有专业术语。为每个术语提供清晰的定义和用法说明。这有助于译者在翻译过程中准确理解术语的含义和适用场景。将术语进行分类和分级，使其更容易查找和理解。可以按照主题、功能或字母顺序进行组织。维护术语表的版本控制，确保译者使用的是最新和准确的术语。随着技术领域的发展，术语可能会不断更新。与技术团队、领域专家以及其他涉及术语使用的团队合作。收集他们的反馈和建议，以确保术语表的全面性和准确性。为译者提供术语表的培训和使用指南。确保译者了解如何使用术语表，并在翻译过程中保持一致性。设立术语表更新机制，以反映技术领域的变化。定期审查和更新术语表，保持其与行业标准和最新趋势的一致性。将术语表提供在线和离线支持。可以在翻译工具中集成在线术语表，也可以提供可下载的离线版本。促进译者之间的经验分享。分享使用术语表的实际案例，以及在特定文档中如何处理和解释术语的最佳实践。提供一个反馈渠道，使译者能够报告术语表中的问题或建议更新。这有助于不断改进术语表的质量。通过建立和维护标准化的技术术语表，可以提高翻译的一致性，减少术语混淆，从而确保技术信息在不同语境下得到正确传达。

5. 上下文关联

在翻译之前，仔细阅读原文，深入理解术语在特定上下文中的使用方式和含义，考虑术语可能在不同场景下具有不同的解释。当术语在文档中出现多次并涉及不同概念时，注意语境的变化。确保在不同的上下文中选择适当的翻译。利用前后文的信息来判断术语的确切含义。有时，上下文可以提供关键线索，帮助译者正确翻译术语。在翻译文本中添加嵌入式注释，解释为什么选择特定的翻译方式。这有助于读者理解翻译决策，尤其是在术语存在歧义时。如果存在术语歧义或翻译困难，与领域专家进行沟通，专业人士可能能够提供术语在不同上下文中的准确解释。创建一个术语上下文数据库，记录术语在不同上下文中的使用情况。这有助于在将来的翻译工作中做出一致的决策。考虑目标受众的背景和专业知识水平。有时，翻译可能需要根据读者的理解水平进行微调。在翻译流程中实施质量控制步骤，专注于上下文关联性。通过审查翻译文本，确保术语在不同上下文中的一致性。记录术语在不同上下文中的翻译选择，以备将来参考。这有助于建立更广泛的翻译经验库。在翻译工具中设置不同用词的提示，提醒译者术语可能在不同上下文中有不同的翻译。通过注重上下文关联性，翻译可以更准确地传达专业术语的含义，确保信息在不同场景中的一致性和适用性。

6. 使用图表和图像

确保图表和图像的翻译与文本内容一致。翻译应该在图表和相关文本之间保持一致，避免信息的不匹配。如果图表或图像中包含技术标注或说明，确保这些标注的翻译准确且易于理解。避免术语的混淆或歧义。对于图表中的符号、图例和颜色等元素，进行准确翻译。确保读者能够正确解读图表中的各种要素。在图表和图像的翻译中，避免信息的失真。保持原始图表的准确性，不改变数据或图形的基本含义。考虑目标受众的文化背景，以确保图表和图像的元素在不同文化中都能被理解。避免文化敏感性的问题。如果可能，与图形设计师或制图专家协作。他们可以提供关于如何最好地呈现信息的建议，并确保翻译与设计相协调。如果文档中包含图注或解释，确保这些文字的翻译能够准确传达与图表相关的信息。这对于理解图表的背景和上下文至关重要。如果文档将被用于不同的媒体或平台，确保图表和图像的翻译适应不同的呈现方式，如打印版、在线版等。保持图表和图像的视觉一致性，即使在翻译时也要注意颜色、样式和排版等方面的一致性。进行用户测试，以确保目标受众能够正确理解图表和图像的翻译。收集用户反馈，进行必要的调整。通过巧妙处理图表和图像的翻译，译者可以提高技术文档的可读性和可理解性，确保信息能够更清晰地传达给目标受众。

7. 保留代码和命令格式

确保代码的准确翻译，包括关键字、变量名和注释。代码翻译的准确性对于开发人员理解和应用至关重要。避免在翻译过程中改变代码的结构。保留原始代码的缩进、括号和空格，以维持其逻辑和可读性。对于涉及专业术语的代码，保持一致性。使用与原文相符的术语，以确保开发人员能够正确理解代码。如果文档包含命令行示例，确保保留命令的格式和结构。这对于开发人员在实际操作中能够直接应用命令至关重要。如果代码包含注释，确保将注释准确翻译。注释通常提供了对代码逻辑的重要说明，因此需要确保这些信息在翻译中得以保留。考虑目标受众的技术水平，以确定是否需要提供额外的解释或说明。对于技术水平较低的读者，可能需要提供更详细的注释。利用专业的代码编辑工具或版本控制系统，以确保代码的准确性和一致性。这有助于保留原始代码的格式。在翻译流程中实施代码审查，确保翻译的代码能够被其他技术人员理解并正确应用。进行代码的可用性测试，确保翻译的代码在实际应用中能够达到预期效果。检查是否有任何格式或结构上的问题。如有可能，与原始代码的开发团队进行沟通。获取他们的反馈和建议，以确保代码在翻译中能够得到正确的呈现。通过保留代码和命令格式，译者可以确保技术文档对开发人员具有实际可操作性，帮助他们更有效地理解和应用技术指南。

8. 参考文档和标准

在翻译技术文件之前，仔细阅读并全面了解相关文档。这包括产品手册、技术规范和其他与原文相关的文件。熟悉适用于特定行业或领域的标准和规范。了解行业术语和规范有助于更准确地翻译技术文档。创建一个术语表，记录文档中使用的专业术语和行业标准。确保术语的翻译在整个文档中保持一致。技术领域不断演变，因此确保使用的参考文档和标准是最新的版本。随时更新参考资料，以反映行业的最新变化。如果存在与其他文档或标准的关联，确保翻译文档与其保持一致。注重上下游一致性有助于整个信息体系的协调。与领域专家和技术团队保持沟通，获取他们对文档和标准的理解。这有助于解决可能出现的歧义或复杂问题。在翻译文档中需要引用标准规范时，确保引文的准确性。直接引用标准文本时，不应发生误差或歧义。不仅仅理解标准的具体内容，还要了解标准的背景和目的。这有助于更好地理解术语和规范的真正含义。了解行业内的实践和标准化程度，确保翻译的文档符合行业的一般标准。持续学习行业动态和最新的标准变化。参加培训、研讨会或在线课程，以保持对技术领域的了解。通过密切参考相关文档和行业标准，译者可以提高对技术规范的理解，确保翻译的文档符合行业的标准和最佳实践。

9. 与技术专家合作

确保建立与技术专家的有效沟通渠道。这可以包括定期会议、电子邮件沟通或即时消息工具，以便及时解决问题。在与技术专家合作之前，向他们提供文档的背景信息。这包括文档的目的、受众和主要信息，以便专家更好地理解翻译的上下文。定期与技术专家讨论翻译过程中的问题和疑虑。这有助于解决技术性的问题，并确保翻译的准确性。与技术专家共同建立术语表，记录文档中使用的专业术语。这有助于保持翻译的一致性。在翻译中提供上下文信息，以帮助技术专家更好地理解翻译文档。这可以包括相关图表、图像或其他支持文档。如果存在争议性的术语或概念，邀请技术专家参与讨论。他们的深入了解可以为最终翻译的决策提供有价值的见解。欢迎技术专家提供反馈。他们可能能够指出翻译中存在的问题，并提供改进建议。如果译者对特定技术领域不熟悉，邀请技术专家提供培训。这有助于提高译者对技术术语和概念的理解。在翻译完成后，邀请技术专家参与最终版本的审查。他们的专业眼光可以帮助发现可能的错误或不准确之处。保持与技术专家的沟通畅通，及时解决问题，确保翻译工作在专业水平上得到支持。通过与技术专家合作，译者能够获得对技术文档深刻的理解，提高翻译的准确性和专业性。技术专家的参与可以填补译者在特定领域知识上的不足，确保最终的翻译符合技术要求。

10.定期更新技术知识

定期订阅行业相关的新闻、期刊和在线资源，以了解技术领域的最新发展。这有助于跟进行业趋势和新兴技术。参加技术培训课程和研讨会，特别是针对新技术和领域的培训。这可以提供深入的理解和实践经验。利用在线学习平台，参与技术相关的课程和培训。这样的平台通常提供灵活的学习方式，适合自主学习。加入技术社区，参与讨论和交流。与其他技术从业者互动可以获取实用的经验和见解。阅读相关的技术书籍，特别是与翻译领域相关的技术文档和手册。这有助于理解特定领域的术语和写作风格。在社交媒体或专业平台上建立专业网络，关注和与技术专家互动。这可以提供实时的行业信息和建议。参与实际的技术项目，尽可能涉足不同领域。通过实际项目的经验，可以更深入地理解具体领域的技术要求。设定定期的考核计划，自我评估技术知识的水平。这可以帮助识别需要进一步学习的领域。考虑参加相关的专业认证考试，这是证明技术翻译能力的有效方式。取得认证还可以增加职业竞争力。定期参与实际的翻译项目，特别是涉及新技术和领域的项目。实践是提高技术翻译水平的有效途径。通过定期更新技术知识，译者可以保持对技术领域的敏感度，及时适应新的术语和概念，确保翻译工作保持高水准。这对于提高翻译的质量和专业性至关重要。通过综合运用这些策略，技术翻译可以更好地满足受众的需求，同时确保准确传达技术信息。

（五）社交媒体和网络翻译策略

在进行社交媒体和网络翻译之前，深入了解目标受众所在的网络文化。了解网络用语、潮流和表达方式，以确保翻译与当地用户的交流方式一致。在社交媒体上，保持幽默感是吸引关注的关键。译者应考虑如何保留原文中的幽默或调侃，以便在目标语言中也能产生类似效果。流行语和网络梗是社交媒体上常见的表达方式。译者需要灵活运用当地流行语，确保翻译文本更贴近目标受众的语境。社交媒体上通常使用口语化的表达方式。译者应考虑采用更口语化、接地气的翻译，使信息更容易被理解和接受。避免使用可能引起文化误解或冒犯的表达。在社交媒体上，信息的传递速度快，因此需要格外注意文化敏感性。在翻译发布后关注用户的反馈。社交媒体是互动的平台，通过观察用户的评论和回应，译者可以及时调整翻译策略。引用当地网络热点和话题，使翻译更具吸引力。这有助于与目标受众建立更紧密的联系。在社交媒体上，信息的传递通常较为迅速。译者需要把握好表达的节奏，确保翻译文本在时间上与原文保持一致。利用图片、表情符号和 GIF 等多媒体内容，以增强信息的表达力。这也是社交媒体上常见的传播方式。如果可能，与当地有影响力的网络红人或社交媒体达人合作。他们的参与可以增加翻译文本的曝光度和影响力。通过采用适应性强的翻译策略，译者可以在社交媒体和网络领域更好地传达信息，引起目标受众的兴趣和共鸣。总体而言，翻译策略在英语语境下的应用需要根据不同领域、不同文体和目标受众的特点进行灵活调整，以实现准确传达信息和保持文本特色的目标。

第三节 翻译中常见的语境挑战

一、不同语境下的语义歧义

在翻译中，语义歧义是一项常见而有挑战性的任务，特别是在不同语境之间。让我们来探讨在翻译过程中可能出现的不同语境下的翻译语义歧义：

（一）词汇层面的语义歧义

1. 多义词的翻译选择

处理多义词的翻译选择是翻译工作中常见而关键的任务。让我们深入探讨如何有效地处理这个情况：在处理多义词时，首要任务是仔细分析上下文。译者需要考虑词汇所在句子的结构、周围的词语以及整个段落的语境，这有助于确定在特定情境下词汇的确切含义。考虑目标受众的语言水平和文化背景。选择翻译时，要确保所选含义对目标受众来说是易于理解的，符合他们的语境。如果上下文无法充分消除歧义，译者可以考虑在翻译中使用括号或添加注释，以提供更多的解释。这有助于读者更好地理解词汇的多义性。有时，同一个多义词在不同句子中可能需要不同的翻译。保持灵活性，根据具体情境调整翻译选择，确保意思的一致性。了解源语言和目标语言文化之间的差异。某个词汇在一种文化中可能有特定的含义，而在另一种文化中可能不同。确保翻译符合目标文化的语境。利用语境词典和专业翻译工具，以获取更多关于词汇多义性的信息。这些工具可以提供上下文相关的词汇含义，指导译者做出更明智的选择。在团队翻译中，保持良好的沟通。与其他团队成员或委托方讨论可能存在的多义词翻译选择，共同制定最佳方案。通过综合运用这些策略，译者可以更准确地选择适当的翻译，避免歧义，并确保所传达的意思符合源文意图。

2. 上下文的重要性

上下文的重要性在解决词汇层面的歧义中起着关键作用。让我们更深入地探讨上下文的重要性以及如何有效利用上下文解决歧义：上下文有助于确定特定词汇在句子中的语境。通过仔细阅读周围的文字，译者可以更好地理解该词汇在整个句子中的角色和含义。查看词汇前后的文字，了解它们之间的关系。有时，前文或后文提供了关键信息，帮助译者正确选择翻译。词汇可能在句子中与其他词语有修饰和被修饰的关系。了解这些关系有助于准确理解词汇的具体含义。如果歧义涉及整个段落，分析整个段落的结构和内容是解决问题的关键。这有助于译者把握作者的意图和主旨。寻找上下文中可能出现的同义词和反义词。这有助于译者更全面地了解词汇的语境，避免错误的翻译选择。作者可能使用了各种修辞手法，如比喻、隐喻等，这可能对词汇的含义产生影响。译者需要敏锐地察觉这些修辞手法，确保翻译保持原文的意味。句子结构对于理解上下文至关重要。确保正确解析句子的结构，识别主谓宾关系，有助于准确理解词汇的作用。了解文章或段落的主题和背景是解决歧义的重要一环。这有助于译者更好地理解作者的意图和论述方向。通过深入分析上下文，译者可以更准确地理解和翻译原文中的词汇，确保翻译结果符合整体语境。

3. 使用括号或注释

使用括号或注释是一种有效的翻译策略，特别是在处理词汇歧义时。让我们深入了解一下这种策略的运用和优势：在翻译中，某些词汇可能有多个含义，而目标语言可能没有一个确切的对应词汇。通过在翻译文本中使用括号或注释，译者可以提供对这些多义词的解释，帮助读者理解可能的不同含义。括号或注释不仅可以解释词汇歧义，还可以提供上下文信息。译者可以简要说明为什么选择了特定的翻译，或者指出原文中可能存在的文化或语境差异，从而增进读者对翻译决策的理解。在涉及文化差异的翻译中，使用括号或注释可以帮助读者更好地理解原文中的文化元素。这对于涉及特定文化概念或习惯的翻译非常有用。有时，翻译可能会引起读者的误解，特别是在处理词汇歧义时。通过在翻译中加入括号或注释，译者可以提前提醒读者可能的歧义，并阐明翻译的选择，从而减少误解的发生。使用括号或注释有助于保持翻译的透明性。译者可以与读者分享一些翻译过程中的考虑，使翻译更加开放和可理解。总体而言，使用括号或注释是一种灵活而实用的翻译策略，可以增加翻译的清晰度和可理解性。

4. 意译和准确性的平衡

平衡意译和准确性确实是翻译过程中的一项重要任务。让我们更深入地了解这一策略的运用和挑战：意译是指在翻译过程中对原文的意思进行灵活转换，以适应目标语言的表达习惯、文化和语境。它并不是简单的直译，而是在保留原意的基础上，根据目标语言的特点进行调整。即使进行意译，保持原意仍然是关键。译者需要确保翻译后的表达仍然能够准确传达原文的核心概念和情感，避免过度改变原文的意思。意译的目的之一是使翻译更符合目标语言的语境和文化。这包括选择更自然、更通顺的表达方式，以确保读者更容易理解和接受翻译结果。在进行意译时，译者需要考虑目标读者的文化背景。某些表达在不同文化中可能有不同的含义，因此需要选择能够在目标文化中产生相似效果的翻译。有时，原文中的情感色彩可能需要通过意译来更好地传达。这可能涉及使用目标语言中更具有情感共鸣的词汇或表达方式。意译的挑战在于在灵活转换中保持准确性。过度的意译可能导致原文的失真，而过于保守可能使翻译在目标语言中显得生硬或不自然。

5. 引用词典和语境词典

引用词典和语境词典确实是翻译过程中的有力工具。让我们深入了解一下这种策略的运用和优势：词典是理解词汇多义性的良好起点。它们提供了一个词汇的不同含义，帮助译者更全面地了解原文中可能存在的歧义。词典还提供了词汇的词性和不同用法，这对于选择最准确的翻译至关重要。在特定领域的翻译中，专业语境词典可以提供行业术语的解释，帮助译者理解术语的特定含义和用法。一些语境词典还包含了关于文化和习惯的信息，这对于更好地理解原文并做出适当的翻译选择非常有帮助。通过仔细查阅词典和语境词典，译者可以更准确地选择适当的翻译，从而减少歧义的可能性。这对于确保翻译的精准性和一致性至关重要。尽管词典是强大的工具，但有时可能不涵盖所有的语境。因此，译者需要结合词典和对上下文的深入理解来做出最佳翻译选择。

6. 沟通与协商

沟通与协商确实是在团队翻译或合作翻译中至关重要的策略。让我们深入了解这一点：沟通是确保所有团队成员对原文有清晰、一致的理解的关键。通过讨论文本中可能存在的歧义，团队可以共同确定最佳的翻译策略。在团队翻译中，沟通有助于避免因个人理解差异而导致的误解。成员可以分享彼此的观点和解释，从而更好地理解原文。协商是为了建立共识。当团队成员对于某个词汇存在不同看法时，通过协商可以找到平衡点，确保翻译结果符合整体团队的期望。某些歧义可能导致争议，通过协商，团队可以找到妥协方案，以确保翻译选择不仅准确而且得到了各方的认可。定期的团队会议和讨论是理想的沟通渠道。在这些场合，团队成员可以分享他们的想法、疑虑和建议。利用在线协作平台，团队成员可以实时交流，并在翻译过程中提出问题和建议。这种实时的沟通方式可以提高团队的协作效率。不同团队成员可能来自不同的文化和语境，这可能导致在歧义处理上的差异。通过开放的沟通和协商，可以解决这些差异。如果团队分布在不同的时区，协商可能会受到时间差的影响。在这种情况下，使用异步沟通工具和清晰的文档记录可以帮助解决问题。

7. 目标受众的理解

考虑目标受众的理解水平是非常重要的，尤其在处理语义歧义时。在翻译中，适应目标受众的文化和语境是确保信息传达准确且易于理解的关键。让我们进一步探讨这一点：不同文化对于某些概念和词汇可能有不同的理解。通过考虑目标受众的文化背景，译者可以选择更贴近目标文化的翻译，避免引起误解或文化冲突。不同受众对于特定领域或专业术语的理解水平可能有差异。译者需要调整翻译的深度和专业性，确保受众能够理解并消化所传达的信息。选择更常用的语言表达方式有助于确保受众能够轻松理解翻译。避免过度使用专业术语，除非目标受众具有相应的专业背景。确保翻译的语境与目标受众的生活和工作环境相匹配。这有助于使翻译更贴近受众的日常经验，增强信息的可接受性。考虑目标受众的教育水平，避免使用过于复杂或高级的词汇，以确保翻译适应不同受众群体的理解水平。在处理词汇层面的语义歧义时，译者需要综合运用语境分析、专业知识和沟通技巧，以确保翻译准确传达源文的意思。

（二）文化层面的语义歧义

文化层面的语义歧义确实是翻译中需要特别关注的方面。让我们深入探讨一下如何处理文化层面的语义歧义：

1. 文化敏感性

文化敏感性在翻译中扮演着关键的角色，特别是在处理涉及情感、价值观和社会观念的内容时。下面补充一些相关的思考：文化中的隐喻和比喻可能是源语言和目标语言之间差异最大的地方之一。译者需要了解不同文化中常用的隐喻，以确保翻译传达出相似的意义。一些词汇在一种文化中可能携带着强烈的感情色彩，而在另一种文化中可能没有。译者需要判断何时保留这种感情色彩，何时进行适度的调整。每种文化都有独特的表达方式，包括谚语、俚语等。在翻译中，译者需要判断何时保留这些独特的表达方式，以及何时进行更通用的表达。某些表达在一个文化中可能是常见的，而在另一个文化中可能会被误解。考虑到目标受众的文化背景，译者需要选择最能够被理解的表达方式。

2. 习惯和传统

习惯和传统是文化差异中非常重要的一部分，它们影响着人们对事物的看法和理解。在翻译中，特别是涉及习俗和传统的内容时，译者需要仔细考虑目标文化的特点，以确保翻译的内容不仅准确，还能够传达出相应的文化背景。节日和庆典通常与特定文化相关。在翻译时，译者需要确保目标文化中存在类似的节日或庆典，以保持原文的文化内涵。不同文化对待礼仪和礼节的方式可能有很大的差异。译者需要了解源文中涉及的礼仪，然后在翻译中反映出目标文化的礼仪规范。对家庭结构和家庭关系的理解在文化中有很大的差异。在翻译涉及家庭的内容时，译者需要确保目标文化中的读者能够理解相关的文化背景。

3. 礼仪和尊重

礼仪和尊重的差异可以在翻译中引发许多挑战，因为不同文化对待交往和表达意见的方式可能大相径庭。在处理这方面的问题时，译者需要精准地把握语境，并在保持尊重和礼仪的基础上选择合适的表达方式。不同文化中，对待长辈或上级的方式可能差异很大。在翻译中，需要选择目标文化中常用的称呼和敬语，以确保表达的尊重符合文化期望。一些文化更注重直接而坦率的表达，而另一些文化可能更倾向于委婉和间接的表达方式。译者需要根据目标文化的沟通风格做出调整。某些表达可能在正式场合合适，而在非正式场合则显得不合时宜。考虑到交流的具体环境，译者需要选择适当的语言风格。

4. 宗教和信仰

宗教和信仰是极其敏感的主题，而翻译涉及这些领域时，需要更加慎重和谨慎。不同文化对于宗教和信仰的理解和对待方式可能截然不同，因此译者在翻译时需要考虑这些差异，以确保信息传达得当，不引发误解或冲突。宗教名词往往具有特殊的含义和情感色彩，直接的翻译可能无法传达其中的深层含义。译者可能需要在翻译中解释这些名词的背景和意义。描述宗教仪式和习俗时，需要确保翻译能够准确传达原文中的宗教体验和情感，同时避免与目标文化的信仰体系冲突。在文学作品中，宗教元素可能被用来传达特定的主题或象征意义。译者需要理解这些元素，并在翻译中保持原作的文学效果。

5. 色彩和象征

色彩和象征是文化中非常重要的元素，它们可以传达深刻的文化含义和情感。在翻译中，译者需要留意源文中使用的色彩和象征，以确保翻译能够传达相同的文化信息和情感共鸣。不同文化对于色彩的理解和赋予的象征意义可能差异巨大。例如，在某些文化中，红色可能代表热情和喜庆，而在其他文化中，它可能与危险或负面情感相关联。译者需要了解目标文化中对于色彩的认知，以避免产生误导或误解。一些文学作品或文化传统中可能存在特定的象征物，如吉祥物或特殊的图案。译者需要确保这些象征物在翻译中得以保留，并在目标文化中有相应的文化共鸣。在文学作品中，作者常常通过色彩来表达情感或象征特定的主题。译者需要注意保持这种情感色彩的一致性，以确保读者能够体验到与原作相似的文学情感。

6. 地域性差异

地域性差异在翻译中扮演着重要的角色，尤其是在涉及口语表达、俚语、习惯用语等方面。同一种语言在不同地域的使用可能存在词汇、语法结构或文化含义上的差异，译者需要对这些差异有深刻的理解，以确保翻译贴近目标受众的语境。在某些语言中，不同地域可能有独特的口音和发音方式。在口语翻译中，译者可能需要考虑如何传达这些口音差异，以保持原文中的地域性特色。不同地域可能有自己的俚语和地方性表达，这些表达可能在其他地方并不通用。译者需要根据目标受众的地域文化选择适当的表达方式，使翻译更加地道。地域性差异还体现在文化活动和传统上。某个国家或地区可能有特有的庆祝方式、习俗等，译者需要在翻译中反映这些文化差异，以使读者更好地理解原文中的文化内涵。

（三）句法结构层面的语义歧义

句法结构在语义解释中扮演着至关重要的角色，不同语言的句法规则和结构差异可能导致语义歧义。在翻译过程中，译者需要特别留意句法结构，以确保目标语言中的句子结构能够传达原文准确的语义。

1. 语序的影响

语序的不同可以在翻译过程中带来挑战，因为改变词语的排列方式可能会影响到句子的语义和感情色彩。在处理语序时，译者需要考虑以下几个方面：尽管译者需要适应目标语言的语序，但仍然要确保句子在语法上是正确的。这包括正确的主谓宾结构、时态一致等。有时，原文的语气和情感是通过特定的语序表达的。在翻译时，译者需要努力保留这种情感色彩，即使语序可能有所变化。一些修辞手法，如排比、倒装等，可能在不同语言中具有不同的传达方式。译者需要根据目标语言的修辞传达方式做出调整。语序的改变有可能导致歧义，特别是在复杂句中。译者需要确保目标语言中的语序不会改变原文的意思。

2. 修饰语的位置

在处理修饰语的位置时，译者需要考虑以下几个方面：修饰语的位置可能影响到修饰的对象，因此译者需要确保在目标语言中修饰语与其修饰的词之间的关系清晰明了。考虑目标语言的语法结构，译者需要调整修饰语的位置，以确保句子在目标语言中自然流畅，同时保持原文的修辞效果。修饰语的位置变化有可能引起歧义。译者应当注意上下文，确保修饰语的调整不会改变原文的意思。遵循目标语言的语法规范，将修饰语放置在合适的位置。这包括了解目标语言中修饰语通常出现的位置，以便进行相应的调整。

3. 从句和主句的关系

从句和主句之间的关系在翻译中的准确呈现是确保整个句子能够被理解的关键。在处理从句时，译者可能会面临以下挑战：从句通常包含对主句内容的进一步说明或补充，译者需要理解从句与主句之间的逻辑关系，并在翻译中保持这种关系，以确保读者正确理解句子的意思。从句和主句之间可能存在时态和语气的变化，译者需要注意这些变化，并在翻译中进行适当调整，以保持目标语言的语法规范。从句与主句之间的连接词在不同语言中可能有所不同，译者需要选择适当的连接词，以确保句子结构在目标语言中仍然通顺。从句中的代词或指代词与主句中的内容可能存在关联，译者需要确保在目标语言中正确传达这种指代关系，避免歧义。

（四）上下文层面的语义歧义

当涉及上下文层面的语义歧义时，我们可以从以下几个方面进行分层论述：上下文中的词汇可能因环境而产生多义性。例如，一个词在对话中的使用可能与在技术手册中的含义不同。译者需要考虑上下文的变化，并在翻译中选择最合适的意义。不同的情境和场景可能影响词汇的解释。例如，一个动词在描述家庭生活和在工作场合的用法可能截然不同。译者需要通过理解整个场景来准确传达词汇的含义。上下文提供了信息的完整性，帮助读者更好地理解。如果翻译中缺少必要的上下文信息，读者可能对句子的意思产生误解。译者需要确保将足够的上下文信息包含在翻译中。在对话中，上下文可能更加隐含和动态。译者需要敏感地捕捉对话的语境，包括说话者的语气、语速和表情，以更准确地传达语义。上下文中可能包含隐喻和比喻，这些需要特别注意。直译可能无法传达隐喻的意义，而需要根据上下文选择合适的翻译策略。在处理上下文层面的语义歧义时，译者需要不仅仅关注单个词汇的含义，还要考虑整个语境，以确保翻译更贴切、准确。

（五）语境层面的语义歧义

在处理语境层面的语义歧义时，我们可以深入探讨以下几个方面：

1. 多语境的变化

首先，技术领域的语境非常特殊。在软件开发中，"branch"可以指代代码库中的分支，而在金融领域，它可能表示一个分行。在这种情况下，如果译者不了解具体的技术或行业术语，就很容易选择错误的翻译。然后是文学作品，其中的语境可能更注重情感和文化。比如，"心"在一篇科学文章中可能是指生物学上的器官，而在诗歌中可能代表感情和精神层面。最后是日常对话，这里的语境可能是最丰富和复杂的。一个简单的短语可能因为语速、口音、表情等因素而产生截然不同的理解。这对于口译来说更具挑战性，因为它需要在瞬息万变的语境中做出准确的翻译。

2. 行业术语的不同解释

当我们详细解释行业术语的不同解释时，我们可以从以下几个方面入手：要考虑该术语在特定行业中的使用背景。这可能涉及行业的特殊需求、技术标准或行业标准，这些因素都会影响术语的含义。探讨术语在特定领域内的专业用法。这包括与其他术语的关系，常见的短语搭配，以及在该行业中的常见用途。考虑术语可能存在的不同变体和演变。有时，同一个术语在不同地区或时间段内可能经历一些变化，这可能导致不同的解释。对比该术语在其他领域中的使用。通过了解其他领域的解释，可以更清晰地理解术语可能存在的多义性，并有助于避免翻译时的歧义。查看行业是否有相关的标准或规范，以了解术语的官方定义和用法。这对于确保翻译准确性非常重要。

3. 随时间变化的语境

随时间变化的语境是一个很有趣也很复杂的问题。语言是动态的，不断演变，所以词汇的含义和用法也可能随之改变。一些词汇在流行文化中的使用可能会随着时代的变迁而产生新的含义。比如，过去的某个时期可能使用"酷"表示出色，但随着时间推移，这个词可能演变为表示时尚或潮流。在技术和科学方面，新技术和发现会引入新的术语和含义。例如，过去"云"可能仅仅指天空中的云，而在现代技术中，它还可以指代云计算。社会进步和变革可能导致一些词汇的含义发生变化。例如，对于一些社会和文化问题的用词，随着人们对平等和包容的认识不断提高，它们的含义可能发生转变。

4. 文化语境的考虑

文化语境是翻译中一个极为重要的方面。某些短语、俚语或隐喻在一种文化中可能非常普遍，而在另一种文化中可能毫无意义，甚至可能引起误解。在考虑文化语境时，翻译者需要注意以下几点：不同文化中的习惯用语和俚语可能有截然不同的表达方式。直译这些短语可能导致歧义，因此需要理解其文化根源并进行相应的转换。一些短语可能与特定文化的历史、传统或特殊事件相关联。了解这些背景信息有助于准确理解和传达含义。文化之间的社会礼仪和风俗也会影响翻译。某些表达在一个文化中可能是礼貌的，而在另一个文化中可能被视为冒犯。如果短语涉及宗教或信仰方面的内容，那么翻译者需要考虑不同文化对这些概念的看法，以避免引发敏感问题。幽默和讽刺也是需要特别注意的方面，因为它们很大程度上依赖于文化背景和语境。在翻译中，文化敏感性和对多元文化的理解是确保信息传达准确的关键。

5. 上下文的延伸

上下文的延伸是确保翻译准确性和自然流畅性的关键因素。当译者仅仅关注单个句子而忽略了周围的语境时，可能导致失真或误解。在考虑上下文时，译者可以关注以下几个方面：前文中提到的信息可能对当前句子的理解产生深远影响。确保翻译与前文的信息一致是非常重要的。有时，后续的内容可能揭示前文的更多细节或改变某个概念的理解。译者需要在翻译中留有足够的灵活性，以适应后续发展。确保翻译在语法结构和风格上与上下文保持一致，以确保整个文本的一致性。保持对文本主题的一致性也是很重要的。翻译不应使读者在文本的不同部分之间感到断裂或不连贯。考虑上下文中句子之间的逻辑关系,以确保翻译能够传达正确的逻辑思维。

6. 对目标受众的调整

针对目标受众的特点进行翻译调整是非常重要的,这涉及语言水平、文化认知和专业知识等方面。一些调整策略包括:根据目标受众的语言水平,选择适当的词汇和表达方式。避免使用过于复杂或专业化的术语,以确保信息的易理解性。考虑目标受众所在文化的特点,避免使用可能会引起误解或冒犯的表达方式。适当地调整文化元素,使之更贴近目标受众的文化认知。调整语言风格和口吻,使之更符合目标受众的阅读偏好。有些受众可能更喜欢正式的表达,而另一些可能更倾向于轻松的口吻。如果目标受众不熟悉特定行业的术语和背景,译者可能需要提供更多的解释和背景信息,以确保他们能够理解文本的含义。考虑不同地区之间的语言差异,选择更符合目标地域口音和用语的翻译。通过调整翻译策略,译者可以更好地满足目标受众的需求,提高翻译的效果和可接受性。

(六)多义词的翻译问题

多义词的翻译确实是一个常见的挑战,因为不同语言可能对于相同词汇有不同的解释。在处理多义词时,译者可以考虑以下策略:在选择翻译时,深入理解上下文是关键。多义词的确切含义通常由其在句子中的角色和周围词汇所决定。考虑原文作者的意图是重要的。根据文本整体的目的,选择最适合表达作者意图的翻译。如果可能,可以通过添加修饰语或额外的信息来澄清多义词的含义,以确保目标读者能够准确理解。有时,可以使用目标语言中的多义词或同义词来替代源语言的多义词,以保持语境的一致性。考虑目标受众的语言背景和文化背景,选择最符合他们语言习惯的翻译。如果遇到特别复杂或领域专业的多义词,可能需要咨询相关领域的专业人士,以确保翻译的准确性。

(七)隐含信息的翻译

在翻译时,可以考虑以下几个方面:确保目标语言中传达的内容能够准确反映源语言中关于凝聚社群和民族身份认同的文化内涵。如果有特定的音乐术语，确保翻译时选择能够在目标文化中传达相似概念的术语。保持对情感的敏感性，因为原文中提到了社群成员通过音乐活动能够感受到共同体的凝聚力。这种情感体验在翻译中也需要得以保留。延伸原文提到的凝聚力不仅在音乐活动中体现，还延伸到社群生活的各个方面。确保目标文本能够清晰地表达这种延伸关系。根据目标受众的文体习惯，可能需要适当调整表达方式，以确保文本更贴近目标文化的语境。

（八）氛围和口感的表达

氛围和口感是一些文本中难以捕捉的微妙元素。在翻译这样的内容时，挑战在于如何在目标语言中传达相似的情感和感觉。以下是一些建议：选用在目标文化中有类似感知的形容词。比如，一种食物在源文中可能被形容为"酥脆"，在目标文中可能对应使用能够传达相似质感的形容词。使用比喻和隐喻来表达口感和氛围。通过将感觉与目标文化熟悉的事物相联系，可以更生动地传达原文的意境。了解目标受众的口味文化，因为某种口感可能在不同文化中有不同的认知。确保选择的描述方式能够在目标文化中引发类似的感受。表达氛围时，考虑使用描述情感色彩的词汇。比如，一种场景可能给人温馨、轻松或愉悦的感觉，这些情感可以通过目标文中的词语来传达。如有可能，可以通过与目标文化的人进行交流，了解他们对于特定氛围或口感的表达方式，以获得更准确的翻译。在处理这些翻译语义歧义时，译者需要具备深刻的语言和文化理解，以确保翻译的准确性和流畅性。你有没有在具体的翻译任务中遇到过让你挑战的语义歧义呢？

二、文化隐喻与翻译困境

文化隐喻在翻译中确实是容易引起困扰的领域。文化隐喻是一种依赖于特定文化和语境的比喻，可能会导致在翻译过程中产生误解或失去原文的深层含义。以下是一些相关的问题和应对策略：

（一）文化差异

文化差异确实是翻译中一个重要的挑战。对于同一个比喻或概念，在不同文化中可能有不同的含义、情感色彩或文化内涵。在处理文化差异时，译者可以采取以下策略：在开始翻译项目之前，深入了解源语言和目标语言的文化。了解文化中的常见比喻、文化传统、价值观等，有助于更好地理解和传达文本的文化内涵。寻找目标文化中与源文化类似的比喻或表达方式，以确保在翻译中保留相似的意义和情感。避免简单地直译，因为某些比喻可能无法逐字逐句地翻译。相反，需要理解其在文化上的含义，并找到在目标文化中更为自然的表达方式。在一些情况下，可能需要通过注释或附加信息来解释源文中的文化元素，以确保目标读者能够理解作者原本的意图。考虑目标文化中的语言风格和文体，以使翻译更贴近目标受众的语言习惯。如果遇到特别复杂或文化特定的表达，可以与目标文化的专业人士合作或进行咨询，以确保翻译的准确性。处理文化差异需要译者具备广泛的文化知识和敏感性，以确保翻译不仅准确，而且在目标文化中具有相似的效果。

（二）应对策略

深入了解文化是应对文化差异和隐喻挑战的基础。以下是一些进一步的应对策略：

1.跨文化培训

跨文化培训对于译者来说是一项非常有价值的投资。以下是一些跨文化培训的好处和重要性：培训能够提高译者对不同文化的敏感性。这包括了解文化的价值观、信仰、社会结构等方面，从而更好地理解和传达文本的文化内涵。不同文化中存在着隐含规则，而这些规则对于准确理解文本至关重要。培训可以帮助译者识别并理解这些规则，避免在翻译中产生误解。不同文化有不同的交际方式和沟通风格。通过培训，译者可以学到在不同文化中如何更有效地传达信息，以及如何适应不同的交际背景。在跨文化翻译中，文化冲突是难免的。培训可以帮助译者学会如何处理文化差异,有效解决潜在的文化冲突。通过提高对不同文化的认知,译者能够更准确地理解原文的文化内涵,从而更好地将这些元素传达到目标文本,提高翻译质量。在跨文化环境中建立信任至关重要。通过培训,译者可以学到在不同文化中建立和维护信任关系的技巧。跨文化培训是一种有助于译者在多元文化环境中更好地工作的有益工具。

2. 多语言团队

多语言团队的优势在于其成员来自不同的文化背景,这为翻译提供了丰富的文化视角和语言专业知识。以下是一些多语言团队的好处:多语言团队能够覆盖多种文化,成员的不同文化背景使得对文本的理解更为全面。不同语种的团队成员能够提供对特定语言的专业知识,确保翻译在语言上更为准确。团队协作可以带来实时的反馈。成员可以分享他们对文本的理解,提出可能的文化差异或更好的翻译选择。在面对文化难题或语境理解上的挑战时,团队成员可以一起协作解决问题,确保最终的翻译更为准确。不同语种的专业人员可以分工合作,提高整体团队的翻译效率。每位成员可以专注于自己擅长的语言领域。通过与来自不同文化背景的同事合作,团队成员可以相互学习,提高对其他语言和文化的理解水平。与多语言团队合作的经验不仅丰富了翻译过程,也有助于更好地应对文化挑战。在你的翻译工作中,是否有过与多语言团队协作的经验?

3. 文化顾问

文化顾问在处理文化敏感性和文化差异时发挥着关键作用。以下是一些文化顾问的价值和应用场景:文化顾问通常具有深厚的文化背景和知识,能够提供对源文化和目标文化的深层理解。他们可以帮助译者理解文本中的隐含文化元素。在特定行业或专业领域,文化顾问可以提供对相关领域文化的专业支持。这对于特定行业术语和文化惯例的准确翻译至关重要。遇到复杂的文化难题时,文化顾问能够解释源文本中的文化元素,并提供目标文化中等效的解释。文化顾问有助于解读文本中的语境,以确保翻译不仅在语言上准确,而且在文化层面也一致。在翻译完成后,文化顾问可以进行文本评审，提供反馈和建议，确保翻译在文化上贴近原文的意图。针对特定项目或领域，文化顾问可以提供定制的培训，帮助团队成员更好地理解和适应文化要求。与文化顾问的合作不仅提高了翻译的准确性，还为整个团队提供了更全面的文化支持。

4. 语境重建

语境重建是翻译中一项重要的技巧，特别是在处理文化元素时。以下是一些与语境重建相关的应对策略：译者可以在翻译中添加附加信息，以提供有关文化元素的背景或解释。这有助于目标受众更好地理解源文中的文化细节。采用解释性翻译的方法，即在翻译中直接解释源文的文化元素。这确保了目标受众对于文化内容的准确理解。考虑目标文化的语境，有时可能需要调整翻译以适应目标受众的文化背景。这包括使用更为熟悉的表达方式或文化元素。尽管添加附加信息是重要的，但也需要注意保持翻译的流畅性。信息添加应该融入文本，避免给读者带来阅读障碍。考虑目标受众的语言水平和文化背景。附加信息和解释应该符合他们的理解水平，避免使用过于专业或复杂的术语。利用上下文中的提示来暗示或说明文化元素。通过周围的文字或情境，读者可以更好地理解特定文化元素的含义。语境重建是翻译中的一项艺术，需要在准确传达文本含义的同时，确保翻译在目标文化中能够得到适当理解。

5. 反复审查

反复审查是确保翻译质量的关键步骤，特别是在涉及文化差异的情况下。以下是一些与反复审查相关的实用策略：让多个专业译者审查翻译文本，特别是那些熟悉目标文化的译者。不同的视角可以帮助发现可能的文化差异或理解不准确之处。与文化专家合作进行审查，尤其是在特定行业或领域。他们能够提供深刻的文化见解，确保翻译在文化上更为准确。建立一个反馈循环，允许审稿者提出建议并与译者进行讨论。这有助于更好地理解问题的本质，并找到最佳的解决方案。在审查过程中特别关注文化敏感性，确保文化元素得到准确传达，同时避免引起误解或冲突。除了文化方面的审查，也要进行语法和语言层面的审查，以确保翻译在语言上的准确性。跟踪文化和语言的变化，保持对新颖表达和潮流的了解，以确保翻译保持时效性和准确性。通过反复审查，可以不断优化翻译，提高对文化差异的敏感度，并确保最终的翻译符合高质量标准。在你的翻译实践中，反复审查是否经常是确保文化准确性的重要手段？

6.学习目标文化

学习目标文化是提高翻译准确性和文化敏感性的重要途径。以下是一些学习目标文化的实用方法：阅读目标文化的文学作品、观看当地的电影、艺术品等，能够深入了解当地的价值观、情感表达方式和文化传统。参与目标文化的社交媒体平台和在线论坛，了解当地人的生活方式、讨论话题，以及他们的语言使用方式。参与当地社群活动，无论是线上还是线下，都能够让译者更贴近目标文化，感受当地人的日常生活。学习目标语言的语法、词汇和表达方式是理解目标文化的重要一环。语言是文化的一部分，通过语言学习可以更好地理解当地的思维方式。如果条件允许，实地体验目标文化是最直接的方式。通过旅行，译者可以感受当地的氛围、品味美食，进一步加深对文化的理解。与当地人交流是学习目标文化的关键。通过与当地人建立联系，译者可以获得实际的文化见解和生活经验。学习目标文化需要时间和耐心，但这种投资能够为翻译提供更为深刻的文化理解，从而更好地应对文化差异。深化对文化的了解是一个持续的过程，而这个过程有助于提高翻译的准确性和质量。

（三）语言结构差异

语言结构差异是翻译中常见的挑战之一。每种语言都有其独特的语法规则、词汇选择和表达方式，这导致了在翻译时可能涉及的结构差异。以下是一些建议，以应对源语言和目标语言之间的语言结构差异：理解源语言中的思维方式和表达方式，然后尝试在目标语言中找到类似的结构。这可能需要一些创造性思维，但能够更好地保持原文的意思。寻找在目标语言中有逻辑对应关系的结构。有时候，虽然表达方式不同，但相似的逻辑结构可以在目标语言中找到。利用翻译技巧，例如自由翻译、意译、拓展译等。在一些情况下，可能需要放弃逐字逐句地翻译，而选择更适应目标语言结构的方式。在目标语言中可能需要增加一些衔接词汇，以确保句子在语法上更为流畅，同时传达原文的逻辑关系。如果由于语言结构差异无法保留全部信息，确保保留原文中最关键的信息，以避免失去原文的主旨。与其他翻译专业人士交流，寻求他们对于语言结构差异的看法和经验。这有助于学习和共享解决方法。语言结构差异是一个复杂而具有挑战性的问题，需要翻译者有深厚的语言学知识和创造性思维来应对。

（四）应对策略

应对语言结构差异时，寻找替代表达方式和提供解释是常见的策略。以下是一些具体的应对策略：在目标语言中寻找具有类似文化概念的等效表达。这涉及对目标语言的深入了解，以找到最贴近原文的表达方式。使用目标语言中的比喻或类比，以帮助读者更好地理解源语言中的概念。比喻是一种强大的工具，能够用熟悉的语言表达新颖或复杂的概念。在翻译文本中添加注释或脚注，解释涉及的文化概念。这确保了读者能够在阅读中获得必要的背景信息。考虑目标文化的语言习惯和表达方式，进行文化适应。这包括调整句子结构、词汇选择，以更符合目标语言的语法和表达规范。在翻译中提供更为详细的解释，确保读者能够全面理解文化概念。这可能包括附加信息、背景描述等。进行反复的审查和修订，特别关注语言结构差异可能导致的问题。与其他专业人士进行合作，以获取更全面的反馈。通过巧妙地运用这些策略，译者可以在处理语言结构差异时更好地保持原文的意思和语境。

（五）历史和传统

历史和传统文化背景对于理解隐喻是至关重要的。这些隐含的历史和文化元素可以使一些表达在特定语境中更有意义，但对非熟悉这些背景的读者来说可能是难以理解的。以下是一些建议，以应对历史和传统文化背景引起的理解困难：

1. 深入研究

深入研究源文中的历史事件和传统文化是确保准确翻译隐喻的关键步骤。这种深入研究可以涵盖多个方面,包括:了解与源文隐喻相关的历史事件的详细背景。这包括事件发生的时间、地点、涉及的人物等,以便更好地理解文本的语境。研究源文中涉及的文化传统,包括习俗、传说、仪式等。理解这些元素有助于把握源文中隐喻的文化内涵。考虑源文中的社会和政治背景,这对于理解隐喻的政治或社会意义非常重要。不同的历史时期和政治环境可能导致隐喻产生不同的解读。研究涉及的人物、组织或团体,以便了解他们在历史或文化中的地位和角色。这对于理解隐喻中的人物关系和象征意义至关重要。分析整个文本的语境,以便更好地理解隐喻的位置和作用。考虑隐喻在整个句子或段落中的关系,以及它对整体意义的贡献。

(二)**提供解释**

提供解释是在处理历史和传统文化相关隐喻时的重要策略。这确保了读者在目标文化中能够更好地理解源文的文化背景。一些具体的实现方式包括:

1. 注释或脚注

注释或脚注是非常有效的工具,可以帮助读者更好地理解与历史和传统文化相关的隐喻。通过这种方式,译者能够提供额外的信息,而不破坏主要文本的流畅性。以下是一些关于注释或脚注的实用建议:确保注释或脚注的内容清晰、简洁,直接解释隐喻的含义或提供相关的历史和文化信息。避免使用过于复杂或晦涩的语言。尽量将注释或脚注及时插入到相关文本的附近,以确保读者在阅读过程中能够方便地查阅。不要将注释放置得过于分散,以免读者失去上下文的关联性。如果注释或脚注提供的信息较为详细,可以提供链接或引导读者参考详细资料,以便有兴趣深入了解的读者能够进一步查阅。考虑目标受众的水平和背景,确保注释的内容符合他们的理解水平。避免使用过于专业或晦涩的术语,除非读者群体具有相关专业知识。注释的语言风格应与主文本一致,以确保整体文本的一致性。不同的语言风格可能会对读者产生干扰。通过巧妙使用注释或脚注，译者可以在确保准确性的同时，为读者提供更多的背景信息，帮助他们更好地理解文本中的历史和传统文化元素。

2. 在文本中直接解释

直接在文本中插入解释性的语句是一种直接有效的方式，能够在不打断阅读流程的同时提供必要的解释。以下是一些关于在文本中直接解释的实用建议：将解释性语句放置在源文中隐喻出现的附近，确保读者能够直接在需要时获得解释。避免将解释放置得过于分散。保持解释性语句的语言风格与主文本一致，以确保整体文本的统一性。这有助于避免读者在阅读过程中感到不自然或断裂。解释性语句应简洁明了，直接阐述隐喻的含义或与历史和传统文化相关的信息。避免使用过于复杂或冗长的语句。考虑目标受众的背景和理解水平，确保解释内容符合他们的理解能力。避免使用过于专业或晦涩的术语，除非读者具有相关专业知识。尽量使解释性语句自然地融入主文本，避免突兀或显眼的插入。这有助于读者更好地将解释与原文融为一体。通过在文本中直接插入解释性语句，译者可以在确保准确性的同时，让读者更容易理解与历史和传统文化相关的隐喻。

3. 上下文补充

上下文补充是处理历史和文化隐喻的重要手段之一。通过添加相关的上下文信息，译者可以为读者提供更全面的背景，帮助他们更好地理解隐喻所在的语境。以下是一些建议：在隐喻出现之前，通过简短的介绍或描述引入相关的历史或文化背景信息。这可以在文本中自然融入，为读者建立必要的上下文。在文本中添加细节，以提供更为具体和详细的历史或文化信息。这有助于使隐喻更为生动，读者能够更好地想象出相关的场景或背景。确保上下文补充强调与隐喻相关的关键元素，使读者能够直观地理解文本中所传达的历史和文化背景。将上下文补充与隐喻的语境有机地连接起来，确保它们之间的过渡自然流畅。避免让上下文补充显得孤立或脱离文本主题。如果需要，适当延伸上下文补充，以确保提供的信息足以让读者对历史和文化背景有深入的理解。避免信息不足或过于冗长。通过巧妙运用上下文补充，译者能够为读者创造一个更为丰富和清晰的阅读体验，使其更容易理解隐喻所涉及的历史和文化元素。

4. 图表或插图

插入图表、插图或其他形式的视觉辅助是一种非常直观的方式，可以帮助读者更好地理解历史和传统文化相关的隐喻。以下是一些建议：确保选择与隐喻相关的、能够清晰传达历史和文化背景的图像。图表或插图应当直观地支持文本中的信息。图表或插图的内容应简洁明了，不应过于复杂，以免分散读者的注意力或导致混淆。图表或插图应与文本协调一致，形成一个统一的整体，避免让图像看起来与文本脱节。在插图附近提供简短而清晰的解释，说明图表或插图与隐喻的关系，以确保读者能够正确理解。图表或插图应该用于提供重要的辅助信息，而不是过度依赖。过多的图像可能会导致读者分散注意力。考虑目标受众的文化背景和审美观念，选择符合他们习惯和理解水平的图像。通过引入视觉辅助，译者可以使文本更生动，让读者通过图像更直观地了解与历史和传统文化相关的元素。

5. 补充文献

添加附加文献或参考资料是为对历史和传统文化感兴趣的读者提供深入了解的极好方式。以下是一些建议：选择全面而可靠的文献或参考资料，以确保读者能够获取准确和翔实的历史和文化信息。将文献按照主题进行分类，以方便读者根据兴趣进一步深入阅读。这有助于读者更有针对性地获取他们感兴趣的信息。在文献列表中为每个文献提供简短的说明，介绍文献的内容和如何与隐喻相关。这有助于读者更好地选择他们想要深入了解的主题。尽量包括多样的文献来源，涵盖不同的观点和研究方法，以便读者能够获取更全面的视角。确保文献列表的格式规范一致，符合相关的引用规范。这有助于提高文献列表的可读性和专业性。控制文献列表的数量，确保提供足够的选择，但不要使其过于冗长。适度的文献列表更易于阅读和使用。通过提供附加文献或参考资料，译者不仅为对特定主题感兴趣的读者提供了深入了解的途径，同时也展示了对翻译准确性和文化背景的关注。通过提供解释，译者不仅确保了文本的准确传达，还为读者提供了更多深入了解文化背景的机会。

3. 比较类似概念

比较类似概念是在翻译历史和传统事件相关的隐喻时的一种有效策略。通过寻找目标语言中与源文相似的概念，译者可以更好地传达原文的意思。以下是一些建议：尝试找到目标语言中与源文历史或传统事件相似的文化对应。这可以包括相似的历史背景、类似的传统习俗或具有类似象征意义的元素。进行类比思考，考虑目标语言中的事件或概念是否有助于传达源文的隐喻。这不仅包括历史事件的类比，还可能涉及文学、艺术或其他领域的比较。考虑目标受众对于不同历史或传统事件的熟悉程度。选择那些更为广泛认知的概念，以确保翻译更容易为读者理解。从目标受众的角度出发，进行换位思考。想象他们对于特定历史或传统事件的理解，并选择与其经验更为契合的类似概念。确保选用的类似概念能够在语境中保持一致，不破坏原文的意境。避免引入与原文不符的元素。通过比较类似概念，译者可以在保持忠实于原文的同时，更好地适应目标语言和文化的语境，使翻译更具可理解性和接受性。

4. 与专业人士合作

与专业人士合作是确保翻译历史和传统事件时准确性的重要途径。专业人士通常具有深入的领域知识和文化了解，可以提供宝贵的历史见解。以下是一些建议：寻找了解源文和目标文化历史的专业历史学家。他们能够提供对于历史事件的详细解释和背景，确保翻译不仅准确无误，而且符合历史事实。与了解目标文化传统和事件的文化专家合作。这些专家可以提供深刻的文化见解，确保翻译能够更好地传达源文的文化内涵。如果可能，寻找了解特定历史事件领域的专业人士，如专门研究某个时期或事件的学者。他们的专业知识可以帮助译者更全面地理解源文。与专业人士建立协同工作的关系，进行交流和讨论。这有助于译者在翻译过程中解决任何不确定的问题，并确保准确传达历史和传统事件的意义。在合作前，清晰地向专业人士解释翻译的背景和需求。这有助于确保他们提供的信息对于翻译是有针对性和有效的。通过与专业人士合作，译者能够借助他们的专业知识，提高翻译的质量和准确性，确保历史和传统事件得到正确传达。

5. 适度删减

适度删减或调整源文中过于依赖于特定历史或文化背景的表达是为了确保目标受众能够更好地理解翻译内容。以下是一些建议：识别源文中的关键信息，即使进行删减，也要确保保留最为重要的核心意义。如果源文中的表达过于复杂或依赖于过多的历史或文化细节，可以尝试简化表达方式，使之更为直观和易懂。删减或调整时要确保文本的流畅性。避免过度删减导致文本失去原有的连贯性和意境。考虑目标受众的文化背景和知识水平，调整表达方式以符合他们的理解能力。在删减或调整时要确保保持源文的基本意境，尽量不破坏作者想要传达的核心信息。如果删减导致某些信息无法在文本中表达，可以考虑通过注释或脚注的方式提供额外的解释说明。适度删减是平衡文本准确性和可理解性之间的一种方式，确保翻译更好地适应目标受众的语境和文化背景。

6. 语境补充

当涉及历史和传统文化隐喻的翻译时，补充语境信息是确保翻译准确且易于理解的关键步骤。以下是详细的论述：在翻译过程中，首先要识别源文中的关键隐喻。这可能涉及对文本进行深入分析，了解作者的意图以及隐喻所承载的文化和历史信息。考虑目标受众的文化背景、知识水平和语境理解能力。这有助于确定需要补充的语境信息的类型和深度。在文本中适当的位置添加相关描述，以更清晰地传达隐喻的含义。这可以包括对历史事件、文化习俗或相关背景的简要说明。在隐喻出现之前或之后，引入适当的上下文信息。这有助于读者更好地理解隐喻所在的语境，避免引起歧义或误解。补充语境信息时要确保文本的流畅性。信息的添加应当自然融入文本，不破坏原文的节奏和意境。如果存在特定的历史术语或文化概念，可能需要在文本中进行详细解释，以确保读者理解这些关键术语的含义。在某些情况下，可以考虑使用注释或脚注来提供额外的解释。然而，要谨慎使用，以免打断读者的阅读流程。通过细致入微地补充语境信息，译者可以提供一个更为完整和清晰的翻译，使目标受众更容易理解历史和传统文化隐喻。这种方法不仅有助于保持翻译的准确性，还能够确保读者全面领会文本的内涵。处理历史和传统文化背景的翻译挑战需要综合运用多种策略，以确保翻译既忠实于原文，又能够在目标文化中产生理解。

（六）应对策略

应对策略中添加注释或附加信息是一个很好的方法，特别是当涉及需要更深入了解的历史或文化背景时。以下是关于如何有效应对的一些建议：

1. 注释的适度使用

适度使用注释是确保翻译成功的关键之一。注释可以提供额外的信息，但在选择注释内容时，需要保持平衡，以免影响读者的阅读体验。以下是一些关于适度使用注释的建议：选择对理解隐喻至关重要的信息进行注释。避免在每个可能的术语或概念上都添加注释，而是集中在关键信息上。注释的目的是为了提供必要的上下文信息，而不是提供一长串额外的解释。确保注释直接与隐喻相关，不要过度解释。考虑读者的知识水平和文化背景。注释的内容应当适应目标受众的理解能力，以确保注释的有效性。如果可能，将注释融入文本中，使其看起来更为自然。这有助于避免读者在注释和主文本之间产生明显的分隔感。注释应当使用简明扼要的语言表达，避免过度烦琐或复杂的解释。简单、清晰的表达更容易为读者接受。注意注释的布局和位置，以确保它们不会在不同部分之间引起不必要的中断。保持注释与主文的流畅过渡。

2. 提供简明解释

提供简明而清晰的解释确实是注释的关键要素，尤其当涉及隐喻的关键概念和历史文化背景时。以下是关于如何提供简明解释的一些建议：将注释的焦点放在隐喻的核心信息上，直接涉及关键概念。避免在注释中引入与主题无关的信息。使用简单、明了的语言表达注释，避免使用过于复杂或晦涩的词汇，让解释容易理解，尽量避免歧义。避免绕弯子，直接、明确地表达解释，读者应能够迅速理解注释的内容，而不需花费过多认知努力。注释的目标是提供关键信息，而非详尽的细节，避免在注释中过度渲染，尤其是在历史或文化方面的细节。考虑读者的知识水平和文化背景，注释的内容应适应目标受众的理解水平，确保他们能够轻松理解解释的含义。如果可能，避免使用过多的技术术语，或者在使用时提供简单的解释，确保注释的内容对广大读者都是可理解的。通过提供简明而清晰的解释，注释成为帮助读者理解复杂隐喻的有力工具，而不会使其感到困惑或厌烦。

3. 与文本融合

将注释融入文本是确保它们与原文协调一致的重要策略。这样可以避免读者感到注释是独立存在的，而是让它们更像是文本的一部分。以下是一些关于如何与文本融合注释的建议：在引入注释时，确保过渡自然而流畅。不要让注释看起来像是被迫插入的，而应当使其与周围的文本相融合。采用与周围文本相似的语言风格和语气。这有助于注释更好地融入文本，避免引起阅读者的不适感。将注释放置在最相关的位置，与需要解释的文本密切相关。这样可以确保注释与其解释的内容直接相连。避免在短文本中过度使用注释。选择关键信息进行注释，而不是每个句子都添加解释。使用相同或相近的字体和格式，以确保注释在外观上与文本一致。这样可以使其看起来更像是一部分而不是插入物。不要过分强调注释，避免使用过于醒目的格式。注释应该辅助理解而不是夺取读者的注意力。通过巧妙地融入文本，注释可以更好地履行其解释和辅助理解的功能，为读者提供更为流畅和自然的阅读体验。

4. 提供进一步的阅读建议

提供进一步的阅读建议是为读者提供深入了解相关历史或文化知识的机会，同时确保正文的流畅性。以下是一些建议：在文末列举一些相关书籍，这些书籍可以进一步拓展读者对文化或历史主题的理解。引用一些学术文章或论文，以便那些对特定主题感兴趣并希望深入研究的读者能够找到更多资料。如果有相关的博物馆或展览，提供这些信息，让读者知道在哪里可以找到实际的文化或历史展示。提供一些在线资源的链接，如数字图书馆、在线文化资料库等，以便读者可以方便地访问更多信息。推荐一些与主题相关的电影或纪录片，这是一种更生动的学习方式，也符合不同读者的喜好。通过提供进一步阅读建议，译者为感兴趣的读者提供了深入挖掘文化或历史主题的机会，同时避免了在主文中插入过多细节，保持了文本的精炼性。在你的翻译实践中，是否常常考虑提供进一步阅读建议呢？

5. 考虑目标受众

考虑目标受众是确保注释有效的重要因素。注释的目的是为了帮助读者更好地理解文本，因此必须根据目标受众的特征来进行定制。以下是一些关于如何考虑目标受众的建议：理解目标受众的文化背景是至关重要的。注释中的信息应与他们的文化背景相一致，避免引入与他们不熟悉或难以理解的概念。考虑目标受众的知识水平，确保注释的语言和解释不会过于专业化或过于简单化。根据他们的知识水平调整术语和表达方式。注释的语言应当符合目标受众的语言习惯。避免使用过于正式或过于口语化的表达，以确保与他们的交流更为贴近。考虑目标受众对文本的兴趣和期望。注释的内容应当满足他们对于更多信息的渴望，同时不至于让他们感到不愉快或压力。如果可能，考虑添加视觉辅助，如图表或插图，以更直观地解释某些概念。这对于不同文化背景和语言能力的读者都是有益的。

通过细致入微地考虑目标受众的特征，注释可以更好地满足他们的需求，提供有帮助的信息，促使更好的理解和阅读体验。添加历史和文化信息，帮助他们更好地理解隐喻。

（七）感性和情感

隐喻中的感性和情感成分确实是一个非常重要的方面，因为它们能够赋予文本更为深刻的意义，同时也会在不同文化中引发不同的情感共鸣。

在翻译隐喻内容时，特别是涉及感性和情感的时候，应考虑以下几个方面：

1. 文化情感差异

文化情感差异的确是翻译中需要特别关注的方面。每个文化都有其独特的情感表达方式、对情感的理解方式以及情感的重要性。在处理文化情感差异时，以下几点可能会有所帮助：在进行翻译之前，深入了解目标文化的情感表达方式是至关重要的。这可能包括语言中的特定词汇、表情符号以及文化中对于情感的普遍理解。有些文化可能更倾向于直接、外显地表达情感，而另一些文化可能更注重内在、含蓄的表达方式。在翻译中需要注意原文中情感的强度和外显程度，以适应目标文化的习惯。理解文化差异不意味着要陷入文化偏见。译者需要以客观的眼光看待情感表达方式，而不是简单地将其视为好或坏。考虑目标受众的文化和情感共鸣点。翻译时可以调整原文中的情感元素，使之更符合目标受众的情感体验。虽然要适应目标文化，但也要努力保持原文情感的核心。译者需要在处理文化情感差异时找到平衡点，既不失去原文的情感深度，又不使翻译在新文化中显得格格不入。

2. 情感强调

情感强调的保留在翻译中非常关键，因为它能够传达原文中的情感深度和作者的意图。在处理情感强调时，考虑以下几个方面可能会有所帮助：在翻译中选择与原文情感相匹配的恰当词汇。这可能涉及对目标语言中有相似情感色彩的词汇的深入了解。努力保持原文中情感的强度。如果原文使用了强烈的情感词汇或表达方式，尽量在翻译中找到能够传达相似强度的表达方式。理解作者的情感意图是关键。即使在目标文化中某些表达方式可能不太常见，但如果这符合作者的意图，译者应该努力保留这种情感强调。考虑目标文化的情感表达方式并适应。有时可能需要进行微调，以确保情感在新文化中得以传达，同时不失去原文的核心。情感强调的理解不仅限于单一隐喻，还需要考虑上下文。确保在翻译中保留整个段落或篇章的情感一致性。在翻译中保留情感强调需要细致入微的工作，涉及语言选择、表达方式和整体情感的传达。

3. 目标受众的情感共鸣

考虑目标受众的情感共鸣是确保翻译更为贴近读者体验的关键一环。以下是一些建议：在进行翻译之前，深入了解目标文化的情感表达方式和共鸣点。这可能包括对文化价值观、情感表达方式和普遍共鸣的调查。如果可能，进行目标受众调查，了解他们的喜好、价值观和情感体验。这可以通过问卷、焦点小组等方式进行。在理解目标受众的文化和情感背景后，考虑调整隐喻，使其更符合他们的体验。这可能涉及使用更贴近他们文化的比喻、象征或表达方式。尽量避免使用可能引起文化隔阂的表达方式。确保翻译不会在新文化中引发不适或误解。尊重文化差异是关键。即使进行了调整，也要确保翻译仍然保留原文的核心，不损害作者的意图。在可能的情况下，获取目标受众的反馈。这可以通过小规模测试、访谈或社交媒体互动等方式进行。反馈可以帮助识别是否需要进一步调整翻译。通过关注目标受众的情感共鸣点，翻译可以更好地融入新文化，使读者更容易理解和产生共鸣。在你的翻译实践中，是否经常考虑目标受众的情感体验呢？

4. 译者的情感诠释

译者的情感诠释在翻译过程中确实扮演着重要的角色。每位译者都是一个独特的个体，拥有自己的文化背景、经验和情感体验，这些因素都会在翻译中发挥作用。以下是一些关于译者情感诠释的考虑：在进行翻译之前，译者需要深入理解原文中作者想要传达的情感意图。这可能需要对作者的生平、文化背景等进行研究。虽然译者的目标是忠实于原文，但无法完全消除个人情感的介入。译者的情感理解可能会影响对某些表达方式的选择。在翻译中，需要平衡客观性和主观性。译者应该尽量保持客观，但也要承认自己的情感理解是翻译过程中的一部分。译者应该敏锐地倾听自身感知，注意翻译是否过于个人化，以及是否可能失去了原文的客观性。考虑从不同角度审视隐喻，以确保自身的情感理解不偏颇。这可能包括与其他译者、专家或目标受众的讨论。尽管情感是重要的，但仍然需要在保持忠实原文的基础上进行平衡。某些情感色彩可能在目标文化中不被理解或接受，需要谨慎处理。在翻译的过程中，译者的情感诠释是一种艺术。通过谨慎权衡、深入理解原文作者的意图以及保持开放的心态，译者可以创造出更为贴近原文情感的翻译作品。

5. 使用富有情感色彩的语言

选择富有情感色彩的语言和词汇在翻译中确实能够增强原文中的感性元素。以下是一些建议：在翻译过程中，选择那些具有明显情感色彩的词汇。这可能包括形容词、动词以及名词，它们能够更直接地传达作者原文中的情感。使用修辞手法，如比喻、拟人等，来增强语言的表达力。这样的手法可以为翻译注入更多的情感元素。在翻译中进行更加感性的描写，让读者能够更清晰地感受到原文中所传达的情感。这可能需要更具体、生动的描写方式。如果原文中有音乐感或韵律感，尽量在翻译中保留这种感觉。这可以通过选用富有韵律感的语言结构和表达方式来实现。在使用富有情感色彩的语言时，也要考虑目标文化中这样的表达方式是否自然和合适。避免过于直接翻译，而要选择更适应目标文化的表达方式。语言的语调和节奏对于传达情感至关重要。在翻译中要留意保持原文的语感，以确保情感的传达更为完整。通过巧妙运用富有情感色彩的语言，译者可以使翻译更具表现力，更好地传达原文中的情感元素。通过在翻译中处理好感性和情感成分，译者可以更好地传达原文中的情感体验，使翻译更为贴近读者的心理共鸣。

三、行业领域语境的特殊性及应对方法

行业领域语境的特殊性确实需要译者更深入地理解相关领域的专业知识和术语。以下是一些建议，帮助译者更好地应对特殊行业领域语境：

（一）深入研究行业知识

深入研究行业知识是确保专业翻译质量的基础。以下是一些方法，帮

助你更好地深入研究相关领域的专业知识：寻找和阅读与特定行业相关的专业文献、学术论文和行业报告。这可以帮助你了解行业的基本概念、发展趋势和关键术语。考虑参加行业内的培训课程、研讨会或研讨会。这些活动提供了与专业人士互动的机会，同时也是获取最新行业知识的途径。利用专业领域的字典和词汇表。这些资源通常包含了行业术语的准确定义和用法，有助于保持翻译的准确性。阅览行业相关的新闻、杂志或博客，以了解最新的发展和趋势。这有助于你在翻译中使用最新的术语和表达方式。寻求与行业专家的交流机会。这可以通过参与行业论坛、社交媒体群体或直接联系专业人士来实现。参与行业内的社交平台、论坛或组织。与其他从业者互动，分享经验并获取行业内部的见解。行业内有着独特的文化和规范，了解这些文化元素对于准确翻译至关重要。这可能包括商业礼仪、行业内的惯例等。行业知识可能随着时间的推移而演变，因此要定期更新你的知识。确保你了解最新的行业标准和变化。深入研究行业知识可以为你提供深层次的理解，使你在翻译过程中更具信心和准确性。

（二）**查阅专业资料**

查阅专业资料是确保准确理解特殊术语和概念的重要步骤。以下是一些方法，帮助你有效地使用专业资料：使用专业领域的字典和词汇表，这些资源通常提供术语的定义、用法和示例，是翻译过程中的宝贵参考工具。寻找行业内的手册、指南或标准，这些文献通常提供了详细的行业信息、流程和规范。它们对于理解特殊概念和流程非常有帮助。阅读相关领域的学术论文和研究，这可以为你提供深度的理论和实践知识。学术文献通常对特殊领域的术语使用有详细的解释。行业报告和白皮书通常包含对行业趋势、问题和解决方案的详细分析。它们对于了解行业的现状和未来发展方向很有帮助。查阅官方的行业文件、政府报告或相关组织发布的文献。这些文件通常提供权威的信息和规定。利用在线数据库，如学术数据库、专业行业数据库等，以获取最新和全面的信息。这些数据库可能包含各种学术和行业资料。如果有相关公司文档，例如产品手册、公司政策等，也是了解特定行业内部术语和流程的重要来源。参与行业内的社交媒体群体和专业论坛，了解从业者的实际经验和见解。这是获取实际行业应用信息的有效途径。通过充分利用这些专业资料，你可以建立对特殊术语和概念的深刻理解，从而提高翻译的准确性和专业性。

（三）建立行业网络

建立行业网络确实是深入了解和融入特定领域的重要步骤。通过参与社交平台、论坛或行业组织，你可以获取实际应用的见解，了解最新发展，以及与专业人士建立有价值的联系。以下是一些具体的建议：创建一个专业的 LinkedIn 资料，并加入相关的行业群组。在个人资料中突显你的兴趣、技能和行业相关的经验，以便吸引同行的关注。参与行业内的论坛和讨论板块。这些平台通常是专业人士分享见解、经验和资源的地方。积极参与讨论，提出问题，获取实际的行业洞见。关注行业内的专业人士和相关机构，通过社交媒体平台获取最新的行业动态。参加行业相关的会议、研讨会和活动。这是与同行面对面交流的绝佳机会，也有助于建立更加深入的关系。参与行业相关的在线课程和培训，这不仅有助于扩展你的知识，还能结识其他学员和行业导师。加入行业协会或组织，成为会员。这样你可以更紧密地与行业内的专业人士互动，参与协会活动，获取更多资源和机会。在行业论坛或社交媒体上分享你的见解、项目经验或学习体会。这有助于建立你在行业中的声望，并吸引更多有相似兴趣的人。通过这些方式，你可以建立一个强大的行业网络，与行业内的专业人士建立联系，分享经验，获取支持，提升你在该领域的专业地位。

（四）保持更新

维持对行业的持续关注确实很关键，因为行业术语和规范可能随着时间而演变。以下是一些建议，帮助你保持对行业动态的更新：定期阅览行业相关的新闻、博客和在线杂志。这有助于了解最新的发展、趋势以及行业内的变化。在行业内有权威性的专业网站和论坛上，你可以获取到更深层次的行业洞见。参与讨论、留意专业人士的分享。定期参加行业相关的研讨会、培训和会议。这是了解最新技术、趋势和标准的有效途径，也是扩展专业网络的机会。在社交媒体平台上关注行业内的专业人士、机构和组织。通过社交平台，你可以迅速了解到行业内的热门话题和讨论。加入行业内的在线社区，参与讨论并了解其他专业人士的看法。Reddit、Stack Overflow 等平台上可能有与你所在行业相关的活跃社区。定期参与行业相关的培训课程和在线学习。这不仅有助于了解最新的术语，还有助于深入理解新的技术和方法。行业内的标准和法规也可能发生变化。定期查看并了解这些变化，确保你的工作和实践符合最新的规定。与同行进行交流，了解他们在行业中的观察和体验。这种经验分享可以帮助你更好地了解行业内的实际情况。通过保持对行业的持续关注，你能够更好地适应变化，不断更新自己的知识体系，并保持在行业中的竞争力。这种积极的学习态度将使你更加适应快速发展的行业环境。

（五）使用 CAT 工具

计算机辅助翻译（CAT）工具在处理专业术语和提高翻译质量方面发挥着重要作用。以下是关于如何有效使用 CAT 工具的一些建议：利用 CAT 工具中的术语库功能。这样你可以存储并管理特定行业的术语，确保在整个翻译项目中使用一致的词汇，提高专业性和准确性。CAT 工具中的翻译记忆库（TM）记录了之前翻译过的句子和段落。这有助于提高效率，避免重复劳动，并确保文档内相似内容的一致性。针对特定项目或客户，你可以创建自定义的词汇表。这样可以更好地满足特定领域或行业的要求，确保翻译符合客户的期望。CAT 工具通常以段为单位进行翻译，而不是整个文档。这使得翻译更为灵活，能够更好地掌握上下文，确保翻译的一致性。一些 CAT 工具支持实时协作，多人可以同时参与翻译项目。这对于大型团队或需要紧密协作的项目非常有用。CAT 工具通常有许多高级功能，如自动对齐、多语言支持等。了解和熟练使用这些功能可以提高工作效率。确保你使用的 CAT 工具是最新版本，以便获得最新的功能、修复 bug 和提高性能。参与 CAT 工具的培训课程和社区讨论。这有助于深入了解工具的使用技巧，并从其他专业人士的经验中学习。通过充分利用 CAT 工具的功能，你可以在翻译项目中更加高效和准确地处理专业术语，提高整体质量。

（六）定期培训

定期参加行业培训是一个不可或缺的步骤，尤其是在不断发展和变化的行业中。以下是一些关于如何有效进行定期培训的建议：选择与你当前工作或职业发展方向相关的培训课程。这可以包括新技术、工具的使用方法，行业标准的更新，或者特定领域的深入学习。利用在线学习平台，例如 Coursera、edX、LinkedIn Learning 等，这些平台提供了许多与各行各业相关的高质量课程。这种灵活的学习方式允许你根据自己的时间表学习。参加行业内的研讨会、会议和培训班。这不仅能够学到新知识，还有机会与其他专业人士交流，建立更广泛的专业网络。如果你在某个公司工作，查看是否有公司内部提供的培训计划。这些培训通常与公司的业务和技术需求密切相关。如果有相关行业认证，定期更新认证是保持专业水平的好方法。这也是许多雇主看重的资格。加入与你行业相关的专业协会，这通常会提供定期的培训和研讨会。协会还是交流和分享经验的好场所。将培训中学到的知识应用到实际工作中。实践是巩固和加深你对所学内容理解的最佳方式。定期审查和更新你的职业发展计划，确保你的培训和学习路径与你的职业目标保持一致。通过定期参加培训，你将保持对行业的深入了解，不断提高自己的专业水平，适应行业的发展和变化。这对于职业生涯的成功至关重要。

（七）审校和反馈

审校和接受反馈是提高翻译质量的重要环节。以下是一些关于如何有效进行审校和处理反馈的建议：寻求同行翻译者的审校是一种相互学习和提高的好方式。同行可能会提供新的视角和见解，帮助你发现之前未注意到的问题。考虑使用专业审校服务，特别是对于重要的文件或翻译项目。专业审校人员通常有更丰富的经验，能够识别和纠正潜在的问题。如果可能，寻求领域专家的反馈。他们能够确保专业术语和行业标准的准确性，提供更深入的专业见解。创建一个开放的反馈渠道，鼓励客户、同事或审校人员提供意见。这有助于建立更强大的反馈循环，促使自己不断改进。接受反馈时保持开放心态。将反馈视为学习的机会，而不是批评。每一次反馈都是提高自己的机会。将从审校和反馈中学到的经验教训记录下来。如果发现特定类型的错误或问题，确保在将来的翻译中避免这些问题的再次发生。不仅在完成翻译项目后进行审校，还建议在翻译过程中进行反复审视。这有助于及早发现并纠正潜在问题。参与翻译社区和论坛，分享自己的经验并获取其他翻译者的反馈。这种互助的氛围对提高整个翻译水平都是有益的。通过审校和接受反馈，你将能够不断改进自己的翻译技能，提高翻译质量，增强专业水平。这也有助于建立良好的专业声誉，使你在行业中更有竞争力。

通过这些方法，译者可以更好地理解和应对不同行业领域的特殊语境，确保翻译更符合行业规范和要求。

第二章　英语语境的特征

第一节　语法和语义特点

一、英语语法结构对翻译的影响

英语语法结构对翻译有着深远的影响，因为语法不仅决定了句子的结构，还影响了信息的表达方式、重心和语气。以下是一些关于英语语法结构对翻译的影响的要点：

（一）语序的差异

语序的差异是翻译中一个关键的考虑因素。在处理英语的 SVO 语序与其他语言不同的语序时，翻译者需要注意以下几点：

1. 调整结构

在调整结构时，翻译者需要注意目标语言的语法规则，以确保翻译的准确性和自然流畅。以下是一些关于如何有效调整结构的建议：在进行调整结构之前，深入了解目标语言的语法规则是至关重要的。不同语言有不同的句法结构和语序，了解这些规则有助于确保翻译的语法正确性。在重新排列句子结构时，确保保持原文中的核心概念和逻辑关系。避免在调整结构的过程中失去原文的主旨。在重新排列句子结构时，使用适当的连接词确保句子在目标语言中能够自然过渡。连接词有助于传达句子之间的关系。在调整结构时,要留意原文中可能存在的修辞手法,尽量保留这些修辞效果。这有助于传达作者的语气和风格。考虑整个上下文,确保调整后的句子在文本中能够自然融入,不破坏整体的语境和逻辑关系。在目标语言中灵活运用各种语法结构,以确保翻译的自然性。有时候,不同语言的语法规则可能允许不同的表达方式。

2. 保持信息流

在翻译过程中,保持信息流的连贯性是至关重要的,即使在调整语序的情况下也要确保句子在目标语言中保持自然和清晰。以下是一些关于如何保持信息流的建议:在进行翻译时,深入理解整个文本的上下文是非常重要的。这有助于确保调整句子结构时不会破坏原文的信息流和逻辑关系。确保关键词在翻译中的位置和表达方式与原文相匹配。这有助于读者在目标语言中更容易理解句子的含义。合理使用过渡词汇,以确保句子在目标语言中的过渡自然。过渡词汇有助于连接句子之间的关系,维持信息流的连贯性。在调整语序时,确保保留原文中的逻辑关系。逻辑关系可以通过适当的连接词、词汇和语法结构来传达。调整语序时要特别注意避免歧义。确保翻译后的句子只有一种清晰的解释,以避免读者混淆。在保持信息流的过程中,谨慎使用省略。省略可能导致信息的遗漏,因此要确保省略的部分不影响整体理解。尽量使用目标语言中自然的语言表达方式。这有助于句子更好地融入目标语言的语言环境中。通过综合考虑这些因素,翻译者可以确保在调整语序的过程中仍然能够传达相同的信息,保持信息流的连贯性。这对于读者理解和欣赏翻译文本至关重要。

3. 注意修辞和语气

修辞和语气是文本的重要元素,而调整语序可能会对它们产生影响。以下是一些建议,有助于在翻译过程中保持修辞和语气特点:在原文中识别并理解作者使用的修辞手法,如比喻、排比、夸张等。了解这些手法有助于在翻译时选择相应的表达方式。尽量在目标语言中选择等效的修辞手法,以保持原文的修辞效果。这需要对目标语言的修辞手法有一定的了解。

作者的语气是文本的独特特征，翻译时要力求保留这种语气。是否是正式的、幽默的、严肃的等都是需要考虑的因素。了解目标读者的文化背景和语境，以确保修辞在目标语言中的表达方式更符合读者的感知习惯。修辞通常携带情感色彩，调整语序时要确保这种情感色彩在目标语言中得到传达。例如，一句幽默的表达在翻译中要保持幽默感。使用目标语言中适当的修辞工具，如成语、谚语等，来强化修辞效果。调整语序时，确保修辞表达在目标语言中显得自然而不生硬。避免过度翻译导致表达失去原有的灵活性。例如，如果原文使用了一种幽默的比喻，翻译时可以尝试在目标语言中使用类似幽默的修辞手法，以保持作者的语气。这种对修辞和语气的敏感处理有助于翻译者更全面地传达原文的风格和作者的情感色彩，提高翻译的质量。

4.适应目标语言习惯

适应目标语言的表达习惯和语法结构是确保翻译自然性的关键。以下是一些建议，有助于在翻译中更好地适应目标语言的习惯：不同语言有各自的惯用语和表达方式。翻译者应当熟悉目标语言中常用的表达习惯，以便在翻译中更自然地运用它们。目标语言的语法结构可能与原文不同，翻译者需要深入了解目标语言的语法规则，确保翻译符合该语言的表达规范。不同的文化背景可能影响表达方式。了解目标语言所属文化的习惯和价值观有助于选择更贴近目标读者理解的表达方式。在翻译中要灵活运用目标语言中的词汇，选择最贴切、最自然的词语。避免过度使用直译，而是根据目标语言的语境进行适当的调整。了解目标语言中口语和书面语之间的差异。某些表达可能更适合正式的场合，而另一些则更贴近口语表达。尽管字面翻译可能有时是必要的，但通常需要更深入地理解原文的含义，然后以目标语言的方式表达。阅读目标语言的当地文学作品，了解当地作家的表达风格和习惯，有助于提高对目标语言表达的敏感度。例如，英语和中文有着不同的表达习惯，而在翻译过程中，翻译者可以选择中文中更为常见、通顺的表达方式，以确保翻译文本更贴近中文读者的理解和习惯。

通过适应目标语言的习惯，翻译者能够更好地融入目标语境，使翻译更为自然、易读。

5.考虑上下文

考虑上下文是确保翻译一致性和流畅性的关键。以下是一些建议，有助于在翻译过程中更好地考虑上下文：在翻译之前，深入理解整个段落或文章的结构和主题。这有助于确保调整语序时不破坏原文的逻辑流程。调整语序时，确保句子在上下文中的逻辑关系保持一致。这有助于读者更好地理解整个文本的内容。确保调整语序不导致信息的重复或引起指代不清。在上下文中，某些词语可能在前文已经提及，需要在翻译中保持一致。考虑到整篇文章的语气和调性。在上下文中，了解作者的表达方式有助于选择适当的语言风格。识别上下文中的关键词，确保这些关键词在翻译中得到准确传达。这有助于保持整个文本的一致性。在调整语序时，确保段落内的句子之间的关系和连贯性得到维护。避免因为语序的变化而导致断裂或失去逻辑联系。特别注意上下文中可能导致歧义的地方。调整语序时，要确保句子在文本中的位置不会引起误解。举例来说，如果一个段落在讨论一个主题，而调整语序导致句子的逻辑关系混淆，读者可能会感到困惑。因此，在翻译中要特别注意整体上下文，以确保翻译文本在整个文章中的一致性和流畅性。这种对语序的灵活处理是翻译中的一项重要技能，能够确保翻译文本在目标语言中既准确又自然。

（二）时态和语态

时态和语态确实是翻译中需要特别关注的语法要素。以下是一些在处理时态和语态时的一些建议：在翻译开始之前，确保准确理解原文中使用的时态和语态，这包括过去时、现在时、将来时等，以及主动语态和被动语态的使用。不同语言有不同的时态体系，要了解目标语言的时态规则，并在翻译中进行相应的调整。避免直译，而是选择目标语言中合适的时态表达方式。在整个文本中保持时态的一致性，除非上下文明确要求时态变化。混合使用不同时态可能导致读者困惑。如果原文中使用了被动语态，确保在翻译中传达相同的语态关系。有时需要进行一些调整，以确保目标语言中的表达自然而准确。动词是时态和语态的关键。确保选用目标语言中适当时态和语态的动词形式，以保持句子结构的正确性。考虑文本的整体时间线，以确定适当的时态。有时，时间线可能在原文和目标语言中略有不同，需要适应。时态和语态的选择也与修辞效果有关。在翻译时，考虑作者可能通过时态和语态传达的情感和意图。例如，如果原文使用了过去时来表达一种回忆或者叙述，翻译时也应该选择目标语言中相应的过去时态，以传达相似的语感。

（三）名词性从句和定语从句

名词性从句和定语从句的准确翻译确实需要考虑语境和语法结构。以下是处理这两种从句时的一些建议：在翻译之前，理解原文中名词性从句和定语从句的具体作用。它们可能用于强调、解释、限制等不同的语境。名词性从句和定语从句通常使用连接词引导，如"that""which""who"等。确保在翻译中选择适合语境的连接词。在翻译时，努力保持目标语言中的句子结构清晰、自然。有时可能需要重新构思从句的位置以适应目标语言的语法。理解整个句子的上下文关系，确保从句与主句在语境中的关联性得以保留。不同语言对于名词性从句和定语从句的表达方式可能有所不同。熟悉目标语言的习惯表达方式，以确保翻译的自然性。在整个文本中保持名词性从句和定语从句的一致性，以避免读者困惑。如果从句中有一些关键信息，确保在翻译中也能够保持这些信息的强调，以传达原文的意图。举例来说，如果原文中存在一个定语从句，描述某个特定的事物，翻译时需要找到目标语言中类似的表达方式，确保描述的清晰和准确。

（四）虚拟语气

虚拟语气在英语中是一种表达假设、愿望、建议等情感或假设情境的语法形式。在翻译中，处理虚拟语气时需要特别注意，以确保目标语言中的表达能够准确反映原文的语气。以下是一些建议：翻译者首先需要深入了解英语中虚拟语气的不同形式，包括虚拟条件句、祈使句等。这有助于准确理解原文中所传达的情感和语气。目标语言可能没有与英语虚拟语气完全相同的结构，但可能有其他表达假设或愿望的语法形式。翻译者需要寻找这些等效的结构，以保持语气的一致性。在翻译虚拟语气时，需要考虑句子或段落的整体语境。有时候，虚拟语气的翻译可能需要结合上下文信息，以确保语气的合理性和连贯性。虚拟语气常常与情感和意图紧密相关。在翻译时，要确保目标语言中的表达能够传达原文中所期望的情感和意图。不同语言有不同的表达方式，翻译者需要熟悉目标语言的语法习惯，以确保翻译的自然性。有时直译虚拟语气可能显得生硬，翻译者可以适度灵活运用目标语言的语法，以确保表达更为自然。通过综合运用这些策略，翻译者可以更好地处理虚拟语气，确保在翻译过程中不失去原文中所包含的语气和情感。

（五）代词的使用

代词在语言中扮演着重要的角色，但不同语言对于代词的使用习惯可能存在差异。在翻译中，处理代词的使用需要特别关注以下方面：代词的使用应当明确指代先行词，避免造成歧义。在翻译时，要确保目标语言中的代词与先行词一一对应，不引起混淆。英语中的代词通常要与其先行词在性别和数上保持一致。在翻译中，要注意目标语言中是否有相应的性别和数的区分，以选择合适的代词。在某些语境中，过度使用代词可能导致表达不够清晰。如果目标语言更倾向于使用名词而非代词，可以适度调整翻译，以保持清晰度。不同语言对于代词的分类和使用可能存在差异。在翻译时，翻译者需要深入了解目标语言的代词系统，以便准确表达原文的含义。代词的使用涉及目标语言的语法结构。确保翻译中的代词符合目标语言的语法规范，以保持语法的正确性。在翻译代词时，要考虑上下文的信息，以确保代词的指代关系在目标语言中被正确理解。有些语言可能没有英语中那么灵活的代词使用方式。在翻译中，可能需要通过其他手段，如重复名词或使用更具体的词语，来弥补语言差异。通过注意这些方面，翻译者能够更好地处理代词的使用，确保翻译结果既准确又自然。

(六)动词的时态和语态

动词的时态和语态的准确传达对于保持原文的意义至关重要。以下是一些建议，帮助翻译者在处理动词时态和语态时更为准确：深入了解目标语言的时态和语态系统，包括该语言中常用的时态形式和语态结构，这有助于选择最适合的表达方式。在翻译时，要确保动词的时态在目标语言中与原文保持一致。有时可能需要调整动词形式，以适应目标语言的时态规范。英语中常用的主动语态和被动语态在其他语言中可能有不同的表达方式。翻译时要选择最贴切的语态结构，确保信息的传达和语法的合理性。在某些语言中，虚拟语气的表达可能与英语有所不同。在处理虚拟语气时，要确保目标语言中的表达能够准确反映原文的语气。动词时态和语态的选择需要考虑上下文的信息，以确保翻译的整体流畅和一致。有时候，一定的上下文信息可以影响动词形式的选择。在尊重目标语言的语法规范的同时，尽量保留原文的语法特点，以维持原作的风格和表达方式。有时动词时态和语态的选择与修辞效果密切相关。在翻译时，要注意保留原文动词所具有的修辞特色。通过综合考虑这些因素，翻译者能够更好地处理动词时态和语态，确保翻译结果自然而准确。总的来说，理解英语语法结构并能够在翻译中灵活运用是确保翻译质量的关键因素。语法的差异不仅仅是形式上的问题，更关系到信息的传达和表达的自然度。

二、语义差异与翻译的挑战

语义差异的存在确实给翻译带来了挑战。不同语言和文化之间的差异可能导致原文中的细微含义在翻译过程中的丧失或变形。以下是一些语义差异可能面临的挑战以及应对策略：

（一）文化差异

文化差异确实是翻译中常见的挑战之一。面对文化差异，翻译者可以采取一些策略以确保翻译的准确性和适应性：

1.深入了解文化背景

深入了解原文所属文化的背景是确保翻译准确传达原意的关键。以下是一些方法，帮助翻译者更好地理解文化背景：查阅与原文文化相关的资料，包括历史书籍、社会学研究、文学作品等。这有助于获取更全面的文化信息。研究原文所处文化的社会结构，这有助于理解人们在这个文化中的行为和价值观。语言是文化的重要组成部分。了解原文所用语言的语法结构、表达习惯和词汇特点，可以帮助翻译者更好地理解原文。了解原文所属文化的历史背景对于理解特定事件、习俗和传统非常重要。历史背景可以为文化的演变提供背景信息。文化是动态的，时至今日的文化可能与过去有所不同。关注原文所属文化的当代发展，有助于更好地理解现代人们的观念和生活方式。通过深入了解文化背景，翻译者能够更准确地把握原文的文化内涵，从而更好地将这些内涵传达到目标语言中。这有助于确保翻译的准确性和适应性。

2.注意文化特有的概念和表达

文化特有的概念和表达往往是翻译中的一大挑战，但也是传达准确文化内涵的关键。以下是一些处理文化特有元素的方法：在目标文化中，寻找与原文中文化特有概念相似的概念。虽然可能没有直接对应的词汇，但可以通过使用相关的概念来传达相似的含义。在翻译中，有时需要通过解释或注释的方式来介绍原文中的文化特有元素。这有助于目标受众更好地理解原文中的文化背景。通过使用类比和比喻，翻译者可以将原文中的文化特有概念转化为目标文化中更为熟悉的形式。这样能够更生动地传达文化内涵。有时，使用原文中的外来词汇（loanwords）可能是一种有效的方式，特别是当这些词汇在目标文化中已经被接受和使用。在保持原文意图的同时，适度本土化可以帮助翻译更好地融入目标文化，使译文更具接受性。如果翻译者对某些文化特有元素不确定，可以咨询了解目标文化的专家或本土人士，以获取专业建议。处理文化特有元素需要翻译者对两种文化都有深刻的理解。灵活运用不同的翻译策略，可以更好地传达原文中的文化内涵，使译文更符合目标文化的语境。

3. 适应目标文化

适应目标文化是确保翻译自然、易懂且贴近目标受众的关键。以下是一些在适应目标文化时的关键点：直译有时可能无法传达文化内涵或在目标文化中显得不自然。翻译者应该避免机械地翻译，而是根据目标文化的表达习惯进行调整。了解目标文化的语言使用、礼仪和表达方式是至关重要的。翻译者可以通过深入学习目标文化，包括生活方式、社交规范等，更好地融入当地语境。在目标文化中，选择更为通用、常见的词汇和表达方式，以确保翻译更易于理解。考虑目标受众的文化背景，选择能够触发他们共鸣的词语。根据目标文化的口语化水平，适当使用口语表达，使译文更贴近日常交流。这对于传达原文中的情感和口吻非常重要。避免使用可能在目标文化中被视为冒犯或不适当的表达。文化敏感性是确保翻译不引起误解或冲突的关键。幽默和隐喻在不同文化中有很大差异。确保翻译中的幽默或隐喻在目标文化中同样有效，避免因文化差异而失去原文的效果。适应目标文化要求翻译者在语言层面和文化层面上都有高度的敏感性。灵活运用语言，理解文化差异，有助于产生更具有沟通效果的翻译作品。

4. 考虑社会和历史因素

社会和历史因素是深刻影响文化的关键元素，对于翻译者来说了解它们是至关重要的。以下是考虑社会和历史因素时的一些建议：了解原文所处社会的结构，包括政治、经济、社会阶层等方面。社会结构对人们的行为、观念和价值观有深远影响。识别原文的时代背景，了解当时社会和历史事件的发展。某些词汇、表达方式和观念可能与特定时期的社会状况紧密相关。社会问题和挑战对文化有深刻影响。理解社会问题，有助于更好地理解文化中人们的态度和情感。了解与原文相关的历史事件，包括战争、革命、政治变革等。这有助于解释文本中可能涉及的隐含信息。社会价值观在很大程度上塑造了文化的基本框架。理解原文中体现的社会价值观，有助于更准确地传达文化内涵。社会和历史因素导致文化的演变。考虑文化的演变过程,有助于理解为什么某些观念或表达方式在文本中出现。通过考虑社会和历史因素,翻译者能够更深入地理解文本的语境,确保翻译不仅在语言上准确,还在文化和历史层面上传达原文的真实含义。

5. 咨询文化专家

与文化专家或本土人士合作,能够为翻译提供宝贵的文化洞察和专业见解。以下是与专家合作时的一些建议:建立与文化专家或本土人士的良好合作关系是非常重要的。这样可以确保在翻译过程中能够及时、准确地获取专业建议。在开始翻译项目之前,提前与专家进行沟通,分享原文的主题、内容和可能涉及的文化元素,以便专家有足够的上下文信息;详细解释翻译项目的目标和预期效果;明确希望从专家那里获得的帮助,是文化背景、特定术语解释还是其他方面的支持。在翻译的不同阶段邀请专家进行审查。这可以帮助翻译者及早发现可能存在的问题,并及时做出调整。如果地理位置存在障碍,可以利用虚拟工具进行合作。通过视频会议、电子邮件或在线合作平台,实现跨地区的有效协作。尊重专家的意见和建议,因为他们对于文化元素的理解可能更深刻。在翻译中灵活采纳专业建议,以提高翻译的质量。与文化专家合作不仅有助于确保翻译的文化准确性,还为翻译者提供了学习和拓展视野的机会。这种协作方式有助于创造更具深度和广度的翻译作品。

6. 保留原作精神

在进行跨文化翻译时,保留原作的文化特色和精神是确保翻译不失真的关键。以下是一些确保保留原作精神的方法:在适应文化时,确保理解原文所传达的情感和情绪。原文可能蕴含着独特的文化情感,翻译时应该努力传达这种情感。寻找目标文化中最接近原文表达的方式。这可以通过使用相似的成语、俚语或文学风格来实现。如果原文有独特的作者声音或文学风格,努力在翻译中保留这种风格。这有助于保持作品的一致性。如果原文具有文学性,如隐喻、比喻或修辞手法,尽可能在翻译中保留这些文学元素。了解原文所属文学传统,以确保翻译在目标文化中能够与该传统相契合。通过保留原作的文化特色和精神，翻译者可以创造出更为丰富和忠实于原文的翻译作品，使读者在目标文化中能够体验到与原文相似的文学享受。

文化适应是翻译中的一项艺术，需要翻译者在语言和文化之间取得平衡。通过深入研究、敏锐的观察和专业的技能，翻译者能够克服文化差异带来的难题，提供更准确、自然的翻译。

（二）语法结构差异

语法结构的差异可以在翻译中带来挑战，但也提供了创造性的机会。以下是在处理语法结构差异时的一些建议：了解目标语言的语法结构和表达习惯。每种语言都有自己的独特方式来构造句子，翻译时要尊重目标语言的规范。确保核心信息在翻译中得到准确传达。有时候，由于语法结构的不同，需要调整句子的结构，但核心信息仍然应该清晰可见。在语法允许的范围内，灵活运用语法规则以保持句子的自然流畅。避免生硬的直译，而是选择更符合目标语言语法的表达方式。一些语法结构差异可能影响修辞和表达方式。在翻译中，要特别注意保持原文的修辞风格，以保留作者的独特声音。确保调整语法结构的同时不引入歧义。在一些语言中，特定的句法结构可能会导致歧义，翻译时要特别注意这一点。利用上下文信息来理解原文，并在翻译中利用目标语言的语法结构来传达相同的信息。上下文可以帮助翻译者更好地处理语法结构的变化。适应目标语言的语法结构是翻译过程中不可或缺的一部分，这需要翻译者具备深厚的语言学知识和灵活的表达能力。

（三）多义词和歧义

多义词和歧义确实是翻译中的一项挑战，但也是一次展现翻译者判断力和创造力的机会。以下是在处理多义词和歧义时的一些建议：

1. 上下文分析

上下文分析是翻译中至关重要的一步。通过仔细研究原文所处的上下文，翻译者可以更好地理解句子的语境、含义和作者意图。以下是一些关于上下文分析的方法：不仅要看待单个句子，还要考虑句子所在的段落背景。前后文的信息可能有助于准确理解多义词的含义。寻找前后文之间的逻辑关系。一个句子的意思可能会受到前面或后面句子的影响，特别是在涉及多义词时。确定句子的主题和作者的写作目的。这有助于理解为什么选择了特定的词汇，尤其是在存在多义词的情况下。注意原文的语气和语调。作者可能通过语气的变化来传达更具体的意义，而这在翻译时需要被保留。分析作者在相似语境下选择的其他词汇。这有助于揭示作者的写作风格和倾向，帮助确定多义词的正确翻译。如果存在修辞手法，如比喻、隐喻或排比，要考虑这些手法对词汇含义的影响。上下文分析不仅有助于准确理解多义词的含义，还能确保翻译更好地传达原文的细微差别和意图。这是确保翻译质量的关键步骤之一。

2.选择最合适的译文

选择最合适的译文是翻译中至关重要的一环。在处理多义词时，考虑到目标受众的文化背景是非常关键的，因为某些词汇在不同文化中可能有不同的含义或情感色彩。了解目标受众的文化、价值观和语境。选择一个他们更容易理解并接受的译文。如果原文中的多义词在目标语言中没有直接对应的词汇，考虑使用能够传达相似概念的表达方式。注意多义词可能的情感色彩，确保选择的译文在情感上与原文一致。

如果涉及专业领域的多义词，确保选择的译文在目标领域中是准确的专业术语。考虑原文的文体和口吻，并确保所选的译文与之匹配。例如，如果原文使用了幽默手法，尽量在译文中保留这种幽默感。虽然同义词可以提供选择的余地，但也要小心不要改变原文的细微差别，特别是在文学作品或具有艺术性质的文本中。选择最合适的译文需要综合考虑多个因素，确保翻译既准确又符合目标受众的语境和文化。

3.注释或说明

在面对歧义或文化特有的词汇时，添加注释或说明是一种有效的策略。这有助于读者更好地理解翻译中的选择，特别是当涉及一些不易直接翻译的文化概念时。解释特定词汇的文化背景，包括它在原文中的重要性和所传达的特定文化概念。如果选择的译文涉及多个可能的意义，提供一个简短的解释，帮助读者理解为什么选择了这个词汇。如果原文中的词汇具有特定的情感或隐含含义，注释可以帮助传达这些细微差别。对于一些特定领域的专业术语，提供简明的解释，确保读者能够理解其在上下文中的准确含义。在文学作品中，有时注释可以提供关于作者意图、文学技巧或历史背景的额外信息。注释的目标是使读者更好地理解翻译的选择，并在必要时提供额外的背景信息。这种透明度对于确保翻译的质量和可理解性非常重要。

4. 灵活运用同义词

灵活运用同义词是提高翻译流畅度和自然度的有效方法。根据上下文的需要选择最合适的同义词可以更好地传达原文的意图，并使翻译更符合目标语言的语境和文体。确保所选用的同义词在整个文本中保持一致，以防止产生混淆或歧义。考虑原文的语言风格，选择同义词时要保持相似的语气和表达方式。考虑目标受众的理解度，选择他们更容易理解的同义词。不同的文体可能对同义词的使用有不同的要求，例如，在正式文件中可能更倾向于使用正式的同义词。在特定领域的翻译中，确保所选同义词是该领域的正确专业术语。通过灵活运用同义词，翻译可以更好地适应不同的语境和读者群体，提高翻译的质量和可读性。

5. 提前沟通

提前沟通是确保翻译准确性的重要步骤。与原作者或相关专家的沟通可以帮助翻译者更好地理解原文的背景、目的和特殊含义，从而更准确地传达这些信息。如果在翻译过程中有任何疑问或不确定的地方，及时与原作者或相关专家沟通，明确其意图。如果涉及文化差异或特定文化概念，向原作者询问有关这些方面的信息，以确保翻译的文化适应性。如果涉及专业术语，与相关领域的专家进行交流，确保选择的翻译术语准确无误。了解原文所处的具体语境，尤其是在处理多义词或具有隐含含义的表达时。在翻译完成后，邀请原作者或相关专家审定翻译稿，以确保其准确地反映了原文的含义。提前沟通不仅有助于解决潜在的歧义问题，还能够建立起良好的合作关系，使整个翻译过程更加顺利。

6. 警示读者

警示读者是一种极具责任心的翻译策略，可以帮助读者更好地理解文本并意识到潜在的歧义。这种透明度有助于建立与读者的信任关系，尤其是在面对一些文化或语境上的挑战时。在文本中添加脚注或注释，解释可能存在的歧义或提供额外的背景信息。在文本中使用引导语句，提示读者在理解特定部分时要注意上下文或可能的多义词。在可能引起歧义的地方，考虑引用原文以供对照，帮助读者更好地理解翻译选择。如果存在多个可能的翻译选项，可以在文本中提供替代选项，让读者知道存在多种解释。在涉及文化差异的情况下，通过强调文化差异或提醒读者注意文化背景，有助于减少误解。通过这些方法，翻译者可以在保持透明度的同时，为读者提供更好的阅读体验，减少可能的误解。处理多义词和歧义需要综合考虑语境、目标文化和原作者意图。灵活运用语言知识和判断力，以确保翻译的准确性和一致性。

（四）难以翻译的文化特有表达

处理文化特有表达是翻译中的一项挑战，因为某些表达可能在目标语言中没有直接的对应或者其文化内涵不易传达。

1. 解释性翻译

解释性翻译是处理文化特有表达的一种有效策略。通过提供详细解释，翻译者能够向读者传达原文的文化内涵和意义，从而使翻译更为准确和易于理解。在进行解释性翻译时，可以考虑以下几点：解释文化特有表达时，介绍相关的文化背景信息，包括传统、习俗、信仰等，以便读者更好地理解原文。解释翻译应该不仅关注表面的文字意义，还要注重传达文化特有表达的深层内涵和情感色彩。使用例证或故事来阐释文化特有表达，帮助读者更具体地理解其含义。与目标文化中相似的表达进行比较，以便建立联系并使翻译更容易理解。在解释时，要注意保持原文的语气和情感，以确保翻译的自然性和一致性。通过巧妙运用解释性翻译，翻译者可以有效地传达文化特有表达，使其在目标文化中产生相似的文化共鸣。

2. 注释

文中注释或脚注、尾注是处理文化特有表达的另一种强大工具。通过在文本中添加额外的解释性信息，翻译者可以为读者提供更多的文化背景和深入理解原文的机会。注释可以包括关于文化背景的信息，例如传统习俗、历史事件或社会背景，以帮助读者更好地理解文化特有表达。注释可用于强调原文中特定表达的重要细节，确保读者能够准确理解作者的意图。在注释中，翻译者可以提供不同的解释或诠释，以展示文化表达的多样性，使读者更全面地了解其可能的含义。可以引用其他相关材料，如文学作品、专业解释或文化研究，以支持对文化表达的理解。注释的排版应清晰易懂，不影响整体阅读体验。可以使用脚注、尾注或在文本旁边添加注释。通过注释，翻译者能够在不改变原文的情况下，提供额外的信息，从而促进跨文化理解。

3. 类比与比喻

类比与比喻是翻译中强有力的工具，尤其在处理文化特有表达时。通过运用目标语言中的常见类比或比喻，翻译者能够巧妙地传达原文的文化内涵，使读者更容易理解。翻译者应选择与原文含义相近的、在目标文化中易于理解的类比或比喻。这确保了翻译的准确性和效果。尽量选择能够保持原文情感和意味的类比或比喻，以确保翻译传达相似的情感色彩。考虑目标受众的文化背景和语言习惯，选择他们更容易理解和接受的类比或比喻。确保选用的类比或比喻与原文的文体和风格相符，以维持翻译的一致性。确保选择的类比或比喻不会引起歧义或误导读者，而是准确地反映原文的含义。通过巧妙使用类比和比喻，翻译者能够以更生动、形象的方式呈现文化特有表达，增强翻译的表达力和吸引力。

4. 创意翻译

创意翻译为翻译者提供了更多的自由度，使其能够在尊重原文的基础上，以独特而富有创意的方式呈现文化特有表达。创意翻译不应导致对原文意图的严重改变。翻译者需要确保创意的运用不影响原文的核心含义。翻译的创意应符合目标受众的文化背景和语言偏好。确保创意不会导致误解或不当的理解。创意翻译应与原文的文体和风格相契合，以确保整体的一致性。创意翻译有助于提升翻译的表达力，使其更富有吸引力和感染力。在创意翻译中，翻译者可以更灵活地运用目标语言的语法、词汇和表达方式，以创造更生动、富有情感的翻译效果。创意翻译为翻译者提供了表达个性和创造性的机会，同时要确保在创意的同时不失去对原文的尊重。这种方法可以使翻译更加引人入胜，令读者在目标文化中更好地理解和欣赏原文的内涵。

5. 文化适应

文化适应是确保翻译结果在目标文化中通达、有深度的关键环节。翻译者需要敏锐地察觉原文中的文化元素，并在翻译中予以适当的表达。这可能涉及习惯用语、传统习俗、宗教信仰等方面的因素。每种文化都有自己的语言表达习惯。考虑目标文化中的表达方式，以确保翻译自然而通顺。不同文化对于社交场合、尊重的表达方式等有着不同的社会礼仪。在翻译中要注意这些差异，以避免在目标文化中引起误解。一些文化更注重个体主义，而另一些则更强调集体主义。理解目标文化中人际关系的特点对于翻译人际交往的场景非常重要。某些词汇或表达在特定文化中可能具有隐喻或象征意义。确保在目标文化中读者能够理解这些隐喻是至关重要的。文化适应也包括避免潜在的文化冲突。翻译者应该对目标文化中可能敏感或引起争议的表达方式保持警觉。通过深入理解目标文化，翻译者可以更好地将原文的文化内涵传达给目标受众。文化适应不仅使翻译更易接受，也有助于促进跨文化交流和理解。

处理文化特有表达需要翻译者具有敏锐的文化意识和语言创造力，以确保信息传达的准确性和贴切性。

（五）口语和方言

口语和方言的翻译确实是一个涉及文化、地域差异以及语言风格的复杂任务。以下是一些处理口语和方言翻译的策略：对于口语和方言，理解语境非常关键。这包括说话者的背景、场景和听众。通过深入理解语境，翻译者能够更好地捕捉到口语表达的含义。考虑到口语和方言通常与特定文化和地域紧密相关，文化适应是不可或缺的。确保翻译结果在目标文化中不失去原文的口语特色。在口语和方言的翻译中，有时需要灵活运用当地的表达方式。这可能包括使用当地的俚语、习惯用语或口头禅，以使翻译更符合目标文化的语言风格。口语通常包含丰富的语气和情感表达。在翻译时，要注意保留原文中的语气和情感，以确保目标读者能够体验到相似的情感色彩。尽管要确保翻译的准确性，但也要保持口语表达的自然流畅。有时，过于字面的翻译可能导致表达不通顺，因此需要在准确性和自然流畅性之间找到平衡。如果口语或方言包含目标文化中不存在的独特表达，可以通过添加注释或解释来帮助读者理解。这有助于在翻译中保留原文的语言风格。总体来说，处理口语和方言的翻译需要翻译者具备良好的文化敏感性和语境理解能力，以确保翻译结果既准确又贴近目标文化的口语特色。

（六）文学风格和修辞

文学风格和修辞的翻译确实是一个充满挑战的任务，因为它涉及语言的艺术和创意层面。以下是一些处理文学风格和修辞翻译的策略：

1. 理解作者意图

理解作者的意图是翻译文学作品的核心任务。翻译者需要仔细分析原文中使用的各种修辞手法，如比喻、拟人、排比等。了解这些手法背后的目的和效果，以便在目标语言中找到相似的表达方式。隐喻常常是文学作品中的重要元素，它们传达作者更深层次的观点和情感。翻译者需要识别并理解这些隐喻，并努力在目标语言中找到能够传达相似含义的表达方式。文学作品中的象征常常具有多重意义，代表着作者所要表达的复杂概念。翻译者需要准确捕捉这些象征的含义，并在目标语言中找到能够传达相同层次意义的表达方式。每位作者都有独特的语言风格，包括词汇选择、句式结构等。翻译者需要深入了解作者的语言特色，尽可能保留原作的风格，以传达作者独特的文学声音。文学作品的结构对于传达作者的意图至关重要。这包括章节划分、叙述顺序等方面。翻译者需要在目标语言中保持相似的文学结构，以确保读者能够体验到作者原本意图传达的情感和情节发展。总的来说，翻译文学作品需要更深层次的文学解读和对作者意图的敏感理解。通过深入挖掘原文的文学特色，翻译者可以更好地呈现作者的创意，使得目标语言读者能够享受到与原文相近的文学体验。

2. 寻找等效修辞

寻找等效的修辞手法是在翻译中保留原作文学风格的关键步骤。以下是一些方法来寻找这些等效修辞：翻译者可以研究目标语言中的文学资源，包括经典作品、诗歌、小说等。这有助于了解目标语言文学传统中常用的修辞手法，从而更好地应用在翻译中。考虑到每种语言都有其独特的语言风格和修辞传统，翻译者需要选择在目标语言中与原文相近的修辞风格。这样可以确保翻译更贴合目标语言的文学习惯。翻译者可以使用一些灵活的翻译技巧，如变通、意译等，来尽量保留原文的修辞效果。在这个过程中，创造性的翻译方法可能会为找到等效修辞提供更多选择。修辞手法通常与文学作品的节奏和韵律有关。在翻译时，要注意保留原文的节奏感，使得修辞手法在目标语言中能够自然而流畅地呈现。不同的文学流派可能偏好不同的修辞手法。翻译者需要了解原文所属的文学流派，并根据目标语言中相应的流派特点进行调整。总体而言，通过深入研究目标语言的文学特点，翻译者可以更准确地找到与原文相似的修辞手法。这样的努力有助于确保翻译不仅在语言上准确，同时在文学表达上也能传达作者原本的艺术意图。

3. 保留节奏和韵律

保留原文的节奏和韵律对于传达文学作品的情感和表达方式至关重要。这包括：一些文学作品可能使用特定的韵律模式，如押韵或特殊的音律。在翻译时，尽量选择目标语言中相似的韵律结构，以确保文学作品的音乐性能够在新的语境中保持。考虑到不同语言的语法结构和表达方式，有时需要调整句子的长度和结构，以保留原文的流畅感和韵律。如果原文中使用了重复的元素以产生节奏感，翻译者可以考虑在目标语言中使用类似的重复手法。这有助于保留原文的韵律和表达方式。一些文学作品通过音韵效果，如头韵、谐音等，创造出独特的声音体验。在翻译时，可以尝试找到目标语言中能够产生类似效果的表达方式。通过细致入微地保留这些文学元素，翻译者可以更好地捕捉到原作品的艺术特色，使得翻译更加丰富和有深度。这样的努力也有助于让目标语言读者在阅读翻译作品时体验到原作品的独特之处。

4. 考虑目标读者

考虑目标读者的文学期望和文化背景是翻译中至关重要的一环。这包括：不同文化的读者可能有不同的文学品位和偏好。了解目标读者群体的文学期望，选择合适的表达方式，以确保他们能够在翻译作品中找到熟悉和吸引人的元素。避免使用可能在目标文化中引起误解或不适的表达方式。通过考虑目标读者的文化敏感度，可以调整译文，使其更符合当地的文学和审美标准。有时，通过与目标读者直接沟通或借助文学评论家等渠道，翻译者可以更好地了解目标读者的期望和反应，从而调整翻译的策略。一些文学作品的价值在于其情感表达。翻译时，要考虑如何传达原作品中的情感，以确保目标读者能够在阅读时产生类似的情感共鸣。在文学翻译中，读者的角色至关重要。翻译者既是原作者与目标读者之间的中介，也是在不同文化之间架起的桥梁。通过巧妙处理文学元素和关注目标读者的期望，翻译者可以创造出令人满意的文学翻译作品。

5. 灵活运用翻译技巧

灵活性是翻译中至关重要的一项技能。文学翻译尤其需要翻译者具备灵活应对各种语言和文学特色的能力。一些灵活运用的技巧包括：适应目标语言的语法结构，有时可能需要调整词语的顺序，以保持句子通顺和自然。选用目标语言中既能传达原文意思又能保留其文学品位的词汇。这可能需要有深厚的目标语言文学素养。在确保表达清晰度的前提下，调整句子结构以符合目标语言的表达习惯。这有助于保持翻译的流畅性。尽量在翻译中保留原作的独特文学特色，包括修辞、隐喻、象征等。这有助于传达原作的艺术感和创意。尤其对于诗歌等有韵律的文学作品，翻译者需要注重原文的音韵和韵律，以在目标语言中产生类似的效果。在文学翻译中，每一个决策都可能对最终的翻译品质产生深远的影响。因此，翻译者需要在尊重原作的基础上，有时需要勇于创新，以达到在目标文化中产生相似文学体验的效果。

6. 与作者合作

与作者合作是文学翻译中的一项非常有益的实践，它可以在以下几个方面提供深度的帮助：翻译者通过与作者直接交流，可以更深入地了解作者创作时的意图、情感和目的。作者可能有一些特定的修辞手法、词汇选择或者文学风格，通过沟通，翻译者能够更好地捕捉到这些元素。作品中的隐喻和象征通常需要深入理解作者的背景和观点。作者的解释和观点对于正确理解这些文学元素非常关键。在与作者合作的过程中，可以就一些词汇的翻译、句子的表达等细节进行讨论，以确保翻译在整个文学作品中保持一致性。作者的参与可以帮助减少在翻译过程中可能出现的歧义或错误。某些文学作品可能使用了特殊的文学风格，如流派特定的写法或者叙述方式。作者可以提供关于这些方面的指导，确保翻译尊重并保留原作的风格。作者可能对于如何在目标语言中更自然地表达自己的文学风格有独到见解。与作者合作可以帮助翻译者更好地运用目标语言，使翻译更贴切、自然。需要注意的是，与作者合作可能不适用于所有情况，特别是在作者无法参与翻译过程或者已故的情况下。但如果有这个机会，这种合作对于提高翻译质量和忠实传达原作意图是非常有帮助的。

7. 注重美感

美感在文学翻译中扮演着至关重要的角色。它不仅仅关乎语言的优美，还包括了对于文学作品整体艺术表达的理解和再现。在注重美感的翻译过程中，翻译者可以考虑以下几个方面：尽量保留原文的音乐感，包括韵律和音韵。这有助于传达作者创造的声音美感。注意保留原文中使用的各种修辞手法，如比喻、隐喻、排比等。这些手法对于提升文学作品的审美质感非常关键。文学作品中常常通过生动的形象描绘来产生强烈的审美效果。翻译时要确保这些形象在目标语言中同样能够产生视觉和感觉上的美感。有些文学作品的节奏和节拍对于整体的审美体验至关重要。翻译者要注意在目标语言中保持这种韵律感。透过语言，传达原作所蕴含的情感。读者在阅读翻译作品时应该能够与作者相似地感受到情感的共鸣。通过注重审美感，翻译者可以更好地还原原作的艺术性，使翻译作品在目标语言中同样具备美感和情感深度。这样的翻译不仅仅是语义的传递，更是对文学艺术的再创作。

总体来说，翻译文学作品需要翻译者不仅具备卓越的语言能力，还需要深刻理解文学艺术，以确保翻译不仅准确传达意义，同时能够保留原作的文学价值和独特风格。在面对语义差异时，灵活运用翻译策略、注重文化适应并确保信息的准确传达是至关重要的。

第二节 文化因素在语境中的作用

一、文化背景对语境的塑造

文化背景在语境的形成中扮演着至关重要的角色。不同的文化传统、价值观和历史经验都会对人们的语言使用和理解产生深远影响。让我们来看看文化背景如何塑造语境：

（一）词汇的含义

词汇的含义在不同文化间的变化给翻译者带来了挑战。在处理这种情况时，翻译者需要考虑以下几个方面：

第二章　英语语境的特征

1. 文化内涵

词汇往往携带着文化内涵，包括情感、价值观和特定社会背景。在翻译时，翻译者需要敏感地捕捉原文中词汇的文化内涵，并尽可能地传达到目标语言。一些词在一个文化中可能有多个含义，而在另一个文化中可能只有一个特定的解释。在这种情况下，翻译者需要根据上下文和文化背景选择最适合的翻译。词语的情感色彩也受到文化的影响。一个词在一个文化中可能具有积极的含义，而在另一个文化中可能被视为中性或负面。翻译者需要在传达情感色彩时保持一致性。俚语和口头表达通常具有文化特定性，可能不容易直接翻译。在这种情况下，翻译者可能需要找到目标文化中类似的俚语或表达方式。有时，理解特定词汇的含义可能需要一些文化或专业的背景知识。翻译者可能需要进行额外的研究，以确保对词汇的准确理解。在这个过程中，与目标文化的本土人士或专家进行合作，或者进行词汇选择的合理解释，都是提高翻译准确性的有效方法。

2. 多义词处理

多义词的处理是翻译中一个常见而重要的挑战。这种情况下，翻译者需要根据上下文仔细权衡每个可能的含义，并选择最适合的翻译以保持原文的意思。考虑到文化背景对于多义词理解的影响，了解原文所处的文化环境是确保正确选择含义的关键。举例来说，英语中的一些词在不同语境下可能具有截然不同的意义。如果一个词在源文本中有多个可能的解释，翻译者需要仔细考虑原文的整体语境，以及目标受众可能理解的方式。这种综合的判断需要翻译者具备对语言和文化的敏感性，以便有效地传达原文的意思。

3. 情感色彩

当涉及情感色彩的传达时，翻译者需要仔细考虑原文中词语所携带的情感含义在目标文化中可能产生的效果。以下是一些详细的论述：不同文化对于相同词汇的情感色彩可能存在差异。一个在源语言中具有积极含义的词汇，可能在目标语言中因为文化背景的不同而被解读为中性或负面。

翻译者需要了解目标文化中对于特定词汇的情感态度，以避免误传情感色彩。在翻译过程中，翻译者可能需要选择目标语言中具有相近情感色彩的词汇，以确保翻译结果在情感上与原文保持一致。这可能需要一定的创意和灵活性，以便在不同语境中选择最合适的表达方式。有时候，情感色彩的传达可能需要适应目标文化的情感期望。翻译者需要考虑目标受众的文化背景和对于情感表达的期待，以确保翻译结果在目标文化中具有相似的情感效果。情感色彩通常受到文本上下文的影响。翻译者需要仔细分析原文中词汇的使用环境，以便正确理解和传达情感的细微差别。一些情感可能在不同文化中有不同的表达方式。翻译者需要考虑到这种多样性，以确保翻译结果不仅在语言上准确，而且在情感传达上也得当。总体而言，情感色彩的传达需要翻译者深入理解文化差异，同时灵活运用语言工具，以确保翻译结果在情感层面上能够贴切地反映原文的意图。

4.俚语和口头表达

俚语和口头表达的翻译确实是一项具有挑战性的任务。以下是对这一点的详细论述：俚语和口头表达通常反映了某一文化的习惯用语和独特表达方式。直接翻译这些表达可能导致失去原文的幽默或地道感。在翻译俚语时，翻译者需要考虑目标受众的语言习惯和文化背景。选择与目标文化相符的俚语或口头表达可以使翻译更容易被理解和接受。俚语和口头表达往往包含幽默元素。在翻译时，翻译者需要努力保留原文中的幽默感，以确保读者在目标文化中能够欣赏到类似的幽默内容。在一些情况下，翻译者可能需要在翻译文本中添加解释或脚注，以帮助读者理解特定俚语的含义。另一种方法是将俚语融入具有相似文化背景的目标文化的表达方式中。在没有直接等效的俚语的情况下，翻译者可以尝试使用目标语言中的类似表达或类比，以传达相似的语境和意义。俚语的理解通常依赖于特定的语境。因此，在翻译时要考虑到原文中俚语的使用环境，以确保翻译结果能够在语境中自然而清晰地传达相同的意思。总体而言，处理俚语和口头表达需要翻译者对语言的灵活运用和文化的深入理解。通过巧妙地选择表达方式，翻译者可以有效地传达原文中的口头风格和幽默感。

5. 背景知识

背景知识在翻译过程中的重要性是不可忽视的。以下是对这一点的详细论述：了解源语言和目标语言所属文化的背景对于准确翻译文化特定的词汇至关重要。这包括了解当地的传统、价值观、宗教信仰等。例如，在翻译与宗教相关的词汇时，对特定宗教仪式或信仰体系的了解是非常有帮助的。在特定专业领域的文本中，经验和专业知识对于理解特定词汇的含义至关重要。翻译医学、法律或技术文本时，翻译者需要熟悉相关的术语和概念。有时，文本中的词汇可能涉及历史事件或特定时期的文化背景。了解这些历史知识可以帮助翻译者更好地理解和传达文本的意义。文本中的一些词汇可能与当地社会或政治环境有关。翻译者需要了解这些方面的知识，以便准确理解和翻译相关词汇。在翻译科学或技术文本时，理解相关的科学原理或技术概念是至关重要的。这包括对领域内常用的术语和表达方式的熟悉。翻译者可以通过各种在线资源，如专业词汇表、文化百科全书等，获取所需的背景知识。这有助于翻译者填补自身知识的不足，确保翻译的准确性和专业性。总体而言，背景知识是翻译过程中的利器，有助于翻译者更好地理解和传达文本的各种含义。

（二）隐喻和比喻

隐喻和比喻在文化翻译中的重要性是无可否认的。以下是对这一点的详细论述：隐喻是一种通过比喻或象征性语言来传达意义的修辞手法。在不同的文化中，人们可能使用不同的隐喻来表达相似的概念。翻译者需要敏感地捕捉原文中的隐喻，并在目标语言中选择相应的表达方式，以确保信息的传达和被理解。比喻是通过将一个概念与另一个概念相比较来传达意义的修辞手法。由于文化差异，某个文化中常见的比喻在另一个文化中可能并不常见。翻译者需要找到目标文化中类似的比喻，以传达相似的意义。隐喻和比喻常常涉及文化中的符号和象征。这些符号可能在不同的文化中具有不同的含义。了解这些文化符号对于准确翻译隐喻和比喻至关重要。隐喻和比喻通常依赖于上下文，因此在翻译时要考虑到整个句子或段落的语境。通过理解上下文，翻译者能够更好地把握隐喻和比喻的真实含义。有时，直译可能无法捕捉到原文中的隐喻和比喻的精髓。在这种情况下，翻译者可能需要采用一些创造性的翻译方法，以在目标语言中呈现类似的意象和效果。总体而言，对文化中的隐喻和比喻有敏感的理解是翻译者成功传达原文深层含义的关键。

（三）礼仪和称谓

礼仪和称谓在文化交流中扮演着重要的角色，以下是对这一点的详细论述：礼仪是一种文化的表达方式，涉及人们在交往中的行为准则和规范。不同文化对于礼仪的理解和体现方式可能有很大差异。在翻译中，翻译者需要理解原文中所反映的礼仪，以便在目标文化中保持相似的社交规范。不同文化中的称谓方式可能会有很大的差异，涵盖了对年龄、地位、亲疏关系等多个方面的考量。在跨文化翻译中，选择适当的称谓对于准确传达语境和情感是至关重要的。翻译者需要尊重原文中所体现的称谓和礼仪，同时考虑目标文化中的等效表达方式。这可能涉及对于目标读者的文化敏感性的了解，以确保翻译不会冒犯或误导目标受众。礼仪和称谓的使用通常取决于社交场合。在正式的场合和非正式的场合，人们可能使用不同的称谓和礼仪。翻译者需要在翻译中保留这些细微差别，以确保语境的一致性。礼仪和称谓也影响到语气和表达方式。在一些文化中，过于直接的表达可能被视为不礼貌，而在另一些文化中可能更加接受。翻译者需要了解这些差异，以选择适当的表达方式。在进行礼仪和称谓的翻译时，细致入微的文化了解和对于目标受众的尊重是确保翻译准确传达语境的关键。

（四）历史和传统

历史和传统对语境的塑造确实具有深远的影响，以下是对这一点的详细论述：某个历史事件可能在一种文化环境中具有特殊的象征意义，激发人们的情感共鸣。在翻译时，翻译者需要了解这些历史事件，并在目标文化中找到相似的事件或符号，以保持语境的传达。历史事件构成了文化的记忆，影响人们的观念和价值观。在翻译中，理解文化记忆对于把握语境至关重要，因为某些表达可能源自于对历史事件的理解和反思。传统习俗包括了社会中代代相传的行为、礼仪和价值观。这些习俗在语境中常常扮演着重要的角色，影响人们的言行举止。翻译者需要深入了解原文中反映的传统习俗，以便在目标文化中找到相应的表达方式。历史事件和传统习俗常常以符号和象征的形式在语言中体现。这些符号和象征具有深刻的文化内涵，对于理解语境至关重要。翻译者需要注意这些符号的文化差异，以确保翻译的准确性。某些历史事件和传统习俗塑造了社会的认同和集体记忆。在翻译中，翻译者需要关注这种社会认同的表达，以便在目标文化中传达相似的情感和共鸣。综合考虑历史和传统的影响，翻译者需要成为文化的解读者，深入挖掘语境中蕴含的文化因素，以保持翻译的准确性和丰富性。

（五）社会结构和阶级差异

社会结构和阶级差异对语境的影响确实十分深远，以下是对这一点的详细论述：社会结构和阶级差异在语言中常常表现为特定的社会标记。人们的社会地位、身份和阶级往往通过他们的言辞和用词方式体现出来。在翻译时，翻译者需要敏感地捕捉这些社会标记，以确保目标文化中能够传达相似的社会差异。社会结构通常伴随着对于礼貌和尊卑的不同期望。在一些文化环境中，对长辈或权威人士的称呼要比其他文化环境更为正式。翻译者需要了解这些社会期望，以选择适当的翻译方式。语境中可能包含对权力关系的暗示，如对话中的措辞、表达方式以及交流的模式。在翻译时，要注意这些权力关系的呈现，以保持语境的完整性。社会结构和阶级差异还常常伴随着一些隐含的社会规范，包括在不同社会地位之间的交往方式、言辞的正式程度等。翻译者需要理解这些社会规范，以确保在目标文化中的语境中表达出相似的社会差异。语境中可能通过对话人的社会身份和阶级地位的体现来传达特定的信息。在翻译中，翻译者需要通过适当的语言选择来呈现出相似的社会身份差异。综合考虑社会结构和阶级差异的影响，翻译者需要在语境中敏感地处理社会标记，确保翻译结果在目标文化中能够传达相似的社会差异和阶级关系。

（六）审美观念

审美观念在语境中的塑造确实是文化的一个重要方面。以下是对这一点的详细探讨：不同文化对于美的定义和评价标准存在显著的差异。某些图画、音乐或文学作品在一个文化中可能被认为是经典之作，而在另一个文化中可能没有同样的地位。因此，审美观念的多样性需要在翻译中得到充分考虑。语言本身可以成为审美表达的工具，而不同语言的表达方式可能会传达出不同的美感。在翻译过程中，翻译者需要尽力保持原作的审美表达，同时适应目标文化的审美标准，以确保读者在目标语言中能够体验到相似的美感。一些文学作品的审美价值来自于其独特的文学风格，包括修辞手法、隐喻和象征等。在翻译时，翻译者需要以保留原文的审美特色为目标，同时灵活运用翻译技巧，以在目标文化中产生相似的审美效果。对于艺术品的描述和评价往往带有强烈的文化色彩。在翻译艺术评论或美学著作时，翻译者需要理解原文中的审美观念，并通过选用目标语言中合适的词汇和表达方式来传达这些观念。翻译者在处理审美观念时，需要在文化适应和保留原作风格之间找到平衡。尽管需要考虑目标文化的接受程度，但也要确保不失去原作的独特美感。总体而言，审美观念对于语境的塑造具有深远的影响，翻译者需要在跨文化翻译中敏感地处理这些审美差异，以确保翻译结果能够在目标文化中引发类似的审美体验。总的来说，文化背景不仅是语境的一部分，更是语境的塑造者。在翻译和跨文化交流中，理解并尊重不同文化背景对于准确传达语境至关重要。

二、跨文化传播中的文化适应策略

跨文化传播中的文化适应策略对于确保信息的准确传达以及避免文化误解至关重要。以下是一些文化适应策略：

(一)深入了解目标文化

深入了解目标文化是跨文化传播中至关重要的一步。这种了解不仅包括表面上的语言知识，还需要深入到文化的核心，理解其中的价值观念、信仰系统和社会习俗。具体而言，这种深入了解可以通过以下方式实现：精通目标文化的语言是深入了解的第一步。语言是文化的载体，了解语言的结构、词汇、语法等能够帮助理解文化中的思考方式和表达方式。文学和艺术作品是文化的镜子，反映了人们的观念、情感和思维方式。通过阅读文学作品、欣赏艺术品，可以更深刻地理解目标文化的精神内涵。文化的演变和形成与历史密切相关。深入了解目标文化的历史可以揭示文化的根源、发展轨迹，以及对今天文化形态的影响。通过参与目标文化的社会活动，了解人们的生活方式、社交规则以及日常习惯。亲身经历有助于感受文化的氛围和人际关系。直接与目标文化的人们互动是最直接的学习方式。对话、合作、分享经验，都能够帮助建立深刻的文化认知。阅读目标文化的报纸、杂志，收听当地的广播节目，观看电视节目，都是了解文化热点、价值观念的途径。宗教和哲学是文化的基石之一，对目标文化的信仰体系和思维方式进行学习，有助于理解文化的深层结构。了解目标文化的风俗习惯，包括节庆、礼仪、庆典等，有助于理解人们的日常生活和社交方式。通过这些方式，翻译者或传播者能够更全面、更深刻地理解目标文化，从而更好地调整语言和表达方式，确保信息在文化之间得到准确传达。

(二)尊重文化差异

文化差异丰富了我们的世界，但也可能成为误解的源头。在尊重文化差异的同时，我们更能够创造和谐的跨文化沟通。这需要一种开放的心态，愿意接纳并理解其他文化的独特之处。

1.避免刻板印象

文化不是同质的；它们由不同的群体组成，具有不同的信仰、做法和价值观。应用原型过度简化了这一复杂性。一种文化中的人们可以有不同的观点、偏好和行为。假设"一致性"忽略了个体性，刻板印象阻碍了真正的理解，认识并欣赏文化的细微差别，我们就能培养真正的联系和沟通。在接触一种文化之前，先进行深入研究，了解它的多样性、历史和当代动态。当与来自不同文化的人互动时，积极倾听他们独特的经历和观点。对于一种基于孤立事件或有限曝光的文化，不要做出笼统的陈述。对翻译人员和传播人员而言，文化敏感性培训可以为避免定型观念提供宝贵的见解。鼓励开放的沟通和反馈。如果有人指出了一种潜在的刻板印象，那么请对理解和调整你的方法持开放态度。

2. 灵活应对

灵活应对在跨文化沟通中确实非常重要。不同文化之间存在着巨大的语境差异，有时候一些在某种文化中被视为礼貌的表达在另一种文化中可能被视为过于正式，甚至冷漠。首先，语言的使用是一个关键因素。在某些文化中，人们可能更倾向于使用正式、客套的措辞，而在另一些文化中，更加直接、亲切的表达可能更受欢迎。了解对方的语境和期望，选择合适的措辞是很重要的。其次，非语言沟通也是需要注意的方面。例如，眼神接触、姿势、手势等在不同文化中可能有不同的含义。有些文化可能更注重面部表情和眼神交流，而另一些文化可能更注重身体语言。适应对方的非语言沟通风格可以帮助我们与对方建立更好的关系。最后，了解文化之间的社交规则也是至关重要的。在某些文化中，直接表达意见可能被视为冒犯，而在另一些文化中，直接坦率地表达看法可能更受欢迎。了解并尊重对方的社交规则可以避免不必要的误解和冲突。总的来说，灵活应对需要对不同文化的沟通方式和社交规则有敏感的观察和理解。在跨文化交流中，开放心态、尊重和适应性是建立良好关系的关键。

3. 倾听和学习

倾听是一种强大的学习工具，尤其是在跨文化交流中。每个文化都有其独特的故事、价值观和观点，通过倾听，我们能够更深入地了解他们的世界，增进对彼此的理解和共鸣。首先，倾听可以打破对他人的刻板印象。很多时候，我们可能会被自己的文化背景所限制，产生对其他文化的偏见。

通过倾听，我们能够真正听到他们的声音，了解他们的生活体验，从而消除误解和刻板印象。其次，倾听是一种尊重的表达方式。当我们愿意聆听他人的故事和观点时，表达了对他们的尊重和重视。这种尊重是建立跨文化关系的基石，有助于创造一个开放、包容的沟通环境。最后，通过倾听，我们也能够学到新的知识和见解。其他文化可能有着不同的智慧、传统和经验，通过倾听，我们可以汲取这些宝贵的资源，拓宽自己的视野，促进个人和集体的成长。总的来说，倾听是一项关键的跨文化沟通技能。通过倾听他人的声音，我们能够建立起更深层次的理解和共鸣，促进文化之间的交流与合作。

4. 尊重价值观

每个文化都有其独特的价值观和信仰体系，理解并尊重这种多样性是建立健康跨文化关系的关键。首先，尊重他人的价值观是尊重个体的表现之一。我们的价值观和信仰往往是深深根植于我们的文化和个人经历中的，因此，对他人的尊重也意味着尊重其独特的文化身份和背景。其次，接纳不同的价值观有助于打破文化隔阂。理解并接受其他文化可能对相同概念有不同看法的事实，有助于减少误解和冲突。这种接纳并不意味着我们要完全赞同或放弃自己的价值观，而是在不同的看法之间找到平衡，建立对话的桥梁。最后，尊重他人的价值观也是促进文化交流和合作的关键。在跨文化团队或合作项目中，理解并尊重不同的价值观有助于提高团队的凝聚力和效率，创造和谐的工作环境。总的来说，尊重他人的价值观是建立积极跨文化关系的基础。通过开放心态，接纳多样性，我们可以在文化差异中发现共通之处，促进相互理解与合作。

5. 谨慎使用语言

语言是跨文化交流中至关重要的因素，谨慎使用语言可以避免不必要的误解和冒犯。首先，一些词汇或表达在一个文化中可能是合适的，但在另一个文化中可能具有负面含义。这可能涉及文化的历史、价值观、甚至是宗教信仰。因此，在跨文化沟通中，了解和敏感于对方文化中可能敏感或不适宜的词汇是非常重要的。其次，语境的理解也至关重要。同样的词语在不同的语境中可能具有不同的含义。为了避免误解，我们需要考虑使用语言的背景和文化语境，确保我们的表达不会被误解或冒犯到他人。最后，避免使用刻板印象和负面的文化偏见也是很重要的。有些词汇可能在过去被用于贬低或歧视某个群体，因此要避免使用这样的词汇，以免给对方带来不适和冒犯。总的来说，谨慎使用语言是建立尊重和互信关系的重要一环。通过注意词汇的选择、了解语境和避免刻板印象，我们可以更好地沟通，建立积极的跨文化关系。

6. 尊重传统

尊重他人的传统和仪式是建立积极跨文化关系的关键之一。首先，传统和仪式通常是一个文化的重要组成部分，反映了其历史、价值观和身份认同。通过理解和尊重这些传统，我们表达了对对方文化的尊重和认可，有助于建立起互相理解的基础。其次，参与或尊重他人的仪式可以加强文化之间的联系。无论是参加传统婚礼、节日庆祝活动还是其他仪式，表达对他们文化的关切和尊重可以拉近人与人之间的距离，促进更深层次的交流。最后，尊重传统还有助于避免文化冲突。有时候，由于对传统的不理解或不尊重，可能会发生误解或冲突。通过学习和尊重对方的传统，我们可以避免意外触碰到对方的文化底线，从而维护良好的关系。总的来说，尊重他人的传统是建立互相尊重的文化关系的基础。通过学习、了解和尊重对方的传统，我们可以建立更深厚的文化联系，促进跨文化交流和合作。

7. 灵活适应

灵活适应是跨文化交往中的一项关键技能，它能够帮助我们更顺利地融入其他文化，避免误解和冲突。首先，适应习惯和社交规则有助于建立良好的人际关系。每个文化都有其独特的社交规则和习惯，而对这些规则的尊重和遵循有助于建立对方文化中的信任和认可。这种适应性可以创造一个开放、友好的沟通环境。其次，灵活适应有助于避免文化差异带来的误解。在某些文化中，表达意见可能更加直接，而在另一些文化中，可能更强调含蓄和间接的表达方式。通过灵活适应，我们可以更好地理解和回应对方的沟通方式，减少误解的发生。最后，灵活适应还表现出对多样性的尊重和包容。它展现了我们对其他文化的开放心态，愿意学习和体验不同的方式。这种包容性有助于构建跨文化团队和合作关系。总的来说，灵活适应是一项重要的跨文化交际技能。通过尊重对方的社交规则、习惯和价值观，我们能够更好地融入其他文化，建立起积极的人际关系。通过尊重文化差异，我们可以打破文化隔阂，促进更深层次的交流和理解。这是构建国际社会共同体的一部分，让每个人都能在多元文化的世界中感到受到尊重和包容。

（三）选择适当的词汇

选择适当的词汇在翻译中非常关键，因为不同文化对于同一词汇可能有不同的解读和情感色彩。首先，考虑目标文化的语境是至关重要的。有些词汇可能在源文化中具有正面含义，但在目标文化中可能带有负面色彩，或者反之。通过了解目标文化的价值观和语境，翻译者能够选择更符合当地习惯的词汇，避免造成误解或不适。其次，关注词汇的文化敏感性。一些词汇可能在某个文化中是普通用语，而在另一个文化中可能具有宗教、历史或政治上的敏感性。在翻译中，要特别小心这类词汇，以确保不引起不必要的争议或误解。最后，理解目标受众的文化背景也是至关重要的。不同年龄层、社会群体可能对于词汇的理解和接受度有所不同。翻译者需要考虑到这些因素，选择能够更好地与目标受众产生共鸣的词汇。总的来说，在翻译中选择适当的词汇是一项复杂而且需要深思熟虑的任务。它不仅关乎语言的准确性，更关乎文化之间的沟通和理解。通过对目标文化的敏感性和深入了解，翻译者可以更好地选择合适的词汇，确保翻译的准确性和文化适应性。

（四）适应社会礼仪

1. 礼仪的文化差异

在礼仪的文化差异这一方面，我们可以深入研究不同文化中的规范，从言语、姿势到面部表情等方面。在言语方面，不同文化对于表达意见、请求和道歉等的方式可能存在明显的差异。一些文化可能更倾向于直接而坦率的表达，而另一些文化可能更注重含蓄和委婉。适应这种差异，我们需要学会在交流中使用适当的语言风格，避免造成误解或冒犯。在姿势和动作方面，不同文化对于身体语言的解读也存在很大的差异。例如，一些文化可能认为在公共场合大声说笑是不礼貌的，而另一些文化可能更注重表达个体的情感和活力。通过了解这些差异，我们可以在行为举止上更好地融入和尊重目标文化。面部表情在跨文化交流中也是一个敏感的方面。不同文化可能对于笑容、眼神接触等面部表情有着不同的解读。在亚洲文化中，微笑可能被视为礼貌和友好，而在某些西方文化中，过于频繁的微笑可能被认为过于热情。适应这种差异，我们需要学会在不同文化中运用适当的面部表情。通过深入研究这些礼仪方面的文化差异，我们可以更加敏感地理解他人，避免因为不同文化的习惯而引发不必要的误解和冲突。这种理解和尊重有助于建立更加和谐的跨文化关系。

2. 礼貌用语的运用

生活方式在民族音乐中的反映确实是一个重要的方面。让我们深入了解一下，音乐是如何通过旋律、节奏和歌词反映特定文化的生活方式：草原地区的音乐可能包含着对宽广草原、牛羊群的赞美。旋律可能充满豪放的氛围，歌词则表达对自然环境和牧民生活的热爱。特有的乐器，如马头琴，也可能被运用，使音乐更贴近牧民的生活方式。海滨地区的音乐可能通过柔和的旋律和歌词传达对海洋的向往和敬畏。渔民的生活可能在歌词中找到表达，而海浪般的节奏可能反映出与海洋息息相关的生活方式。城市地区的音乐通常反映出现代都市生活的快节奏和多样性。歌词可能涉及城市人的工作、社交、爱情等方面，而节奏和编曲则可能包含着都市的多元文化特征。农耕文化的音乐可能强调季节的变化、农田的耕作和收获。歌词可能反映农民对土地的依赖，而旋律可能与自然循环相呼应。特定文化的庆典和传统活动通常有独特的音乐伴奏。这些音乐通过节奏、舞蹈和歌唱，体现了社群特殊的生活方式和价值观。宗教仪式的音乐也反映了特定文化的生活方式。它可能通过虔诚的旋律和歌词，表达对宗教信仰、神灵和精神生活的追求。总的来说，生活方式是音乐创作的灵感源泉之一，通过旋律、歌词和节奏，民族音乐反映了特定文化的独特生活方式。

3. 礼仪在正式和非正式场合的应用

在正式和非正式场合的礼仪应用是一个非常关键的方面，这直接关系到在不同社交环境中如何适应文化差异。在正式场合，礼仪通常更加注重形式化和规范。在商务场合，例如会议、商务晚宴等，遵循正式的礼仪规范是非常重要的。这可能包括穿着得体、使用正式的语言风格、遵循座位次序等。了解并遵循这些礼仪规范可以展现出对正式场合的尊重，有助于建立信任和良好的商务关系。相比之下，在非正式场合，礼仪通常更加灵活。在朋友聚会、家庭聚餐等非正式场合，人们可能更注重轻松和亲切的交流氛围。在这种情境下，语言可能更为随意，行为举止可能更为自由。适应这种场合变化意味着我们需要更加灵活地调整自己的言行，以更好地融入当地社交环境，让交流更加顺畅和自然。此外，不同文化对于正式和非正式场合的定义和重视程度也存在差异。一些文化可能更加看重正式场合，视之为展示自己形象和尊重他人的机会；而另一些文化可能更注重非正式场合，认为在亲近的环境中更能真实地表达自己。适应这种文化对场合的看法，可以更好地理解和遵循当地的礼仪规范。通过深入研究礼仪在正式和非正式场合的应用，我们能够更好地调整自己的行为举止，以符合当地的期望，从而更成功地融入不同文化的社交环境。这种灵活性是建立跨文化关系的关键之一。

4. 语境中的礼仪

在礼仪的语境中，我们考虑到社交场合的变化，了解何时以何种方式展现礼仪是非常关键的。在与陌生人的交往中，礼仪的表现可能更注重于传递友好和尊重。这可能包括握手、适当的问候和表达关切。在一些文化中，初次见面可能需要更多的正式礼仪，而在另一些文化中可能更强调轻松自然的交流方式。适应这种语境，我们需要敏感地观察对方的反应，灵活调整自己的礼仪表现，以创造一个舒适的交流环境。在与长辈的互动中，礼仪可能更强调对长辈的尊重和敬意。这可能包括使用适当的称谓、遵循特定的礼节等。在一些文化中，对于长辈的敬意可能体现在言语和行为上，而在另一些文化中可能更注重于传统的仪式和礼物。了解并适应这种语境，有助于建立起尊重和亲近的关系。在一些特殊场合，如婚礼、葬礼等，礼仪可能更为正式和庄重。适应这种场合的礼仪要求，包括着装、表达慰问、参与仪式等，是非常重要的。这种适应性表现了对于重大场合的尊重和认真对待，有助于在社交环境中建立起深厚的人际关系。通过深入研究礼仪在不同语境中的应用，我们可以更好地理解和适应不同的社交场合，建立起更加和谐、相互尊重的人际关系。这种灵活性和文化敏感性是成功融入多元文化环境的重要因素。

（五）考虑受众的文化敏感性

考虑受众的文化敏感性是非常重要的，特别是在翻译和传播信息的过程中。这一点涉及避免触及文化敏感的话题，以及确保信息的传达不会引发负面反应。

1. 了解文化敏感话题

了解文化敏感话题确实是非常重要的，这直接涉及在跨文化传播中如何避免触及可能引发争议的话题，从而保持信息的有效传达。首先，深入研究目标文化的价值观是关键的一步。了解文化的核心价值观、信仰体系以及对于一些特定主题的态度可以帮助我们辨别出哪些话题可能是敏感的。不同文化可能对于宗教、政治、性别等话题有着不同的敏感性，因此要根据目标文化的特点有针对性地了解。在了解文化敏感话题的同时，要保持对文化差异的尊重。不同文化对于同一话题的看法可能存在多样性，不应将自己的观点强加于他人。通过尊重和理解文化的多元性，我们能够更好地避免在传播中触碰到可能引发争议的话题。定期进行调查和采访目标受众也是了解文化敏感话题的有效手段。通过直接与受众互动，了解他们对于特定话题的看法和感受，可以帮助我们更准确地评估何种话题可能是敏感的。这样的实时反馈有助于及时调整传播策略。避免使用刻板印象和过于一概而论的言论也是关键。不同文化内部也存在差异，将整个文化归为一个单一的看法可能会误导。在传播中要采用更细致入微的方式，关注个体差异，避免简单化复杂的文化现象。通过深入了解文化敏感话题，我们可以更好地规避潜在的争议和误解，确保信息在跨文化传播中更为有效和尊重。这种文化敏感性的考虑有助于构建积极的跨文化关系。

2. 谨慎处理敏感信息

谨慎处理敏感信息在跨文化传播中起着至关重要的作用，确保信息的传达不会引发误解、冒犯或争议。以下是一些关键的考虑因素：选择适当的词是至关重要的。有些词在一种文化中可能是正常而无害的，但在另一种文化中可能具有负面的含义。翻译者或传播者需要根据目标文化的语境和价值观，选择能够准确传达信息且不引起误解的词汇。不同文化对于表达方式的期望也有所不同。有的文化更注重正式、委婉的表达方式，而有的文化可能更倾向于直接而坦率的沟通。在处理敏感信息时，需要考虑到目标受众对于表达方式的接受度，避免因为表达方式而引发负面情绪。文化隐喻和引申义可能是跨文化传播中的陷阱。某个词汇在一种文化中可能有特定的隐喻，但在另一种文化中可能完全不同。翻译者需要谨慎处理这些情况，确保信息的传达不会因为文化差异而产生歧义。处理敏感信息时，要考虑到情境和语境的影响。同样的词汇在不同的语境中可能有不同的解读。了解目标文化中的社会、历史、政治等方面的背景信息，有助于更全面地理解和适应。在传播敏感信息之前，进行预防性沟通也是一种有效的策略。通过与目标受众建立良好的沟通渠道，了解他们的期望和疑虑，可以帮助翻译者或传播者更好地调整信息的表达方式，避免潜在的问题。通过谨慎处理敏感信息，翻译者或传播者可以降低文化差异可能带来的风险，确保信息的传达既准确又尊重。这种细致入微的处理有助于建立信任，促进跨文化沟通的成功。

3.避免刻板印象和文化偏见

避免刻板印象和文化偏见是建立有效的跨文化沟通的关键。以下是一些方法来实现这一目标：深入了解不同文化之间的多样性是避免刻板印象的第一步。每个文化都是独特的，有着丰富的历史、价值观和传统。通过了解这些方面，我们可以更好地理解文化的复杂性，避免过于简单化的观点。避免将整个文化或群体归为一个单一的特征或行为。个体差异在任何文化中都是存在的，因此在传播中应强调个体的差异性，而不是将所有成员刻板地归纳为相同的特征或行为。在传播中，使用正面和客观的语言是关键。避免使用带有负面情感或歧视性的词汇，以及可能导致误解的文化比较。采用中立、尊重的语言有助于建立积极的沟通氛围。避免通过过于直接的文化比较来传达信息。文化之间的比较可能导致对某一文化的负面印象，因为比较通常以一方优越或劣势的角度进行。相反，应强调文化的独特性，鼓励对不同文化的理解和尊重。文化是动态变化的，不断学习和调整对于避免刻板印象和文化偏见非常重要。保持对文化变化的敏感性，不断更新知识，有助于更好地适应多元化和变化的社会。通过这些方法，我们可以更有效地避免刻板印象和文化偏见，促进更加开放、尊重的跨文化沟通。这种态度有助于建立更加积极的跨文化关系。

4.定期获取反馈

定期获取受众的反馈是跨文化传播中的关键步骤。通过这种方式，翻译者或传播者可以更好地了解受众的反应，及时纠正可能存在的问题，从而确保信息的准确传达和文化适应。确保有一套有效的反馈机制对于成功的跨文化传播至关重要。这可以包括在线调查、社交媒体反馈、面对面的焦点小组讨论等多种形式。这些机制需要能够吸引受众参与，以获取全面的反馈信息。收集到的反馈信息需要经过仔细的分析和解释。这涉及理解反馈背后的文化背景和语境，以确保正确理解受众的意见和感受。不同文化可能对于表达意见有不同的方式，因此需要综合考虑语言和文化因素。根据反馈信息，及时调整传播策略是至关重要的。如果发现受众对于某一信息存在误解或不适应，需要及时进行修正。这可能涉及重新选择词汇、调整表达方式，或者在文化适应性方面进行更深入的调整。反馈不仅仅是在特定时期收集一次，而是需要作为一个持续改进的过程。随着文化和社会的变化，受众的期望和反应也会变化。通过持续地获取反馈，可以使传播策略保持敏感性和适应性。在分析反馈时，要尊重多元的意见。不同的受众可能有不同的观点和反馈，这反映了文化多样性。不要期望所有受众都有相同的看法，而是将这种多样性视为丰富和有价值的。通过定期获取受众的反馈，翻译者或传播者可以更好地理解和适应不同文化的期望，建立起更加有效的跨文化传播。这种反馈机制有助于构建良好的沟通桥梁，促进文化之间的理解和尊重。在考虑受众的文化敏感性时，我们要以尊重和理解为出发点，避免冒犯和误导，促进有效的跨文化传播。这种文化敏感性有助于建立信任和积极的互动关系。

（六）避免使用文化特定的隐喻

隐喻和比喻通常受到文化的深刻影响，因此在跨文化传播中，使用过于特定的隐喻可能导致误解或引起不必要的混淆。以下一些策略可以避免这种问题：尽量选择那些在多个文化中都有相似理解的隐喻。这样可以确保信息的传达更容易被不同文化的受众理解。通用的隐喻通常是与日常生活或普遍经验相关的，避免过于依赖特定文化或地区的元素。一些隐喻可能在某个地域或文化中非常常见，但在其他地方可能并不为人熟知。在这种情况下，翻译者或传播者需要特别小心，确保所选用的隐喻是能够被广泛理解的，或者在引入时进行适当的解释和背景介绍。在使用隐喻时，考虑语境的重要性。有时候，同一隐喻在不同语境中可能具有不同的意义。确保隐喻的使用不会脱离文本或对话的整体语境，有助于减少误解的可能性。在传播之前，进行文化敏感性测试是一个好的做法。这可以包括向代表性的目标受众获取反馈，以确保所使用的隐喻在他们的文化背景中是易于理解和接受的。在一些情况下，使用一些本土的、文化特定的隐喻可能是合适的，特别是当目标受众主要来自特定文化时。然而，即使如此，也需要小心确保这些隐喻是大部分受众能够理解的，或者在使用时进行解释。通过避免使用过于文化特定的隐喻，可以提高信息在不同文化中的可理解性，降低误解的风险，促进更加顺畅和有效的跨文化传播。

（七）使用本地化的例子和比喻

使用本地化的例子和比喻是促进跨文化传播的一种强大手段。以下是一些相关的策略：在选择本地化的例子和比喻时，深入了解目标文化的特点是至关重要的。考虑目标受众的背景、价值观，以及他们熟悉的日常生活经验。这样可以确保所选择的本地化例子更容易被理解和接受。尽管选择本地化的例子是有益的，但要避免使用过于特定、只有在某个特定地域或社群中才能理解的例子，否则可能导致其他文化的受众感到难以理解，甚至产生排斥感。在使用本地化例子时，也要注意适应目标文化的语言风格。确保所选用的语言和表达方式符合目标受众的语言习惯，以促进更好的理解。有时，即使是本地化的例子，也可能需要提供一些背景解释，以确保受众对其理解没有偏差，这特别重要。当本地化的例子在形式、习惯或象征意义上与受众的文化有显著差异时，建立反馈机制、了解受众对本地化例子的理解和感受有助于评估选择的例子是否有效，以及是否需要进行进一步的调整。通过巧妙选择和使用本地化的例子和比喻，可以增强信息的可理解性，建立与目标文化受众更紧密的联系，促进更为成功的跨文化传播。

（八）接受反馈并进行修正

接受并积极回应来自目标文化受众的反馈是跨文化传播中至关重要的一环。以下是一些相关的考虑：确保有一条有效的反馈渠道，使目标文化受众能够轻松地表达他们的意见和感受。这可以包括在线调查、社交媒体反馈、直接的面对面会话等方式。在接受反馈时，保持开放的心态非常重要。不要视反馈为批评，而应看作是改进的机会。对于可能存在的文化差异和误解，要以学习的心态来对待，以更好地适应目标文化的期望。考虑到文化的多样性，收集和综合不同受众的反馈是必要的。不同个体和群体可能有不同的看法和需求，因此综合多样的反馈有助于更全面地理解目标文化受众的期望。根据反馈及时调整传播策略。如果发现某一信息在目标文化中引起误解或不适应，及时进行修正是关键。这可能包括重新选择词汇、调整表达方式，或者更改整体传播策略。文化是动态变化的，因此持续学习和改进是跨文化传播的重要组成部分。定期检讨反馈，不断更新知识，有助于适应不断变化的文化环境。通过接受反馈并进行修正，翻译者或传播者能够更好地融入目标文化，建立起更为良好的沟通桥梁，促进更为有效的跨文化传播。这种反馈机制是构建文化敏感性和成功传播的重要环节。这些策略有助于确保信息在不同文化中被准确理解，并最大限度地降低文化误解的风险。

第三节　行业和领域对语境的影响

一、不同行业的专业术语与翻译技巧

在处理不同行业的专业术语时，翻译者需要灵活运用翻译技巧，以确保信息准确传达并在目标文化中得到正确理解。以下是一些建议：

（一）深入了解行业背景

深入了解行业背景是确保翻译准确性和专业性的基础。以下是一些具体的步骤和考虑：确保理解该行业的基本概念和术语。了解行业的核心概念是建立准确翻译的第一步。掌握行业内常见的工作流程和操作流程。这有助于理解文本中描述的具体步骤和环节，从而更好地进行翻译。深入了解行业的标准、规范和最佳实践。行业标准通常在文本中被引用，对于正确理解术语和表达方式非常重要。了解行业内的常见惯例和用语。行业内的专业术语和短语往往具有特定的含义，对这些惯例的了解有助于准确翻译。阅读与该行业相关的文献、资料和专业刊物。这可以帮助熟悉行业内的表达方式和常见用语，提高翻译的专业性。持续关注行业的最新动态和

发展。一些新兴的概念和术语可能还未被纳入传统的词汇表中，因此对行业动态的了解非常有帮助。如果可能，与了解该行业的专业人士进行沟通。与行业内的专家交流，可以获取实际操作和使用中的一些术语和表达方式。创建一个行业术语词汇表，以记录常见术语的翻译和解释。这是一个方便的参考工具，有助于保持翻译的一致性。深入了解行业背景是确保翻译专业性和准确性的关键步骤。这种深度的理解有助于翻译者更好地把握文本的含义，避免误译或歧义。

（二）建立行业术语词汇表

建立行业术语词汇表是提高翻译一致性和效率的重要工具。以下是一些建议：将术语按照相关性和主题进行分类整理。这有助于更快地找到需要的术语，并使词汇表更为有序。除了术语的翻译，还要包括对每个术语的简要解释。这对读者来说是非常有帮助的，特别是对于那些可能对行业不够熟悉的人。行业术语和标准可能随着时间的推移而变化，因此保持词汇表的更新非常重要。定期检查和更新，以反映最新的行业用语。对于某些术语，尤其是那些在不同上下文中可能有不同含义的术语，可以加入上下文示例，以帮助读者更好地理解术语的用法。如果是跨语言翻译，考虑在词汇表中添加多种语言的翻译。这有助于确保翻译在不同语境下的准确性。如果有翻译团队，确保分享行业术语词汇表，以便整个团队都能保持一致性。共享词汇表可以避免翻译过程中的混淆。使词汇表易于查阅，可以通过电子文档、在线工具或专门的翻译管理系统来实现。这样可以在翻译过程中快速准确地找到所需的术语。如果有新的团队成员，使用行业术语词汇表作为培训工具，帮助他们更快地适应行业的专业术语和标准。建立行业术语词汇表是提高翻译质量和效率的有效手段。它不仅有助于翻译者个人的工作，还能够促进整个翻译团队的一致性。

（三）适应目标文化

适应目标文化是确保翻译贴近当地文化和读者理解的关键因素。以下是一些关于适应目标文化的技巧：确保将翻译置于目标文化的语境中。了解目标文化的言语风格、表达习惯和惯例，使翻译更符合当地的语言氛围。避免仅仅进行直译，因为有些行业术语可能在目标文化中没有直接的对应词汇。选择更贴合当地文化的表达方式，以避免误导读者。深入了解目标文化的价值观、礼仪和文化差异。这有助于避免使用在目标文化中可能引起误解或冒犯的表达方式。如有可能，与目标文化的当地人合作，获得他们的建议和反馈。这可以帮助调整翻译，使之更符合当地的口味和文化期望。了解目标文化中的行业标准和惯例。有时，同一个术语在不同文化中可能有不同的解释，因此适应当地的行业标准非常重要。考虑目标文化受众的背景和专业知识水平。选择他们熟悉的表达方式，以确保信息能够被准确理解。如果需要解释或说明某个概念，可以使用目标文化中容易理解的本地化例子。这有助于提高受众对信息的理解。灵活运用同义词，选择在目标文化中更为常见或更自然的表达方式，以确保翻译更加贴切。通过适应目标文化，翻译不仅能够准确传达信息，还能够更好地迎合当地受众的文化习惯，增加翻译的接受度。

（四）避免直译的陷阱

直译在跨文化翻译中可能带来很多误解，因为不同文化的语言结构、习惯用法和表达方式都存在差异。以下是一些建议，以避免直译陷阱：在进行翻译之前，深入了解源文本和目标文本所属的文化差异。这包括了解词汇的文化内涵、惯用语和表达方式。不要仅仅追求字面的等效，而是寻找在目标文化中有相似含义的表达方式。这有助于确保翻译更贴合当地的语言和文化。确保理解术语或短语在整个语境中的含义。有时，直译可能会忽略了词汇的实际用法和语境。在目标文化中，某个词汇可能有多个同义词，选择最适合语境的同义词，以确保表达的准确性。考虑目标文化的语言惯例和用法。使用符合当地口音、语气和风格的表达方式，使翻译更自然。对于特定行业或领域的翻译，了解目标文化中常用的专业术语，确保翻译在专业上保持一致。如果可能，咨询当地专业人士，获取他们对翻译的建议。这可以提供关于语言使用和文化背景的有益信息。避免直译可能导致的生硬感。有时候，过于直译可能使翻译听起来生硬、不自然。通过避免直译陷阱，翻译者能够更好地传达原始信息，确保信息在目标文化中被准确理解。这需要翻译者具备深厚的文化和语言理解，以便更好地适应不同的语境。

（五）理解上下文

专业术语的准确翻译确实取决于它在上下文中的具体用法。以下是一些关于理解上下文的技巧：理解句子的结构和语法有助于准确理解术语的含义。有时候，一个术语在句子中的位置可能会影响其解释。查看术语所在段落的其他句子，了解它与周围内容的关系。这有助于确定术语在整个文本中的角色和意义。注意术语与前后文之间的逻辑关联。在理解专业术语时，考虑它在逻辑链条中的位置，以确保翻译的连贯性。寻找上下文中的提示词，这些词可以帮助解释术语的含义。比如，定义、解释、说明等词汇通常出现在文本中，提供了术语的解释。如果可能，查找文本中与目标术语相关的其他术语。这有助于构建整个概念的上下文，提供更全面的理解。保持对整个文本主题的一致性把握。确保专业术语的翻译符合整体文本的主题和目的。对相关领域的专业知识有一定了解，有助于更好地理解专业术语的专业含义和用法。如果有疑虑，与原文作者或专业人士交流，获取对专业术语的准确理解。这可以确保翻译的准确性。理解上下文是避免误译和确保专业术语正确翻译的关键。它有助于翻译者更全面地把握文本的意图，确保翻译符合整体语境。

（六）与领域专家合作

与领域专家合作对于翻译特定领域的文本非常关键。以下是一些关于与领域专家合作的优势和方法：领域专家通常对特定行业的术语和概念有深刻的理解。他们的知识可以帮助确保翻译在专业术语上的准确性。当文本中存在语境问题时，领域专家可以提供详细的背景和解释。这有助于翻译者更好地理解文本，并做出更准确的翻译。有时，文本中可能存在模糊或多义性的术语。与领域专家合作可以帮助澄清这些不明确的地方，确保翻译不会误导读者。领域专家了解行业的最新标准和惯例。这有助于确保翻译在专业上保持一致，并符合行业的要求。除了专业术语，领域专家还可以提供关于行业的背景信息，帮助翻译者更好地理解文本的整体语境。通过与领域专家沟通，可以避免对特定行业术语的误解。这对于确保翻译准确性至关重要。有时，领域专家可以提供实际案例，这有助于翻译者更好地理解术语在实际应用中的使用方式。与领域专家建立良好的合作关系是长期受益的。他们可以成为解决翻译问题和提高专业水平的可靠资源。与领域专家合作是确保翻译专业性和准确性的一种有效方式。这种合作能够填补翻译者可能存在的在某些知识领域内的空白，提高翻译的质量。

（七）注重术语的更新

特定行业的术语经常会随着技术和行业的不断演变而发生变化。以下是一些建议，以确保术语翻译的及时更新：持续关注行业新闻、期刊和专业网站，了解行业发展趋势。这有助于翻译者及时了解新的术语和概念。加入行业相关的专业社群，与行业专业人士和同行交流。这提供了一个获取最新信息和术语的平台。订阅行业报告和研究，以了解最新的技术和概念。这有助于确保翻译的术语与最新的行业标准一致。参加与行业相关的培训和研讨会，听取专业讲座和案例研究。这提供了直接接触新术语和概念的机会。与行业内的专业人士建立联系，建立起良好的专业网络。这些人可以成为及时获取信息的重要资源。利用行业术语数据库和词汇资源，这些资源通常会随着行业发展而更新。确保你的翻译工具包含最新的行业术语。将自我学习作为一个习惯，不断提高自己的行业知识水平。这有助于更好地理解和翻译最新的术语。保持与客户和领域专家的沟通，了解他们在行业中的最新经验和观点。这有助于捕捉到新兴的术语和概念。通过关注行业动态，翻译者可以确保他们的术语翻译保持最新，与行业标准和发展趋势一致。这对于提供高质量、时效性的翻译服务至关重要。

（八）灵活运用同义词

考虑目标文化的语言特点和术语使用习惯。选择在目标文化中更为通用或常见的同义词，以确保信息更好地融入当地语境。理解同义词的用法和语气。有时，不同的同义词可能带有不同的语气或含义，选择最合适的同义词以保持原文的语境。如果可能，咨询目标文化的专业人士，了解他们在特定上下文中更常用的术语。这有助于确保翻译更符合当地的语言习惯。在选择同义词时，避免可能引起歧义的词汇。确保同义词传达的概念与原文相符，同时避免可能的误导。考虑同义词在特定语境下的适用性。有时，一个同义词在某个语境下可能更合适，而在另一个语境下可能产生不同的理解。了解目标文化的用词风格，选择同义词以符合当地的文体和表达方式，关注信息的传递效果。有时候，同义词的选择可能会影响信息的清晰度和准确度，确保信息得以准确传达。采用弹性翻译的思维方式。不拘泥于字面对应，而是注重传达原文的核心概念，使翻译更加自然和贴近目标文化。通过灵活运用同义词，翻译者能够更好地适应不同文化和语境，确保翻译更贴合目标读者的理解和期望。通过运用这些翻译技巧，翻译者可以更好地处理不同行业的专业术语，确保翻译的文本既准确又贴近目标文化。

二、跨领域翻译中的语境转换策略

跨领域翻译是一个挑战性的任务，因为不同领域往往有其独特的术语、用语和文化背景。在这个过程中，语境转换策略变得至关重要，以确保翻译的准确性和流畅性。以下是一些语境转换的策略：

（一）行业背景了解

深入了解源文本和目标文本所属领域是确保翻译准确性和专业性的基础。以下是一些建议，以更好地了解行业背景：阅读与源文本和目标文本所属领域相关的行业文献、报告和期刊。这有助于了解当前行业趋势、标准和常用术语。参与行业培训课程，了解该领域的基本概念和最新发展。培训课程通常由领域专家提供，提供实用的专业知识。加入行业相关的社群，如在线论坛、社交媒体群体等。与行业内的专业人士交流，获取实际经验和观点。建立一个行业术语词汇表，包括常用术语的定义和用法。这可以作为翻译中的参考，确保专业术语的准确翻译。如果可能，加入与目标领域相关的行业组织。这不仅提供了更多的机会与专业人士互动，还可获取行业的权威信息。订阅与该领域相关的行业新闻和动态，了解最新的行业发展，对于翻译中的术语和背景信息都有帮助。深入了解该行业的历史和演变过程。这有助于理解为什么某些术语或概念在该领域中具有特殊的含义。查阅与该行业相关的标准和规范。了解行业的标准术语和用法，以确保翻译符合行业规范。与目标领域的专业人士进行交流，尤其是那些有实际工作经验的人。他们的经验和见解对于理解行业背景非常宝贵。深入了解行业背景是跨领域翻译中确保翻译准确性和专业性的第一步。这种背景了解不仅提高了对行业专业术语的熟悉度，还有助于理解文本的特定语境和要求。

（二）建立术语词汇表

建立术语词汇表是在跨领域翻译中确保一致性和准确性的关键步骤。以下是建立术语词汇表的一些建议：将术语按照领域和主题进行分类整理。这有助于更有序地管理术语，使其易于查找和使用。对每个术语提供准确的翻译，并附上相应的解释。确保解释包含该术语的上下文用法，以帮助翻译者更好地理解。为每个术语提供上下文示例，展示在不同语境中的使用方式。这有助于理解术语的多样性和灵活性。如果可能，附上参考文献的链接。这样可以方便翻译者在需要更深入了解时查阅相关资料。术语词汇表需要定期更新，以反映行业的最新发展和变化。新出现的术语应及时添加，过时的术语应予以删除或更新。如果可能，提供多语言支持。这样可以确保在不同语言版本中，同一个术语都有一致的翻译和解释。请领域专家审阅术语词汇表。专业人士的反馈和建议能够确保术语的准确性和实用性。使用版本控制，确保术语词汇表的不同版本得以保存。这有助于追踪术语的演变和变更历史。利用在线术语管理工具，如术语库软件或在线词汇表。这些工具可以提供更灵活的管理和分享方式。通过建立精心维护的术语词汇表，翻译团队能够在跨领域翻译中更加自信地应对各种专业术语，从而提高翻译的质量和一致性。

（三）语境映射

语境映射是翻译中至关重要的一环，它确保翻译不仅仅是简单的词语替换，而是在更深层次上理解和保持源文本的意义、用法以及情感色彩。语境映射要考虑两种语言的不同语法结构和句法规则。有时候，一种语言中的句子结构在另一种语言中可能需要重新排列，以保持意义的一致性。确保翻译的词汇不仅在字面上匹配，还要符合特定上下文中的用法。有些词语在不同语境下可能有不同的含义，所以翻译时要综合考虑整个句子或段落的意思。不同文化有不同的表达方式和习惯用语。语境映射需要考虑这些文化差异，以确保翻译更贴近目标文化的表达方式，避免造成歧义或误解。确保翻译考虑到整个上下文，以便更准确地传达原文的意图。有时候，凭单独的一句话可能不足以完全理解作者的意思，需要综合考虑周围的文本信息。语境映射还涉及传达作者的情感和口吻。有些表达方式可能在目标语言中没有直接的对应，需要选择合适的表达方式来传达相似的情感色彩。总体来说，语境映射要求翻译者具有深厚的语言学和文化学知识，同时要具备敏锐的语感和理解力，以确保翻译的最终产物既准确又自然地传达了原文的意思。

（四）目标读者定位

目标读者定位是翻译中的关键步骤，它确保翻译结果更好地迎合目标受众的理解水平和背景。以下是一些关键点：在进行翻译前，了解目标读者的文化背景、专业领域和一般知识水平是至关重要的。这有助于确定使用何种词汇、术语和表达方式。如果目标读者是专业领域的专家，可以更自由地使用相关的专业术语。然而，如果目标读者不具备专业知识，应该选择更通用、易理解的词汇。确保翻译的语言水平符合目标读者的理解程度。对于普通读者，语言可以更为简洁、清晰，而对于专业读者，可以使用更深入、技术性的表达。考虑目标读者所在的文化背景，避免使用可能在其文化中具有负面含义或引起误解的表达方式。调整翻译的口吻，使之符合目标读者的交流习惯。有时候，表达方式可能因文化或语言的不同而有所调整。如果目标读者是特定的年龄群体，可以考虑使用符合其语言和文化喜好的表达方式。总的来说，目标读者定位有助于确保翻译文本更容易被理解，并且能够有效地传达原文的信息。透过目标读者的眼睛审视翻译文本，是提高翻译质量的关键一步。

（五）适应目标文化

适应目标文化是翻译中的另一重要方面，它涉及更广泛的文化因素，包括语言、表达风格、文化隐喻等。以下是一些相关的考虑：不同的文化导致其语言有不同的风格。一些文化可能更倾向于正式、礼貌的表达方式，而另一些文化可能更注重直接、简洁的交流。适应目标文化的语言风格有助于确保翻译更贴近当地的语境。每种语言都有其独特的隐喻和比喻，这些文化特有的表达方式可能在翻译中会带来挑战。理解并正确传达这些文化隐喻对于保持原文的意义至关重要。在某些地区，可能存在特定的口音或方言。适应目标文化的口音有助于提高翻译的可懂性，使得读者更容易接受翻译文本。了解目标文化的社会和文化敏感度对于避免可能引起冒犯或误解的表达方式至关重要。有些词汇或表达在一个文化中可能是正常的，而在另一个文化中可能被视为不适当。考虑目标文化中常用的表达方式和短语，使翻译更符合当地的习惯用语，增加文本的自然度。适应目标文化不仅有助于确保翻译的准确性，还能增强翻译的可接受性。这需要对目标文化有深入的了解，包括语言和文化的方方面面。

（六）同义词运用

同义词的运用确实是提高翻译质量的有效手段之一。以下是一些相关的思考：同义词的选择应该高度依赖于上下文。在不同的句子或段落中，一个词可能有不同的同义词适用，因此要根据具体语境进行选择。灵活运用同义词需要考虑到不同语境中词语的特定含义。某个同义词可能在一个领域中很常见，但在另一个领域可能并不适用。同义词的选择也会影响翻译的风格和口吻。有些同义词可能更正式，而其他可能更口语化，根据原文的语气和作者意图做出合适的选择。在特定的专业领域中，同义词的选择可能更受限制，因为有些领域具有特殊的术语和用语规范。在这种情况下，确保同义词在专业领域中被正确理解是至关重要的。不同文化对同一概念可能有不同的表达方式，因此在考虑同义词时要注意文化差异，以确保翻译文本在目标文化中显得自然。总的来说，同义词的运用需要综合考虑多个因素，包括上下文、语境、专业领域和文化。这种灵活性有助于翻译更准确、自然地传达原文的意义。你在翻译中是否曾经遇到过同义词选择的难题？

（七）语法和表达调整

语法和表达的调整对于翻译的流畅性和准确性至关重要。以下是一些相关的点：目标语言可能有不同的语法结构和规范，翻译时要确保调整句子结构，使之符合目标语言的语法规范。这包括语序、时态和语态等方面的调整。不同语言有不同的表达方式，有时候直译可能不够自然。要根据目标语言的表达习惯和文化特点，选择更为合理和自然的表达方式。在专业领域，保持专业术语的准确性是至关重要的。确保翻译中使用的专业术语符合目标领域的规范。有些语言可能对时态和语态的表达方式有不同的规范，要确保在翻译中正确调整这些要素，以维持原文的语法逻辑。语法调整还涉及保持原文的语气和口吻。有时候，不同语言对于礼貌、正式和口语化的表达方式有不同的规范，要根据情境适当调整。语法调整也包括处理连词和过渡词，以确保段落和句子之间的逻辑关系保持一致。通过合理的语法和表达调整，翻译可以更好地适应目标领域的语言规范，使读者更容易理解和接受翻译文本。

（八）专业人士审阅

专业人士的审阅是确保翻译在专业领域中准确无误的关键一步。以下是一些建议：领域内的专家可以帮助确保翻译中使用的专业术语是准确的。

他们了解领域内的具体术语规范，能够提供宝贵的反馈，确保翻译不会因为术语使用错误而失去专业性。领域专家对特定领域的上下文非常熟悉，他们能够更好地理解原文的背景和意图。通过专业人士的审阅，可以确保翻译不仅在词汇上匹配，而且在上下文中也准确传达信息。不同行业可能有不同的表达方式和写作惯例。专业人士可以帮助调整翻译，使其更符合行业内的标准和习惯。在某些领域，文化因素对于理解特定术语或表达方式至关重要。专业人士的审阅可以帮助确保翻译在文化上是敏感且合适的。专业人士可以帮助捕捉翻译中可能存在的细节错误，例如标点符号的使用、语法结构等，以提高翻译的整体质量。

（九）语境调整

语境调整是翻译中的一项重要任务，尤其在处理领域专业术语或文化特有表达时。以下是一些相关的考虑：在某些领域，直接翻译专业术语可能无法准确传达原文的含义。此时，翻译者需要根据上下文和目标读者的理解水平以及专业人士的反馈，灵活地选择合适的术语或解释。涉及文化差异的表达方式时，翻译者需要在保持原文意思的基础上，考虑目标文化的表达习惯。有时候，需要对表达方式进行调整，使之更符合目标文化的语境。在翻译过程中可能出现歧义，特别是涉及多义词或文化隐喻时。翻译者需要灵活运用语境，通过调整表达方式来消除或降低歧义。考虑到目标读者的理解水平，有时需要调整语境以确保翻译更易理解。这可能包括使用更通用的词汇、提供解释或调整句子结构。调整语境时要确保翻译文本的流畅性。避免过多的修饰或过度的复杂结构，以保持整体的自然度。语境调整需要综合考虑多个因素，包括专业性、文化因素和读者背景。这种灵活性是翻译过程中应对各种挑战的关键。这些策略可以帮助翻译者在跨领域翻译中更好地处理语境转换，确保翻译既准确又自然地传达源文本的意义。

第三章 翻译策略的分类与分析

第一节 直译与意译的比较

直译和意译是翻译中两种不同的策略,它们在处理原文时有着不同的侧重点和方法。让我们来看看它们的比较:

一、直译

(一)重点

直译的核心在于尽量保持原文的形式和结构,力求在目标语言中准确地呈现原文的字面意义。这种策略更注重于逐字逐句地翻译,不过这样的直译有时候可能面临一些挑战,尤其是当两种语言之间存在结构、文化或语法的差异时。在直译的过程中,翻译者需要确保尽可能忠实地传达原文的每一个细节,包括词汇的选择、句法结构的保持等。这对于特定领域的技术性文本可能更为重要,因为在这些文本中,准确性和术语一致性至关重要。有时候,直译可能不够灵活,尤其是当原文表达方式在目标语言中显得生硬或不自然时。在这种情况下,翻译者可能需要考虑更为灵活的翻译策略,如意译,以更好地传达原文的意义。

(二)适用情境

直译更适用于一些简单、通用的表达，尤其是在源语言和目标语言之间存在相似性和文化共通性的情况下。以下是一些适用情境的例子：直译适用于一些常见的短语、日常用语，尤其是它们在两种语言中有相似的表达方式。在技术文档等领域，有时直译可以更好地保持术语的一致性，尤其是那些在不同语境下都有相似表达的标准术语。当原文中包含简单的说明或指示时，直译可以保持清晰度，特别是当这些说明和指示在两种语言中有相似的表达方式时。在一般性信息传递的场景中，直译可以是一种有效的翻译策略，尤其是当信息不涉及文化差异或特殊上下文时。尽管直译在某些情境下是有效的，但在涉及文化差异、隐喻或特殊语境的情况下，可能需要考虑更为灵活的翻译策略，以确保传达的信息更为准确和自然。在你的翻译实践中，有没有特定的情境让你更倾向于选择直译呢？

(三)可能问题

尽管直译可以保持原文的形式，但在这个过程中可能会出现一些问题：直译有时候可能导致在目标语言中表达不自然，因为每种语言都有独特的语法规则和表达习惯。直译可能使句子在目标语言中显得生硬或别扭。原文的结构在目标语言中可能不通用，这导致直译的句子结构在目标语言中难以理解。读者可能需要进行额外的努力来理解翻译。直译在处理文化差异时可能引起歧义。某些表达方式在一个文化中可能很普遍，但在另一个文化中可能引起误解或不适当。直译有时候可能丧失原文的语感和情感色彩。一些表达在目标语言中可能需要调整，以更好地传达原文的情感或口吻。不同语言有不同的习惯用语和表达方式，直译可能无法捕捉这些差异，导致失去原文的一些特色。在翻译过程中，翻译者需要权衡保持原文的准确性和在目标语言中产生自然、易懂的表达方式。这需要一定的灵活性和判断力。

二、意译

(一) 重点

意译更注重传达原文的意思和情感,而不仅仅是逐字逐句地保持原文的形式。这种翻译策略给予翻译者更大的自由度,使其能够更好地适应目标语言和目标受众的语言和文化背景。以下是一些与意译相关的关键点:意译的核心目标是确保在目标语言中传达与原文相似的意思,而不是非常严格地遵循原文的语法结构和词汇。意译可能涉及调整表达方式,以使翻译更符合目标文化的语言风格和表达习惯。这有助于确保翻译更为自然和易懂。意译通常需要考虑文化差异,以确保目标受众能够理解并接受翻译。这可能包括调整隐喻、比喻或文化特定的表达方式。意译注重传达原文的情感和口吻,使得翻译更能够捕捉到原文作者的感情色彩。这对于文学作品、广告等情感表达较为重要的领域尤为突出。意译会根据目标读者的背景和理解水平进行调整,以确保翻译更易被目标读者理解和接受。意译的灵活性使得翻译者能够更好地应对文化、语境和受众的多样性。在你的翻译实践中,有没有遇到过因为意译而使翻译更贴近目标文化或更自然的情况?

(二) 适用情境

文学作品通常包含丰富的隐喻、比喻和情感表达。意译在这个领域中能够更好地捕捉原文的文学特色和情感色彩。广告通常需要强调情感和吸引力,而直译可能无法传达原文中的创意和感染力。意译在这个领域中常被广泛应用,以确保信息在目标文化中更为吸引人。当原文中包含多义词或在特殊语境下具有不同含义的词汇时,意译可以更好地适应目标语言,避免歧义。一些需要更大自由度的翻译场景,如创意性写作、诗歌等,通常更倾向于使用意译。涉及文化隐喻或文化特定的表达方式时,意译能够更好地将原文的文化元素转化为目标文化可以理解和接受的形式。

（三）可能问题

由于意译的目标是传达意思而非形式，可能会导致一些原文中的细微差别失去。在某些情况下，这些差别可能对于原文的准确理解是重要的。意译有时候可能难以完全捕捉到原文中特有的语感或作者的个性。一些作者可能通过特定的词汇、句式或用词习惯来表达自己独特的风格，而这在意译过程中可能会有所丧失。在一些专业或技术领域，过度的意译可能导致信息的失真。特别是在需要准确传达特定术语和概念的领域，过度的自由度可能会带来误导。意译涉及文化的适应，但有时候可能会引起文化误解，因为翻译者的理解和解释可能不完全符合原文的文化背景。在进行意译时，需要谨慎考虑目标读者的理解水平，以避免过度简化或使信息过于复杂，导致读者难以理解。在实践中，翻译者通常需要根据具体的文本和翻译目的权衡直译和意译的使用，以确保在传达原文意思的同时保持准确性和适应性。在实际翻译中，通常是直译和意译相结合。灵活的翻译者会根据具体情境选择合适的策略。有时候，需要保持原文的形式，确保准确性；而在另一些情况下，更注重传达原文的意思，即便需要做一些结构上的调整。这样的综合应用可以更好地满足翻译的要求。

第二节　等效翻译策略

一、等效翻译策略重点

等效翻译策略的核心在于在直译和意译之间取得平衡，以确保在保持准确性的基础上使翻译更为自然。这种策略考虑到了多个因素，包括语法、文化、表达习惯等，以达到在目标语言中更贴切、更易懂的效果。在等效翻译中，翻译者不仅需要考虑如何正确传达原文的意思，还需要适应目标语言的特点，确保翻译文本在目标文化中看起来自然而流畅。这可能涉及选择恰当的词汇、调整句子结构，以及考虑目标读者的背景和理解水平。

二、适用情境

等效翻译策略在大多数翻译场景中都能发挥作用，特别是在需要平衡准确性和自然度的情况下。让我们进一步深入了解这些情境：等效翻译策略是一种通用性较强的方法，适用于各种类型的文本，包括技术文档、商业文件、新闻报道等。在这些场景中，保持准确性至关重要，但同时也需要确保翻译在目标语言中自然而通顺。当涉及文化差异时，等效翻译能够更好地适应目标文化的语境和表达习惯。这包括避免直译可能导致的不自然表达，以及在意译时考虑文化差异，确保信息在目标文化中得到准确理解。在涉及专业术语和领域特定的表达时，等效翻译需要进行权衡。有时候，直译可能更适用于保持术语的一致性，但在一些情况下，需要使用意译来确保术语在目标语言中更为自然。

三、具体方法

翻译者在处理文本时需要根据具体情境灵活运用直译和意译。对于一些常见表达或专业术语，可能更倾向于直译以保持准确性。而对于包含文化元素或需要更自由度的文本，意译可能更为合适。不同类型的文本需要不同的翻译处理。例如，在技术文档中，直译可能更为适用，以确保术语的一致性。在文学作品中，可能更需要强调意译，以保留原文的文学风格和情感。注意目标语言的语法规则和文化表达习惯，以确保翻译更为自然。这可能包括调整句子结构、选择符合目标文化的词汇，以及避免在目标语言中可能显得生硬或不习惯的表达方式。考虑目标受众的文化背景和理解水平，以确保翻译更易被理解和接受。有时候，需要调整翻译以适应不同文化或受众群体的口味和理解习惯。在翻译过程中，与其他语言专业人士或目标受众进行交流,并接受反馈。这有助于发现可能存在的问题,同时也能获得有价值的意见和建议。在实践中灵活运用这些方法,有助于在直译和意译之间找到平衡,从而实现等效翻译的目标。

第三节　情境适应的翻译方法

一、目标读者定位

(一)了解目标读者背景
1. 文化背景的了解

(1)语境调整。深入了解目标读者所处的文化环境对于语境调整至关重要。在翻译过程中,同一表达方式可能在不同文化中产生不同的理解。因此,翻译者需要谨慎选择词汇和表达方式,以避免使用可能在目标文化中引起误解或冒犯的表达方式。文化差异往往体现在语言使用的细微之处。某个词在一种文化中可能具有正面的含义,而在另一种文化中可能被视为负面或不适当。因此,翻译者需要注意不同文化中对于语言和表达方式的敏感度,并避免使用可能引发误解或冲突的表达。在实际翻译中,文化敏感度的体现不仅仅是对语言的理解,还包括对文化背景、价值观和社会习惯的深入了解。这有助于翻译者更好地适应目标文化,确保翻译不仅在语言上准确,而且在文化上更为贴切。通过综合分析目标读者的文化特征,翻译者可以在语境调整的过程中巧妙地选择表达方式,以避免引起误解或冒犯。在翻译实践中,这种深入了解文化背景的方法有助于提高翻译的质量和适应性。

(2)文化敏感度。文化敏感度是翻译中确保与目标文化相契合的关键因素。通过深入了解目标文化的习惯、信仰、庆典等方面的信息,翻译者能够避免直译可能引起的文化差异问题,确保翻译不仅在语言上准确而且在文化上得体。在翻译过程中，对文化的敏感度意味着翻译者需要更多地考虑目标文化的独特特征，以确保翻译内容在当地是合适和可接受的。这包括了解当地的社交礼仪、信仰体系、传统庆典等方面的信息。翻译者在处理文化敏感的内容时，需要注意以下几个方面：有些表达方式、成语或隐喻可能在源语言中很常见，但在目标文化中难以理解或容易引起误解。翻译者应该选择更符合目标文化语境的表达方式。宗教信仰在文化中扮演着重要的角色。了解目标文化的主要宗教信仰，以确保翻译内容不涉及冒犯或亵渎宗教的问题。礼仪和社交规范在不同文化中有很大的差异。在翻译涉及社交场合的内容时，翻译者应该注意不同文化中的礼仪规范。庆典和节日是文化的重要组成部分。了解目标文化的重要庆典和节日，以确保翻译内容在这些特殊时刻不会引发不适或冒犯。文化敏感度的体现不仅在于避免翻译中的文化冲突，还在于使翻译更具有亲和力和可接受性。在实际翻译中，文化敏感度是确保翻译成果能够与目标读者建立良好连接的不可或缺的一环。

2.专业知识水平的分析

（1）用词选择。用词选择是非常关键的一环。要确保所使用的词汇和术语既能够准确传达信息，又不至于使目标读者感到困扰。专业领域的专业术语对于专业读者来说可能是熟悉的，但对于非专业读者可能会造成理解上的障碍。因此，在使用专业术语时，最好提供简明扼要的解释或上下文，以确保读者能够理解。同时，也要考虑到目标读者的背景和知识水平，避免使用过于晦涩或高级的术语，以免造成误解或阻碍信息传达。在表达复杂概念时，使用通俗易懂的语言和例子可以帮助读者更好地理解。整体而言，用词选择要在准确性和可理解性之间取得平衡。

（2）信息层次。信息层次的适应是有效沟通的关键之一。对于专业读者，他们通常希望获得更深入、更详细的信息，以支持他们的专业领域知识。在这种情况下，可以提供更多的背景、数据和专业术语。相反，对于一般读者，信息应该更为简化，侧重于核心概念，避免使用过于专业化的术语。通过使用通俗易懂的语言和实际例子，可以帮助非专业读者更好地理解和消化信息。在撰写时，可以考虑在文本中使用标题、段落、图表等元素来分层次地组织信息，使读者可以根据他们的兴趣和需求选择阅读的深度。这种方式有助于满足不同读者的信息需求。

3.语言习惯的适应

（1）口语化程度。口语化程度的调整是确保翻译内容贴近目标读者的一项关键工作。了解读者的语言偏好和习惯有助于确保翻译的自然流畅，并且译文更容易被读者接受。在考虑口语化程度时，还要注意文化因素。不同文化对于正式与非正式语言的接受程度有所不同。有些文化可能更倾向于正式、礼貌的表达方式，而有些文化则更接受非正式、亲近的语言。总体而言，确保翻译不仅在语法上准确，而且在文化和语境上也合适，是有效传达信息的关键。

（2）句子结构。在翻译过程中，考虑目标读者的语法习惯并调整句子结构是至关重要的。不同语言拥有独特的语法特点，而目标读者对于句子结构的偏好也会有所不同。这种灵活性可以通过以下方式实现：某些语言倾向于使用较长、更为复杂的句子结构，这可能包括多个从句和丰富的修饰语。保持源语言句子的层次结构，以确保翻译在语法上保持一致性。如果源文本句子过于庞大，可以考虑将信息适当分隔成更小的句子，以提高可读性。另一些语言则更偏向简洁明了的表达方式，使用简短的句子结构。将信息以更为紧凑的方式呈现，避免不必要的修饰语和复杂从句。强调句子的清晰度，确保翻译文本简洁而容易理解。通过根据目标读者的语法习惯调整句子结构，翻译者可以更好地满足他们的阅读习惯，使翻译更为自然、易懂。这种个性化的翻译策略有助于保持翻译在目标语言中的流畅性，同时确保信息的准确传达。

4.实时反馈和调整

（1）及时反馈。及时反馈在翻译过程中扮演着至关重要的角色。与目标读者保持沟通，获取实时反馈，有助于翻译者更好地了解读者的需求和期望，并及时调整翻译以满足他们的要求。以下是关于这一点的详细讨论：通过与目标读者建立沟通渠道，翻译者能够深入了解他们的需求、期望和特殊要求。这种沟通有助于确保翻译不仅在语言上准确，还在内容和风格上符合读者的期望。获取实时反馈是确保翻译质量的重要手段。读者的反馈可以指引翻译者在语言、表达方式、文化适应等方面进行即时调整，从而更好地满足读者的期望。通过实时反馈，翻译者能够识别可能存在的问题并及时进行修正。这包括词汇选择、句子结构、专业术语使用等方面的优化，以使翻译更符合读者的口味和需求。实时反馈有助于提高翻译的用户体验。通过了解读者对翻译的感受和期望，翻译者能够调整翻译策略，使之更贴近读者的认知和语感，从而提供更好的阅读体验。可以建立一个互动平台，如在线讨论、问答环节等，促使读者提供反馈。这种互动有助于形成翻译社区，提供更广泛、多样化的观点，进一步优化翻译质量。通过及时获取读者的反馈，翻译者能够建立一个动态的翻译过程，更好地满足读者的期望和需求。

（2）调整翻译策略。保持灵活性，如果在交流过程中发现了问题或误解，及时调整翻译策略。这种反馈机制有助于优化翻译质量并提高读者的满意度。

通过详细了解目标读者的文化背景、专业知识水平和语言习惯，翻译者能够更全面地适应他们的需求，使翻译更加贴近、易懂，同时避免可能出现的误解。

（二）考虑理解程度

当考虑读者的理解程度时，可以采用分层次的论述方式，以更好地满足不同读者的需求。

1. 初级读者

对初级读者来说，确保翻译的可理解性至关重要。使用简单、常见的词汇是关键，避免让他们感到困扰或陌生。此外，采用直接而简单的句子结构，避免过多修饰，有助于确保信息的清晰传达。例如，如果原文使用

第三章　翻译策略的分类与分析

了专业术语，可以考虑替换为更通俗的词汇，并在需要时附加简单的解释。此外，如果原文包含复杂的从句结构，可以拆分成更简单的句子，以减少语法复杂性。同时，为了帮助初学者更好地理解内容，可以引入生动的例子和图表。这些例子应该与他们日常生活和经验相关，以增加他们对内容的直观理解。简单而清晰的语言，结合实际的例子，将有助于让初级读者更轻松地掌握文本的要点。

2. 中级读者

对中级读者而言，翻译的目标是引入一些专业术语，同时附带简明的解释，以帮助他们逐渐熟悉相关领域的术语。在选择词汇时，可以逐步引入一些专业术语，但在首次出现时附带简短的解释，以确保读者理解。这有助于扩展他们的专业词汇，并促使他们逐渐熟悉新领域的语言。另外，为了增加句子结构的复杂性，可以使用更多的复合句和连接词。这样的句子结构可能稍显复杂，但通过保持清晰度，读者仍然能够理解句子中的关键信息。为了加深对主题的理解，可以提供更深入的案例分析。这些案例应该更具挑战性，涵盖更多的细节和复杂性，以激发读者深入思考和探索主题。通过这种方式，中级读者可以更全面地理解文本，为他们的学术发展提供更多的知识。

3. 高级读者

对于高级读者，翻译的重点是使用专业领域的术语，不过多解释，以满足他们对深层次信息的需求。在选择词汇时，应该使用领域内的专业术语，并假设读者已经熟悉这些术语。避免过度解释，以确保文本保持专业性和深度。此外，可以采用更为复杂的句子结构，以充分展示原文的专业性和深度。这包括使用较多的从句、复杂的语法结构和专业领域内的短语。这样的结构可以更准确地传达原文的语气和复杂性。为了挑战高级读者的思维和知识水平，可以引入一些高级概念和理论。这些概念可以超出常规知识范围，促使读者进行深入的思考和分析。通过引入前沿或具挑战性的理论，翻译可以激发高级读者的兴趣，推动他们对主题进行更深入的研究。

翻译者可以在同一文本中满足不同阅读水平的读者，确保信息既不失深度又不过于晦涩，从而更好地传达原文的意义。这种方法有助于提高文本的可读性和吸引力。

二、适应目标文化

（一）考虑语言特点

考虑语言特点在翻译中是至关重要的。确保翻译符合目标文化的语言风格和习惯，能够增强信息的易理解性，并使其更贴近当地人的表达方式。做口译时，如果目标文化有特定的口音，翻译时可以尽量使用符合该口音的表达方式。这有助于让翻译更贴近当地人的语音习惯，使其更容易被接受和理解。不同语言拥有不同的语法结构，了解目标文化的语法特点对于翻译至关重要。遵循当地的语法规则，使翻译更加自然流畅，避免因语法差异而引起的困扰。每个文化都有独特的表达习惯和惯用语，翻译时要尽量融入这些元素。使用当地人常用的表达方式，能够增强翻译的地道性，使其更符合目标文化的语言风格。总的来说，考虑目标文化的语言特点不仅有助于确保信息的准确传达，还能够提高翻译的自然度和可接受度。这种文化敏感性有助于打破语言障碍，使翻译更贴近目标受众的语言习惯。

（二）文化敏感度

文化敏感度在翻译中起着至关重要的作用。以下是一些关键的考虑因素：

1. 文化差异

文化差异是翻译中的一个关键挑战，因为语言往往是文化的反映。理解源语言和目标语言之间的文化背景，可以帮助翻译者更好地传达原文的意图，避免误导或文化冲突。不同文化对于价值观的看法可能存在巨大差异。一些观念在一个文化中可能被视为理所当然，而在另一个文化中可能完全不同。翻译者需要考虑并转换这些差异，以确保信息在新的文化环境中得到正确理解。礼仪规范在不同文化中也会有很大不同。对于一个社交场合的适当表达可能在另一个文化中是不合适的。在翻译时，考虑到文化的礼仪规范是至关重要的，以避免引发误解或冒犯。宗教对于文化有着深远的影响，而不同宗教信仰也可能导致语言表达的差异。了解不同文化中的宗教信仰有助于翻译者更好地理解和转换相关的文本。确保翻译不仅在语言上准确，还在文化上合适，需要翻译者具备广泛的文化知识和敏锐的跨文化意识。这样的深度理解有助于打破语言和文化的障碍，使信息在不同文化之间流畅传递。

2. 避免直译误解

直译在跨文化翻译中往往是一个危险的陷阱。因为不同的语言和文化体系可能赋予相同的词语不同的含义，而直译可能导致信息的失真或误解。翻译者应该努力理解原文的意图和情感色彩，而不仅仅是表面的文字。这涉及对原文的深刻理解，以便能够以相应的方式在目标语言中表达。翻译者需要考虑到目标文化的语境，以重新表达原文，使其在新的文化环境中更为贴切和自然。这可能涉及使用不同的词汇、改变句子结构，甚至是调整表达的语气。有时候，直译可能不可避免，但翻译者需要寻找文化等价物，即在目标文化中有相似含义或效果的表达。这有助于确保信息在文化之间得到正确的传达。通过避免简单的字面翻译，翻译者能够更好地应对文化误解的风险，确保翻译更符合目标文化的语境和语言风格。这需要翻译者具备良好的文化敏感性和深厚的语言理解能力。

3. 尊重文化差异

尊重文化差异是翻译中的一项基本原则。在跨文化翻译中，翻译者需要注意使用言辞，以避免可能引起冒犯或不适的表达，确保信息的传达是在文化上尊重和理解的基础上进行的。避免使用在目标文化中可能被视为敏感或冒犯的词汇。这可能涉及宗教、种族、性别等方面的词汇，因此翻译者需要对目标文化中的文化敏感点有敏感性。了解不同文化中的社会观念，以避免传达可能违反当地社会准则的信息。某些观念在一个文化中可能是常规的，但在另一个文化中可能被视为不适当。避免使用可能导致对某个群体产生刻板印象的语言。这要求翻译者具有对文化多样性和包容性的理解，以避免强化负面文化刻板印象。幽默是文化依赖性很强的，因此在跨文化翻译中应该特别审慎使用。某些笑话或幽默在一个文化中可能非常有趣，但在另一个文化中可能被视为冒犯。通过尊重文化差异，翻译者可以促进有效的文化交流，确保信息传达在目标文化中是合适的。这需要翻译者具有广泛的文化知识和对多元文化的尊重。

4. 本土化

本土化在翻译中发挥着关键作用。适度本土化意味着在保持原文意义的基础上，根据目标文化的特点进行调整，使翻译更符合当地受众的语言、习惯和文化背景。在涉及例子时，选择与目标文化相关的案例。这样的例子更易于被当地受众理解，并能够更好地传达原文的意图。使用目标文化中熟悉的习语和表达，而不是直译原文的习语。这有助于翻译更自然地融入当地语境，使信息更容易被理解。在描述风俗、传统或特殊活动时，适度本土化是关键。这可以包括调整日期、时间或方式，以符合当地文化的期望和实践。考虑目标文化的语言风格和口音。有时，文本中的语言风格可能需要调整，以匹配当地的语言使用习惯。通过适度本土化，翻译者可以确保翻译更具有地方性和可接受性。这有助于打破文化差异带来的障碍，使信息更容易在不同文化之间传达。同时，适度本土化也有助于翻译更好地契合当地受众的文化期望，提高信息的接受度。

5. 社会敏感度

社会敏感度在翻译中是至关重要的，特别是当涉及社会问题或敏感话题时。在处理这些内容时，翻译者需要特别小心，以确保信息传达清晰，并且避免使用可能引起争议或误解的表达方式。翻译者应该确保原文中的社会问题或敏感话题在翻译中不会被歪曲或误导。信息的准确性对于这类主题尤为重要。当涉及争议性话题时，翻译者需要保持中立并尊重不同的观点。避免使用带有强烈个人观点的表达方式,以促进公正和客观的信息传递。选择用词时要特别慎重,避免使用可能具有负面色彩或引起敏感情绪的词汇。对于某些敏感话题,可能需要使用更中性和客观的表达方式。不同文化对于社会问题和敏感话题可能有不同的态度和看法。翻译者需要了解目标文化的观点,以确保翻译在新的文化环境中是合适的。确保在翻译中保留原文的语境,以避免信息被断章取义或失去原来的意义。这对于复杂的社会问题特别重要。通过保持社会敏感度,翻译者可以促进对社会问题的理解,同时避免引起争议或误解。这需要翻译者对当地文化和社会背景有敏锐的洞察力,以便以最佳方式传达信息。

6. 性别和社会角色平等

性别和社会角色平等是一个全球性的重要议题,而语言作为文化的反映,往往会反映出不同社会对性别和角色的看法。在翻译中,翻译者应该非常敏感并小心处理这些差异,以确保信息的传达不会强化性别刻板印象或不平等。一些语言中可能存在强化性别刻板印象的表达方式。翻译者需要避免使用这样的表达,以确保信息传递是平等和包容的。尽量使用中性的语言表达,避免过分强调性别差异。这包括使用适当的代词和避免过度使用男性或女性的专用术语。有些社会对于性别和社会角色的看法可能在变化中,翻译者需要反映这些变化,以确保翻译在时代背景中是准确的。一些语言可能在称呼和职业称谓上存在性别差异。翻译者需要注意选择合适的称谓和职业名称,以反映性别平等的观点。在处理性别相关的内容时,翻译者需要尊重不同个体的性别认同。避免使用歧视性的语言,以确保翻译对所有人都是包容的。通过关注性别和社会角色的平等,翻译者可以为促进包容和平等的文化做出贡献。这需要对社会和性别问题的敏感性,并在翻译中反映出尊重和平等的价值观。

总体而言,文化敏感度是翻译工作中的关键要素,有助于建立跨文化交流的桥梁,确保信息传达不仅在语言上准确,而且在文化上合适和尊重。

三、同义词运用

（一）灵活运用同义词

灵活运用同义词或近义词是提高翻译质量的有效策略。这不仅有助于更好地传达源文本的含义，还能够使翻译更适应不同的上下文和语境，提高文本的自然度。

1. 上下文适应

上下文适应是翻译中至关重要的原则之一。同一个词在不同的语境中可能具有不同的含义，因此翻译者需要根据上下文来灵活选择同义词，以确保翻译的准确性和自然度。同义词的意义和用法可能因为上下文的变化而变化。在翻译时，翻译者需要深入理解句子、段落或文本的整体语境，选择最贴切的同义词。不同的同义词可能在强调不同方面。在一种语境下，强调某一方面可能更合适，而在另一种语境下，可能需要强调另一方面。这要求翻译者对文本的细微差别有敏感性。同义词的选择还可能涉及语气和情感的传达。在一些语境中，某个同义词可能更有表现力，更符合文本的情感色彩。在特定的场景或领域中，同义词可能有其专业术语或约定俗成的用法。翻译者需要了解这些特定场景，以确保选择的同义词在专业性上合适。通过上下文适应，翻译者可以更好地捕捉原文的细微差别，确保翻译在不同语境中都能够传达准确而自然的含义。这是保持翻译质量和忠实原文意图的关键因素。

2. 领域专业性

领域专业性对于选择正确的同义词至关重要。在特定领域，术语的准确性和一致性对于准确传达信息至关重要，因此翻译者需要深入了解特定领域的专业术语和约定。不同领域可能使用不同的专业术语，而这些术语可能在语义上有微妙的区别。翻译者需要选择在特定领域中被广泛接受和理解的同义词，以确保准确传达信息。在某些领域中，同义词可能有约定俗成的用法或特定的含义。翻译者需要了解这些用法，以确保翻译在专业性上保持一致，并避免引起歧义。在整个文本中，特定领域的同义词使用应该是一致的。这有助于确保文本的专业性和逻辑一致性。考虑目标受众的专业水平，选择适合他们理解的同义词。有时，可能需要在专业性和普及性之间取得平衡。利用专业资源，如专业词典、术语表或专业人士的帮助，以确保同义词的选择符合领域的专业标准。通过对领域专业性的深入理解，翻译者可以保持翻译在专业性上的准确性，使其更贴近源文本所属领域的语境和规范。这有助于确保翻译在特定领域中得到认可和接受。

3. 语言风格

考虑目标语言的语言风格是确保翻译自然、通顺的关键。同义词的选择应该与目标语言的语法和表达习惯相一致，以避免使译文看起来生硬或不自然。不同语言可能有不同的语法结构，因此在选择同义词时需要考虑目标语言的语法规则。确保同义词的使用符合目标语言的句法结构，使翻译更易理解。某些同义词在目标语言中可能更为常用或更为自然。了解目标语言的表达习惯，选择与之一致的同义词，有助于使翻译更贴近当地人的语言习惯。考虑目标语言中口语和书面语的区别。在口语和书面语境中，同义词的选择可能会有所不同。翻译者需要根据文本的性质选择适合的同义词。考虑文本的文体特点，选择符合文体要求的同义词。正式的文体可能需要更正式的词汇，而非正式的文体可能更适合轻松的同义词选择。有些同义词可能带有不同的语气。在选择同义词时，翻译者需要考虑源文本的语气，并尽量在目标语言中保持相似的语气。通过考虑语言风格，翻译者可以使翻译更贴近目标语言的语感，使其更容易为当地人理解和接受。这有助于确保翻译不仅在语法上准确，而且在语感上更为自然。

4. 避免重复

避免重复是提高文本质量的关键之一，特别是在长篇翻译中。通过灵活运用同义词，翻译者可以创造更富有层次感和变化的文本，提升读者的阅读体验。使用同义词可以丰富文本中的词汇，避免反复使用相同的词汇，使文本更具表现力。避免重复有助于文本的流畅阅读。读者在阅读过程中不会被频繁的重复打断,使整个文本更易理解和吸引人。变化的词汇和表达方式可以引起读者的兴趣。读者可能会觉得文本更生动有趣,而不是感到单调和枯燥。通过巧妙选择同义词,翻译者可以突出或强调文本中的关键信息,而不仅仅是通过重复使用相同的词汇。避免重复有助于保持文本的语言优美。文本中的变化和巧妙的表达方式可以提高整体的语言质量。当然,在避免重复的同时,翻译者也需要保持信息的一致性和准确性。灵活运用同义词应该是有目的地、在合适的语境中进行,以确保文本传达的信息不会因为词汇变化而受到影响。这需要翻译者在文本处理中保持平衡和审慎。

5. 表达丰富性

表达丰富性是翻译中追求的一个重要目标。通过使用同义词或近义词,翻译者可以赋予文本更多的层次、色彩和情感,使得翻译更加生动有趣,更贴近原文的情感表达。同义词的选择可以在情感上有所变化。通过巧妙选择词汇,翻译者可以更准确地传达原文中的情感色彩,使读者更好地感受到文本的情感。使用不同的同义词可以进行更为细致的描绘。这有助于在读者的脑海中勾勒出更具体、更生动的图像,使文本更具有表现力。同义词的使用可以在语言层次上丰富文本。通过选择合适的词汇,翻译者可以使文本更具有层次感,吸引读者深入思考。在文学性的文本中,表达丰富性更为关键。巧妙地使用同义词可以创造出更为丰富、引人入胜的文学效果。表达丰富性还可以通过引入不同的同义词,避免过度依赖相同的词汇,使文本更多样化,更具有变化。在追求表达丰富性的过程中,翻译者需要深入理解原文的语境和情感,以确保选择的同义词能够有效地传达原文的意图。这需要一定的创造性和语感,以使翻译更富有艺术性和感染力。

通过善于运用同义词,翻译者可以在保持准确性的同时,使翻译更具有灵活性和适应性。这是一个展现翻译者语言功底和创造性的重要方面。

（二）考虑词义的变化

考虑词义的变化是在不同文化和语境中进行翻译时的重要考虑因素。同一个词在不同地区或文化中可能具有不同的含义，而翻译者需要避免使用可能引起歧义或误解的词汇。不同的文化背景可能赋予同一个词不同的文化内涵。翻译者需要了解目标文化对于特定词汇的理解和解读，以选择最适合的同义词。考虑目标文化中的社会语境，以避免使用在该语境中可能引起误解的词汇。有些词汇可能在特定社会背景下具有敏感性。避免直译俚语和习惯用语，因为它们在不同文化中可能有不同的意义。选择更普遍理解的表达方式，以确保信息传达准确。了解源文本中词汇的可能漂移，以及在目标文化中可能引起的变化。翻译者需要保持警惕，以确保所选用的同义词在目标文化中传达正确的语义。注意一词多义的情况，以及某些词汇在不同语境中可能被解读为不同的含义。避免使用可能导致歧义的词汇，或者在翻译中进行适当的解释说明。通过考虑词义的变化，翻译者可以更好地适应目标文化的语言风格，确保翻译不仅在语法上准确，而且在语义上符合目标文化的理解。这有助于避免因词义差异而引起的误解或文化冲突。

四、语法和表达调整

（一）遵循目标领域规范

遵循目标领域的语法和表达规范是确保翻译准确、自然且符合专业标准的关键。不同领域可能有不同的专业术语、表达方式和语法约定，翻译者需要根据目标领域的规范进行调整，以提供高质量的翻译。

1. 专业术语

专业术语在确保翻译准确性和专业性方面起着关键作用。正确使用领域特定的专业术语有助于确保翻译与原文在专业层面上一致，并能够被目标受众准确理解。翻译者需要了解目标领域的专业背景，包括该领域的概念、原理和术语。这有助于准确理解原文，并选择正确的专业术语进行翻译。利用领域内的术语表、词汇资源或专业词典，以确保选择的专业术语符合行业标准，且得到广泛认可。在整个翻译中保持一致性是至关重要的。使用相同的专业术语来表达相似的概念，以确保文本的一致性和专业性。在必要时，翻译者可以提供解释说明，帮助目标受众更好地理解专业术语。这对于非专业领域的读者来说尤其重要。有些专业术语可能在不同地区或文化中存在变化。翻译者需要考虑目标文化的语境，选择在该文化中广泛接受的术语。通过精确使用专业术语，翻译者可以确保翻译在专业性上达到要求，满足目标受众对信息准确性和行业规范的期望。这是在领域特定翻译中至关重要的一环。

2. 语法规范

语法规范的遵循对于翻译的准确性和可理解性至关重要。不同领域可能有不同的语法要求，包括句子结构、动词时态、名词性等等。以下是在处理语法规范时需要注意的一些关键点：不同领域可能有不同的专业写作风格，其中包括对于句子结构和语法的偏好。翻译者需要了解目标领域的专业写作规范，以确保翻译符合行业标准。确保动词的时态和语态与目标领域的惯例一致。某些领域可能更倾向于使用被动语态，而另一些可能更偏好主动语态。了解目标领域中名词和形容词的使用方式。某些领域可能更注重名词性表达，而其他领域可能更偏好形容词的使用。在整个翻译文本中保持语法的一致性是关键的。避免在文本中使用不一致的语法结构，以确保读者能够流畅阅读。一些领域可能更注重修辞手法的运用。在翻译中，翻译者需要注意目标领域中通用的修辞手法，以使文本更具说服力和吸引力。通过遵循目标领域的语法规范，翻译者可以确保翻译在语法上是准确的、自然流畅的，更容易为目标受众接受。这有助于保持专业性和文本的整体质量。

3. 文体和风格

文体和风格的考虑对于翻译的自然性和接受度至关重要。不同领域可能有不同的写作风格和表达方式,翻译者需要灵活地调整以确保译文与目标领域的文体和风格相契合。了解目标领域中正式和非正式语言的使用。一些领域可能更注重正式的表达方式,而另一些则更倾向于非正式或口语化的语言。某些领域可能倾向于使用专业术语和正式的口吻,而其他领域可能更倾向于更直接、更简单的表达方式。翻译者需要根据目标领域的要求进行选择。了解目标领域中通用的修辞手法和表达习惯。某些领域可能注重清晰直接的表达,而其他领域则可能更注重修辞手法的运用。考虑目标领域中语言的正式度。一些领域可能要求更为正式和规范的语言,而其他领域则可能更接受灵活和有创意的表达方式。考虑目标受众的特征,包括他们的专业水平、文化背景和期望。调整翻译的文体和风格,使其更符合目标受众的需求。通过了解并遵循目标领域的文体和风格,翻译者可以使翻译更符合当地的语言习惯,增加文本在目标文化中的可接受性和自然度。这对于传达信息和与目标受众建立良好沟通至关重要。

4. 符合行业标准

符合行业标准是确保翻译在特定领域中获得认可和接受的关键因素。不同领域可能有自己的规范和标准,这包括专业协会的要求、行业文献的写作风格以及特定行业术语的使用。一些领域可能有专业协会,它们发布了特定的翻译规范和准则。翻译者需要了解并遵循这些协会的要求,以确保翻译符合专业标准。不同领域的行业文献可能有特定的写作规范和格式要求。翻译者需要熟悉这些规范,以确保译文与行业标准一致。行业中可能存在一些标准化的术语和表达方式,这些术语在专业交流中被广泛接受。翻译者需要了解并正确使用这些术语。一些领域可能对于文件格式有特定的要求,例如在法律文件或科技文档中。翻译者需要根据目标领域的要求进行适当的格式调整。在一些领域,保密性可能是一个重要的考虑因素。翻译者需要遵循行业内的保密标准,确保文档的机密性得到维护。通过遵循行业标准,翻译者不仅能够提高翻译的专业性和可信度,还能够满足特定领域的期望,使翻译更好地适应专业环境。这对于在特定行业中建立声誉和提供高质量的翻译服务至关重要。

5. 目标受众

目标受众是翻译的关键因素之一，翻译者需要根据受众的特征和期望来调整翻译的风格、用词和表达方式。这涉及考虑目标受众的专业水平、文化背景、语言水平以及对特定主题的了解程度。确保翻译的语言水平与目标受众相匹配。对于不同专业水平的受众，翻译者需要选择适当的词汇和句子结构，以确保信息能够被准确理解。如果目标受众具有一定的专业知识，翻译者可以采用更专业的术语和表达方式，以满足他们对深层次信息的需求。相反，对于非专业受众，需要使用更通俗易懂的语言。考虑目标受众的文化背景，以避免可能引起误解的文化差异。翻译需要符合目标文化的语言风格和习惯，使信息更易被接受。应考虑目标受众的教育水平。对于高教育水平的受众，可以采用更复杂的语言结构和深层次的表达方式。而对于一般受众，需要使用更简单明了的语言。翻译需要满足目标受众的期望和需求。了解受众对于信息的期望，以便提供他们所需要的准确、清晰的翻译。通过深入理解目标受众的特点，翻译者可以更好地调整翻译策略，使翻译更具有针对性和有效性。这有助于确保信息能够在目标受众中传达清晰，并且更容易为他们接受。

通过遵循目标领域规范，翻译者可以确保翻译既符合专业要求，又贴近目标文化的语境。这有助于确保翻译在目标领域中能够被准确理解和接受。

（二）考虑语法结构的不同

考虑语法结构的不同是翻译过程中至关重要的一步。不同语言可能具有不同的语法规则、句式结构和语序，翻译者需要了解这些差异并适应目标语言的语法规范，以确保翻译文本在目标语言中通顺、自然、易懂。不同语言可能有不同的句子结构，包括主谓宾结构、动宾结构等。翻译者需要了解源语言和目标语言的句子结构差异，并适应目标语言的结构规范。时态的表达方式在不同语言中可能有所不同。确保在翻译中正确传达原文的时态，以避免歧义和混淆。考虑语法成分的差异，例如名词、动词、形容词等的用法。保持在目标语言中正确使用这些语法成分。语言中的语序可能有所不同，包括主谓宾的顺序、修饰语的位置等。确保在翻译中遵循目标语言的语序规则。不同语言可能使用不同的连接词和过渡语法来表达逻辑关系。在翻译中使用合适的连接词，以确保句子之间的逻辑关系得以保持。通过了解并适应目标语言的语法结构，翻译者可以使翻译更贴近目标文化的语言风格，提高文本的可读性和自然度。这有助于确保信息能够在目标语言中流畅传达，避免因语法结构的不符而引起困惑或误解。

五、实时调整

（一）及时反馈

及时反馈是翻译过程中至关重要的一环。通过实时获取反馈，翻译者能够更迅速地了解读者或客户的期望，并对翻译进行调整，以提高翻译质量。

1. 理解读者期望

理解读者的期望对于提供符合他们需求的翻译至关重要。实时反馈可以为翻译者提供有关读者期望的直接信息，使其能够更好地调整翻译策略和语言选择。这对于确保翻译文本在语言和内容上都与读者期望一致非常重要。不同领域和主题可能有不同的读者期望。实时反馈有助于翻译者了解读者对于特定主题或领域的期望，以确保翻译文本能够满足这些期望。读者的语言水平是一个重要考虑因素。一些读者可能更倾向于更专业和技术性的语言，而另一些可能更喜欢简单明了的表达。通过实时反馈，翻译者可以了解并调整语言水平，以满足不同读者的需求。读者的专业背景也会影响他们的期望。实时反馈可以揭示读者对于专业术语的理解程度和对深层次信息的需求，帮助翻译者更好地适应目标受众。一些读者可能更喜欢正式的写作风格，而其他人可能更喜欢轻松的口吻。通过实时反馈，翻译者可以调整翻译的风格，使其更符合读者的口味。实时反馈还可以揭示文化因素对于读者期望的影响。考虑到不同文化背景的读者，翻译者可以调整表达方式，以确保翻译文本在文化上更为贴近读者。通过理解并响应读者的期望，翻译者可以提供更加定制化和令人满意的翻译服务。这有助于建立更紧密的翻译与读者之间的联系。

2. 修正误解

修正误解是实时反馈中的一项关键任务。通过及时获取读者的反馈，翻译者能够了解读者可能产生的误解，并迅速采取措施进行纠正。这对于防止误解扩大、提高翻译准确性至关重要。读者可能在文本中遇到一些不明确或模糊的地方，导致误解产生。实时反馈可以为翻译者提供机会澄清这些不明确之处，防止读者进一步误解。如果翻译中包含专业术语，而读者对这些术语理解不足，可能导致误解。及时的反馈可以提示翻译者需要提供更详细或清晰的解释，以确保读者正确理解。读者可能对某些表达方式感到困惑或不满意。通过反馈，翻译者可以了解到这些问题并及时调整表达方式，以使信息更易理解。误解可能与文化差异有关。读者可能根据其文化背景对某些表达方式有不同的理解。通过反馈，翻译者可以了解并调整表达方式，以适应不同文化的读者。如果翻译中包含了错误的信息，及时反馈可以帮助翻译者及早发现并纠正这些错误，防止错误信息进一步传播。通过积极回应读者的反馈，翻译者能够保持高度的敏感性，及时发现和修正潜在的误解，从而提高翻译的质量和读者满意度。这种反馈机制对于构建良好的翻译与读者之间的沟通至关重要。

3. 客户满意度

客户满意度对于商业翻译服务的成功和持续合作至关重要。通过及时地反馈，翻译者可以了解客户的期望、偏好和需求，从而调整翻译策略，确保提供符合客户期望的高质量翻译成果。及时的反馈有助于翻译者更好地了解客户的具体需求。客户可能对于翻译的用途、受众、语言风格等有特定要求，翻译者通过反馈可以更好地满足这些需求。不同客户可能对于翻译的风格有不同的偏好。有的客户喜欢正式、专业的表达方式，而有的客户可能更倾向于轻松、口语的风格。通过反馈，翻译者可以调整翻译的风格以符合客户的口味。如果客户在初稿阶段提出了问题或建议，及时的反馈可以帮助翻译者快速解决这些问题，确保最终交付的翻译成果符合客户的期望。提供及时的反馈可以增加翻译过程的透明度。客户可能希望了解翻译的进展情况，而及时的反馈可以向客户展示翻译者对于客户关切的重视程度。通过积极响应反馈并灵活调整翻译策略，翻译者有机会建立与客户之间更加紧密的信任关系。这对于建立长期的商业合作至关重要。在商业翻译中，客户满意度不仅关系到具体项目的成功，还关系到客户与翻译者之间的信任和合作。通过及时反馈，翻译者可以更好地满足客户期望，确保客户对于翻译服务的整体满意度。

4. 提高效率

提高效率是翻译过程中的一个关键目标，而实时反馈在这方面发挥着重要作用。通过及时了解问题、调整翻译策略，并在早期阶段发现并解决潜在的困难，翻译者可以有效地提高整体工作效率。实时反馈使翻译者能够在翻译过程的早期发现潜在的问题或误解。这样可以在问题扩大之前采取措施，避免在后期进行大规模的修订。如果在翻译过程中发现某些策略不够有效，实时反馈可以促使翻译者及时调整翻译策略，以提高翻译的准确性和流畅性。及时的反馈可以避免在后期发现错误或问题而需要进行大量的重复工作。这有助于提高工作效率，使翻译者能够更专注于提供高质量的翻译成果。在实时了解项目进展和客户期望的基础上，翻译者可以更迅速地应对变化。这对于处理项目中的紧急情况或客户的变更请求至关重要。实时反馈可以为翻译者提供改进工作流程的机会。了解哪些步骤更有效，哪些可能需要调整，有助于优化整体的翻译过程。通过高效的实时反馈机制，翻译者能够更加灵活地应对挑战，减少工作的不必要复杂性，并在整个翻译过程中保持高效率。这对于提高翻译服务的质量和效率都具有积极的影响。

5.学习和成长

学习和成长是每个翻译者职业生涯中不断追求的目标,而反馈是实现这一目标的关键因素之一。通过接受并积极运用读者或客户的反馈,翻译者可以不断改进自己的翻译技能、语言应用和沟通能力。正面的反馈可以帮助翻译者了解自己的强项。了解哪些方面的翻译能力得到了认可,有助于翻译者更有针对性地发展和利用自己的优势。负面的反馈提供了改进的机会。了解在哪些方面可能存在不足,哪些方面需要改进,可以引导翻译者集中精力提高自己的翻译水平。通过了解反馈,翻译者可以积累宝贵的经验。知道哪些翻译策略或语言选择更受欢迎,可以在未来的项目中更有针对性地应用这些经验。通过反馈,翻译者可以更好地理解读者的需求。这有助于翻译者在未来的工作中更好地适应不同读者群体的期望和要求。反馈是翻译者专业发展的推动力。通过持续学习和改进,翻译者可以不断提高自己的市场竞争力,拓展更广阔的职业发展空间。通过将反馈视为学习和成长的机会,翻译者可以建立一个持续改进的循环,不断提升自己的专业水平。这对于在竞争激烈的翻译领域中保持竞争力至关重要。在实际翻译工作中,建立有效的反馈机制对于提高翻译质量和满足读者或客户需求至关重要。

(二)调整翻译策略

调整翻译策略是翻译过程中的一项关键技能。在面对领域特殊用语、难以翻译的表达或其他翻译挑战时,翻译者需要灵活应对,根据实时情况做出适当的调整。

1.专业用语

处理专业用语是翻译中的一项重要任务,而根据上下文和读者理解水平调整翻译策略是有效应对的方式。在某些情况下,读者可能对特定领域的专业用语不太熟悉。在这种情况下,翻译者可以选择解释这些专业用语,提供简明的定义或说明,以确保读者能够理解。如果读者具有相关领域的专业知识,或者原文中的专业用语在目标文化中也是公认的,翻译者可以

第三章 翻译策略的分类与分析

选择保留原文，以保持专业性和准确性。在调整翻译策略时，翻译者需要权衡清晰度和准确性之间的关系。有时解释专业用语可能使文本更清晰，但有时为了保留原文的准确性可能更为重要。目标读者的理解水平是一个关键因素。如果读者是该领域的专业人士，可以更自信地使用专业用语。如果读者不太熟悉，可能需要更多的解释和说明。文本的专业性要求也是一个考虑因素。有些文本可能需要保持高度的专业性，而另一些可能更注重普及性和易懂性。通过灵活地应用这些策略，翻译者可以有效地处理专业用语，确保翻译既准确传达了信息，又满足了目标读者的需求。这种调整翻译策略的能力是一位优秀翻译者的关键技能。

2. 文化适应

文化适应是翻译中至关重要的方面之一。在处理涉及文化差异的表达时，翻译者需要敏锐地意识到不同文化之间的差异，以及如何调整翻译策略来适应目标文化的习惯和期望。在某些情况下，翻译者可能需要进行文化本土化，即根据目标文化的价值观、习俗和表达方式，调整原文以更好地适应目标文化的口味。一些表达在一个文化中可能是合适的，但在另一个文化中可能会引起冲突或误解。翻译者需要注意避免直译可能引起文化冲突的表达，而是选择更适应目标文化的方式表达。不同文化可能有不同的隐喻和象征，而这些隐喻在翻译中可能需要适当解释或替换，以确保目标读者能够理解。社交礼仪、用语规范等方面的社会习惯也是需要考虑的因素。翻译者需要调整表达方式，以符合目标文化的社会习惯。在调整翻译策略时，翻译者需要尊重文化的敏感度，避免使用可能被认为冒犯或不得体的表达方式。通过理解和适应目标文化，翻译者可以确保翻译更符合当地的语境和期望，从而提高翻译的效果和受众接受度。文化适应是构建成功翻译的桥梁之一。

3. 语法结构

调整语法结构是翻译中常见的任务之一。因为每种语言都有其独特的语法规范和结构，在翻译过程中，翻译者需要注意以下方面：不同语言对于动词时态和语态的表达方式可能有所不同。翻译者需要根据目标语言的规范进行调整,以确保句子结构的一致性和正确性。名词和代词的性和数在不同语言中可能有差异。调整这些要素有助于保持语言的一致性,并使翻译更符合目标语言的语法结构。从句在句子中的位置和结构也可能因语言而异。翻译者需要注意目标语言中习惯的从句结构,并进行相应的调整。不同语言使用不同的连接词来表示关系和逻辑连接。在翻译过程中,选择合适的连接词是确保句子流畅和易于理解的关键。了解目标语言的语法规则和习惯用法对于确保翻译的自然性和通顺性至关重要。遵循目标语言的语法规范有助于提高翻译的质量。通过灵活地调整句子结构,翻译者可以更好地适应目标语言的语法习惯,使翻译更加自然和通顺。这需要对源语言和目标语言的语法差异有深入的了解,并灵活应用这些知识来创建一致且符合规范的翻译。

4.处理歧义

处理歧义是翻译中的一个重要挑战,因为原文中的模糊表达或歧义可能在目标语言中导致不同的理解。以下是处理歧义时的一些关键考虑因素:了解上下文是解决歧义的关键。翻译者需要仔细阅读与文本有关的资料,以获取更多关于作者意图的信息,从而选择更合适的翻译。考虑目标受众的期望和理解水平。有时翻译者可能需要选择一个在目标文化中更为常见或更易理解的表达方式,以减少歧义的可能性。在翻译过程中,选择准确的词语是关键。有时可能需要使用更具体、清晰的词汇来消除歧义,确保读者能够正确理解文本。如果可能,与原文作者进行沟通,以澄清可能存在的歧义。这对于保持翻译准确性至关重要。在某些情况下,调整翻译的语境可能有助于消除歧义。通过改变句子结构或表达方式,翻译者可以更清晰地传达原文的意图。在某些情况下,为了避免歧义,翻译者可以选择在文本中添加注释或解释,以提供更多的背景信息或选项。处理歧义需要翻译者具备敏锐的语言感知力和文本理解能力。通过细致入微的分析和适当的调整,翻译者可以有效地解决歧义,确保翻译的精确性和清晰度。

5. 读者理解

全球化时代的数字平台和多语言服务打破了语言的障碍，使得音乐更容易被理解、欣赏和传播。让我们更深入地探讨这一点。数字平台提供了全球翻译服务，使得歌词、介绍和评论等内容能够被迅速翻译成多种语言。这让不同语言背景的听众能够更深入地理解歌曲的文化内涵，促进了文化交流。艺术家通过社交媒体平台能够直接与全球听众进行互动。这种互动不受语言障碍影响，通过翻译工具，艺术家和听众能够进行跨语言的沟通，增强了全球音乐社区的联结。音乐作为一种情感表达的媒介，能够超越语言的限制。即使听众不理解歌词的具体含义，他们仍能通过音乐中传递的情感、旋律和节奏来共鸣，并从中获得愉悦和共鸣。音乐中的文化情感常常能够被跨语言听众理解。即便是使用特定语言演唱的歌曲，其中蕴含的文化情感可以通过音乐本身得以传递，激发听众的共鸣和兴奋。

全球化时代，艺术家之间的跨国合作变得更加普遍。即便合作双方使用不同语言，通过数字平台的支持和多语言团队的协助，他们能够共同创作音乐，使得不同语言和文化相互融合。语言不再是音乐合作的障碍，反而成为促进跨文化音乐融合的催化剂。通过不同语言的融合，创造出具有全球吸引力的音乐作品，拓展了听众的文化体验。总的来说，全球化时代的数字平台和多语言支持为音乐的全球传播提供了便利，让音乐不再受限于语言的差异。这种多语言支持促进了文化的交流，使得不同语言和文化的音乐能够更广泛地被欣赏和分享。

通过灵活调整翻译策略，翻译者能够更好地应对各种挑战，提高翻译质量，同时确保翻译文本在目标文化和受众中得到更好的接受。这种灵活性是翻译过程中不可或缺的技能之一。这些方法帮助翻译者更好地适应不同的情境，确保翻译在目标文化和目标读者中更为贴切和易懂。

第四章　语境对翻译的影响

第一节　语境与语言层次的关系

一、语境的重要性

语境是语言理解的关键因素之一，它不仅包括表达所处的具体环境，还涵盖了一系列影响语言理解的因素。下面进一步探讨一下语境的几个方面：

（一）多层次的语境

多层次的语境考虑到了语境的丰富性和复杂性，这对于准确翻译和理解文本至关重要。让我们深入探讨一下这些多层次的语境：考虑到文本所处的上下文是非常重要的。前后文的内容可以提供关键的信息，帮助翻译者更好地理解并准确传达作者的意图。这包括前文和后文的句子、段落，以及整篇文本的主题。文本所属的社会文化环境对于理解其中的隐含含义和文化内涵至关重要。在翻译时，要考虑源文本和目标文本所处的不同文化中相似或不同的社会背景。一些表达或词汇可能在特定历史时期具有特殊的意义。理解历史因素可以帮助翻译者更准确地捕捉到作者的用词背后可能存在的特定意义。不同的文本可能使用不同的语言风格和习惯用法。考虑到这些层次的语境，翻译者可以更好地选择合适的翻译方式，使之在目标文化中更为自然。了解作者的个人背景、观点和风格有助于更好地理解文本。有时，知道作者的背景可以揭示一些隐含的信息，对于正确理解和翻译至关重要。在处理多层次的语境时，翻译者需要综合考虑这些因素，以确保翻译不仅在语法和词汇上准确，还能够传达文本的深层含义和作者的意图。这需要对源语言和目标语言文化、历史、社会等方面有深刻的理解。

（二）语境的动态性

语境的动态性意味着它随着时间、对话或文本的推进而不断变化。这对于翻译者来说是一个重要的挑战和机遇。以下是关于语境动态性的一些建议和观点：在对话中，语境可能因为参与者的发言而不断演变。理解每次发言对整体语境的影响是理解对话内容和进行准确翻译的关键。一些表达可能具有引申意义，这意味着它们的含义可能在对话或文本的不同阶段发生变化。翻译者需要敏感地捕捉这些变化，以确保翻译仍然准确地传达作者的意图。随着文本的进行，翻译者需要不断关注上下文的变化。某个词语或表达在文本的后面可能会得到解释或进一步说明，这对于理解整体语境非常重要。随着文本主题的变化，语境也可能发生变化。翻译者需要灵活地适应这些变化，以确保翻译仍然与文本的整体主题一致。时态和语气的变化也是语境动态性的一部分。在翻译时，要确保对时态和语气的变化有敏感的把握，以保持语境的连贯性。在处理动态语境时，翻译者需要保持对文本的持续关注，随时调整翻译策略以适应变化。这需要对语言和文本的敏感性，以及对上下文的深入理解。

（三）歧义的解决

语境是理解和解决歧义的关键。它是语言中的背景信息，包括说话者的意图、言外之意以及周围发生的事件等。通过仔细考虑语境，我们能够更准确地理解语言的含义，避免产生误解或歧义。有时候，说话者可能没有直接表达出来的信息，需要通过语境和上下文来理解。这就需要我们敏锐地捕捉言外之意，考虑可能的含义。理解说话者的意图对解决歧义至关重要。同样的词语在不同的语境中可能有不同的含义，而说话者的意图可以帮助我们更好地选择正确的词义。查看句子前后的内容，以获取更多关于说话者意图的信息。上下文中可能包含解释、说明或引导我们理解特定词语或短语的线索。如果存在歧义，与说话者进行互动并提出澄清性的问题是解决问题的有效方式。这有助于确保我们正确理解了对方的意思。

（四）跨文化语境

跨文化翻译是一项复杂而严谨的工作，其中文化语境的理解和转化至关重要。在处理跨文化语境时，以下几个方面需要特别关注：不同文化中可能对同一隐喻或比喻有不同的理解。翻译者需要谨慎处理这些语言表达，以确保目标文本的读者能够理解并接受它们。不同文化对于礼仪和尊重的要求可能存在显著差异。翻译时要确保源文本中的表达在目标文化中既不失礼，也不显得过于拘谨。文化中的符号和象征可能因文化背景而有所不同。翻译者需要了解这些符号的含义，以避免在目标文本中产生混淆或误解。不同文化中的社会习惯和观念可能导致相同的表达在不同文化中产生不同的效果。在翻译时要谨慎处理这些差异，以确保翻译文本在目标文化中保持合适性。翻译者需要对不同文化具有高度的敏感度，并时刻考虑到翻译选择可能引起的文化误解或冲突。在这个过程中，翻译者需要不仅仅是语言学家，还要成为文化中介者。这要求他们对两种文化有深刻的了解，并能够在两种文化之间进行巧妙的平衡。在你的经验中，有没有特定的案例或挑战，让你更深刻地意识到了跨文化翻译的复杂性？

（五）语境的缺失

在翻译过程中，有时候我们只能依赖有限的信息，而无法获得完整的语境。在面对语境缺失的情况下，翻译者需要运用一些策略来尽量确保翻译的准确性和合理性：尽可能利用文本中提供的任何上下文信息。即使只是一个短语或一个词，也可以提供某种程度上的线索。对于某个词语，如果它有一些常见的搭配，可以根据这些搭配来推测它的可能含义。语言中很多表达方式是固定的，这些搭配可以提供一些线索。如果有类似主题或语境的其他文本可用，可以进行比较，通过查看这些文本，翻译者可能能够获得一些有关特定表达的更多信息。在理解语境时，了解作者和目标受众所处的文化背景是至关重要的。文化可以提供对表达含义的线索。在有限的信息下，可能需要进行一些推测性的翻译，但要确保这种推测是基于合理的推理，而不是主观臆断。如果有关键信息缺失，翻译者可以在翻译文稿中标明并提出疑问，以便与原文作者或相关专业人士进行进一步沟通。在这种情况下，翻译者的判断力和经验变得尤为重要。对语境的敏感性以及对文本可能的多样解释的认识，都是解决语境缺失问题的关键。

在处理语境时，翻译者需要敏锐的语言感知力和文本解读能力。这种能力有助于确保翻译不仅准确传达了原文的字面意思，还能够捕捉到其中的隐含信息和文化内涵。

二、语言层次的重要性

（一）语言的表达力

语言的表达力是无限丰富而复杂的，它不仅仅是一种传递信息的手段，更是一种艺术和沟通的方式。让我们来深入探讨一下语言的表达力的一些方面：

1. 词汇的多样性

词汇的多样性确实是语言表达中的一项强大资源。在这一方面，词汇的选择不仅仅是为了传达简单的信息，更是为了赋予语言更深层次的含义和表达力。一些关于词汇多样性的观点：不同的词汇有不同的语义范围和情感色彩。通过选择更具体、更准确的词汇，可以使表达更加精确，避免歧义。词汇选择可以传达说话者的情感状态。积极的词汇可以营造积极的氛围，而负面的词汇则可能引起读者或听众的共鸣。一些富有形象感的词汇可以使表达更为生动。比如用形象的描写来表达抽象的概念，能够更好地引起读者的共鸣。不同的词汇可以呈现不同的文体和调性。正式的场合可能需要选择更正式的词，而在亲密的交流中可以运用更为口语化的表达。有时候，创造性地运用词汇可以产生引人入胜的表达。这包括使用新颖的词汇、创造性的比喻等。

2. 语法结构

语法结构是语言表达中至关重要的一环。不仅仅是为了保持语法的准确性，更是为了实现不同的表达效果。以下是一些关于语法结构的观点：简单句结构直接而清晰，适用于传递简单明了的信息。它强调主题和谓语，使读者能够迅速理解核心内容。复合句通过连接多个子句，呈现出层次感和逻辑关系。这种结构可以用来表达因果关系、条件关系等，使表达更为复杂和具体。并列结构通过平行的排列方式强调并列成分的平等关系。这种结构常用于列举、对比、强调等情境，使表达更为生动。从句结构可以用来详细展开主句的内容，提供更多的背景信息或解释。它丰富了表达的层次，使读者更深入地理解。倒装结构改变了正常的语序，常用于强调或突显某个成分。这种结构可以吸引读者的注意力，使重要信息更为突出。适当的省略可以使表达更为简练，尤其是在上下文已经清晰的情况下。省略不必要的部分有助于提高语言的流畅度。语法结构的选择不仅涉及语法规则的遵循，还关乎表达方式的巧妙运用。

3. 语气和语调

语气和语调是语言中非常重要的元素，它们赋予了语言更为生动和丰富的表达方式。以下是一些关于语气和语调的观点：语气是说话者在表达中所表现出的情感和态度。通过选择不同的语气，可以传递出愉快、愤怒、惊讶等多种情感。通过改变语气，可以实现对某些词语或句子的强调，或者运用反讽的语气表达说话者真实意图与字面表达相反的情感。语调的升降可以改变句子的整体意义。升调常常用于疑问句，而降调则通常用于陈述句。合适的语调可以使表达更为自然。语调的变化也赋予了语言一种节奏感。通过合理运用语调的变化，可以使表达更富有韵律感，更吸引听者的注意力。语气和语调的合理运用可以改变交际的效果。友好的语气可以拉近与听者的关系，而正式的语调可以传递出专业性和正式感。通过语气和语调的微妙变化，可以更准确地表达说话者的情感。这在口语交流中尤为重要，因为语气和语调能够弥补语言表达的不足。

4. 比喻和隐喻

比喻和隐喻是语言中的艺术手法，能够赋予表达想象力和深度。以下是一些关于比喻和隐喻的观点：比喻和隐喻常常用于生动地描绘抽象概念。通过将抽象的事物与具体的形象相联系，可以使表达更加具体而生动。比喻和隐喻常常包含情感元素，能够引起读者或听众的共鸣。它们通过情感的投射，使表达更具感染力。一些抽象或难以言表的概念可以通过比喻和隐喻得以传达。这种方式使得读者更容易理解抽象的或复杂的思想。隐喻经常具有象征性的意义，一个物象可能代表着更深层次的概念。这使得表达可以同时包含多层次的理解。比喻和隐喻是创造性表达的工具。通过富有创意的比喻和隐喻，可以使表达更具有个性和独特性。比喻和隐喻常常引起读者或听众的思考。由于它们不是直白的陈述，而是需要解读的符号，因此常常激发思考和想象。

5. 修辞手法

修辞手法在语言表达中起到了点缀和提升表达水平的作用。以下是一些关于修辞手法的观点：排比通过重复相似的语法结构，赋予语言一种韵律感。这种重复可以使表达更为引人入胜，增强表达的节奏感。对仗是一种通过平衡语言成分的修辞手法。它通过对称的结构，使表达更为平衡，呈现出一种美感。反复是通过多次重复同一词语或句子，强调某个观点或情感。这种手法可以增强表达的力度和深度。比喻和象征不仅仅是修辞手法，也是一种修辞艺术。它们通过隐喻和象征，使表达更为丰富和富有层次。通过提出的问题，不是为了寻求答案，而是为了引起读者或听众的思考。这种手法常常用于引起共鸣或强调某一观点。通过比较不同事物的相似点或对比它们的差异，可以使表达更具有说服力和说明性。运用修辞手法可以使语言具有一种节奏感和音乐感，使表达更为生动和有趣。

6. 文体和风格

文体和风格是语言表达中极富变化和灵活性的元素。正式文体通常要求语言的严密和正规。这种文体在学术、法律、商务等领域中常常使用，要求准确、清晰、遵循规范。口语风格更注重直接、亲近的表达。它通常更贴近日常交流，包含更多的俚语、口头禅，能够建立更亲切的语境。文学性的表达注重想象力和艺术性。这种文体通常出现在小说、诗歌等文学作品中，以丰富的修辞和象征手法为特点。科技性的文体强调准确性和专业性。在科学、技术、医学等领域，语言表达需要遵循严格的术语和规范，确保信息的精确传达。幽默和讽刺是一种独特的语言风格，通过夸张、反转、夸大等手法，达到戏剧性的效果，使表达更为生动和引人入胜。新闻性的表达通常追求客观、简洁、直接。新闻报道需要快速准确地传达信息，因此语言风格更为简明干练。广告语言注重吸引力和表现力。通过巧妙运用修辞手法、色彩、音效等元素，广告语言能够引起消费者的兴趣和共鸣。

7. 情感表达

情感表达是语言的一项重要功能，它使我们能够分享、传递和理解各种情感。以下是一些关于情感表达的观点：选择恰当的词汇能够更准确地传达出情感。例如，使用积极的词汇可以表达出喜悦和乐观，而消极的词汇则能够表达出失望和沮丧。语气和语调是情感表达中的关键元素。通过调整语气和语调，可以传递出说话者的情感状态，如愤怒、惊讶、关切等。修辞手法，如比喻、排比、对仗等，常常包含情感色彩。这些手法可以使表达更加生动，更能触动读者或听众的情感共鸣。不同的表达方式可以呈现出不同的情感。文字、音乐、绘画等艺术形式都是表达情感的途径，它们有各自的独特之处。真实的情感表达更容易引起共鸣。当说话者能够真实地表达内心的情感时，表达会更加真挚和有力。通过语言，人们能够将自己的情感传递给他人，实现情感的共鸣和理解。这种情感转移可以在文学作品、音乐、电影等中得到充分体现。语言的表达力不仅仅在于语法规则的正确运用，更在于创造性地运用各种语言元素，以便更全面、深刻地传达思想和情感。

（二）语言的多样性

语言的多样性是人类文化的丰富体现，也是交流和理解的桥梁。每种语言都是其所属文化的反映。语言中的词汇、表达方式、习惯用语等都承载着文化的独特特征，反映了该文化的价值观、历史和传统。不同语言的结构和表达方式反映了人们的思维方式。例如，一些语言可能更注重形容词，强调事物的外在特征，而另一些语言可能更注重动词，强调事物的行为和状态。不同语言的语音和语调有很大的差异，这不仅影响着语言的音韵美感，也影响着人们对语言的感知和理解。不同语言中可能存在一些独特的词汇，无法直接翻译成其他语言。这些词汇通常反映了该语言使用者对于某些概念的特殊关注或体验。不同语言的语法结构存在显著差异，包括词序、语法关系、时态等。这种差异直接影响着语言的表达方式和理解方式。在同一语言下，不同地区可能存在各种方言和口音。这种差异既是地域文化的体现，也是地方社群之间的认同标志。语言是动态变化的，随着时间的推移，语言会发生演变。新的词汇会被创造，语法结构可能会调整，反映着社会的发展和变革。这些多样性使得人们能够以不同的方式思考、表达和理解世界，促进了文化之间的交流和相互理解。

三、语境与语言的相互关系

（一）语境影响语言的解读

语境是语言理解中至关重要的因素之一。以下是一些关于语境影响语言解读的观点：

1. 歧义的解决

歧义是语言中常见的现象，而语境在解决歧义方面发挥了关键作用。以下是一些关于歧义解决的观点：许多词汇具有多重意义，而在特定的语境中，某一特定的意义可能更为合适。例如，英语单词"bank"可以指银行，也可以指河岸，具体的含义要依赖上下文。语法结构的不同解读也可能导致歧义。了解上下文有助于明确句子结构，从而确定正确的语法解释。代词或指示词的指代关系通常需要通过上下文来确定。例如，"他走了"中的"他"究竟是指谁，需要依赖前文或周围环境的信息。语境往往提供了额外的信息，有助于补充理解。一句话在孤立的环境下可能含糊不清，但在特定的情境中可以更清晰地理解。修辞和隐喻的使用可能使语言更富有层次，但也增加了理解的复杂性。了解语境有助于准确解读修辞手法。情感色彩和语气在语言中起着重要作用，而它们的解读通常需要考虑上下文中的情境。通过认识到这些方面，人们能够更全面、准确地理解语言表达，避免因歧义而引起的误解。

2.情感色彩的改变

情感色彩的改变是语境影响语言表达的一个重要方面。以下是一些关于情感色彩变化的观点：周围的环境可以显著改变一句话的情感色彩。例如，在一个喜庆的聚会上说一句玩笑话可能会引发欢笑，但在悲伤的场合可能显得不合时宜。说话者和听者之间的关系对情感的传递至关重要。在亲密的关系中，同样的表达可能被理解为幽默或调皮；而在正式的关系中，可能被认为是不适当的。语气和语调的变化可以直接影响语句的情感表达。通过改变声调或强调某个词汇，说话者可以调整表达的感情色彩。不同文化对于情感的表达方式有不同的规范。某些表达在一个文化中可能被视为正常而富有热情，而在另一个文化中可能被看作过于激动或失礼。参与者的背景知识对于理解语句中的情感色彩也是至关重要的。共享的文化、经历和价值观能够增进对情感表达的理解。在实际生活中，我们常常会观察到同一句话在不同情境下的截然不同的情感效果。

3.隐喻和比喻的理解

隐喻和比喻是语言中常用的修辞手法，它们依赖于语境和特定的比喻关系，对于理解和解读文学作品或具有修辞性质的表达至关重要。以下是一些关于隐喻和比喻理解的观点：比喻是用一个概念来描绘另一个概念，通过引入图像化的元素，使语言更具表现力。了解语境有助于理解比喻所表达的具体意义。文学作品中常常充满了隐喻，这些隐喻通过对比、象征和隐匿的方式传达深层次的意义。理解文学语境和作者的用意是理解隐喻的关键。隐喻和比喻的理解也受到文化差异的影响。某个比喻在一个文化中可能是常见的，而在另一个文化中可能不那么显而易见。比喻关系的确立通常需要特定的语境。在一个对比明显的语境中，比喻的效果可能更为突出。隐喻常常具有多重解读的可能性，而特定的语境可以引导读者更倾向于一种解读方式。了解语境有助于理解作者或说话者使用隐喻和比喻的目的。

4. 社会文化背景的考虑

社会文化背景是语境的一个重要组成部分，对于语言的解读和理解起着关键性的作用。以下是一些关于社会文化背景考虑的观点：不同文化对于言辞的礼仪和礼节有着不同的期望。一句话在一个文化中可能被视为礼貌，而在另一个文化中可能被解读为过于正式或过于随意。不同文化对于隐喻和象征的理解也有所不同。某个象征在一个文化中可能具有正面的含义，而在另一个文化中可能有负面的解读。有些文化更倾向于直接表达思想，而另一些文化更倾向于间接或委婉的表达方式。了解文化差异可以帮助避免因直接性差异而引起的误解。不同文化对于一些难以言表的情感或概念的处理方式也不同。某些文化可能更倾向于通过比喻和隐喻来表达，而另一些文化可能更直接。社会阶层和身份在语言中也起着重要的角色。一句话在社会上层和社会下层的理解可能存在差异。对于历史和传统的了解有助于理解某些文化特有的表达方式和含义。

5. 幽默和讽刺的体现

幽默和讽刺是涉及深层次文化和语境的表达形式。以下是一些关于幽默和讽刺在语境中的体现的观点：幽默和讽刺常常是文化特有的，对于理解其中的笑点或讽刺点，需要对相关文化有深入的了解。某个文化的笑话可能在另一种文化中产生困扰或不适的效果。幽默和讽刺通常建立在社会背景之上。了解参与者的社会地位、身份和社会关系对于正确理解幽默和讽刺至关重要。幽默和讽刺的效果可能随着语境的变化而变化。在不同的社交场合或情境下，同一段对话可能产生不同的幽默效果。幽默和讽刺常常包含隐含的意义，需要通过对语境和参与者的了解来解读。这种隐含的意义通常是言外之意或对特定情境的回应。幽默和讽刺可能包含一些言外之意，需要通过对语气、语调和表情的观察来理解其中的玩笑成分。幽默和讽刺通常借助于特定的词汇和表达方式。了解这些言辞的选择对于准确理解幽默和讽刺非常重要。在进行跨文化交流时，特别是处理幽默和讽刺时，理解语境和文化因素是避免误解的关键。

6. 指代的确定

指代是语言中一个非常重要的概念，尤其是在复杂的句子或篇章中。以下是一些关于指代在语境中的确定性的观点：指代的确定性主要依赖于上下文。代词在特定上下文中可能指向不同的对象，理解整个语境是解读指代的关键。先行词是被代替的词汇，其明确性直接影响着指代的准确性。如果先行词不够清晰，可能导致指代的歧义。某些指代可能通过一系列语境来延伸其意义。了解语境的延伸有助于正确理解指代的含义。词汇和代词的指代通常建立在语义关系上。了解词汇之间的语义关系有助于准确理解它们在语境中的指代。某些指代可能依赖于逻辑关系。在理解复杂的逻辑关系时，保持对论点和关系的清晰理解有助于正确理解指代。语法结构对于指代的理解也有影响。一些语法结构可能使指代关系更加清晰，而另一些可能导致歧义。在翻译或语言理解的过程中，特别是处理长篇或复杂的文本时，准确理解指代是确保信息传达准确的关键之一。你在语言理解中曾经遇到过指代造成的困扰吗？

7. 目的和意图的理解

理解说话者的目的和意图对于正确理解言辞至关重要。以下是一些关于目的和意图在语境中的理解的观点：有时，说话者可能没有直接表达其目的或意图，而是通过言外之意来传达。通过深入理解语境，人们可以更好地捕捉这些言外之意。修辞手法，如夸张、讽刺、反讽等，常常与说话者的目的和意图相关。了解这些修辞手法在语境中的运用有助于理解言辞的真实含义。语境可以揭示言辞中的情感色彩，从而帮助读者理解说话者的情感状态和态度。这对于解读目的和意图至关重要。在社交互动中，言辞的目的和意图可能受到社交关系的影响。了解说话者和听众之间的关系有助于解读其表达的真实动机。有时，说话者的目的可能是简单的信息传递。在这种情况下，理解语境可以帮助确定信息的重要性和紧急性。语境中的其他参与者的反应和回应也是理解目的和意图的线索。人们可以通过观察其他人的反应来推断说话者的意图。在跨文化交流中，理解不同文化中表达目的和意图的方式也是至关重要的，因为不同文化可能对于语言的使用和解读存在差异。

（二）语言选择受语境约束

语言的选择受到语境的约束，这体现了语言的适应性和灵活性。以下是一些关于语言选择受语境约束的观点：在正式的社交场合，人们通常会选择更为正式、客套的语言表达方式，以示尊重和礼貌。相反，在亲密的家庭聚会中，可能更倾向于随意和轻松的语言风格。学术领域通常要求更为正式和专业的语言使用。学术论文、演讲或会议中的语言选择更注重准确性和严谨性，以确保传达学术思想的精确性。不同的工作场合可能需要不同的语言风格。在商务会议中，可能需要正式和专业的表达方式，而在团队内部沟通中，语言可能更为直接和简洁。在文学作品或艺术创作中，语言的选择受到创作者的风格和意图的影响。有时，文学作品会采用富有诗意和象征性的语言，而艺术评论可能更注重专业术语和深度的描述。在数字时代，网络交流成为重要的语境之一。在社交媒体或在线聊天中，人们可能采用更为轻松、缩写和表情符号等元素的语言风格。宗教仪式通常有其独特的语言和仪式性的表达方式。宗教文本、祈祷和仪式中使用的语言通常具有特殊的宗教语境。政治演讲、辩论和法律文件中的语言可能更为正式和权威，以确保法律和政治观点的准确传达。

四、语境与语言的深入思考

（一）文学作品中的语境与语言

文学作品中的语境和语言的选择对于创造独特的文学体验至关重要。以下是一些关于文学作品中语境与语言的观点：

1. 氛围营造

氛围营造是文学作品中语境和语言选择的重要方面。作家通过精心挑选词汇、调整句式和运用修辞手法，可以创造出各种各样的氛围，影响读者的感受和阅读体验。以下是一些关于氛围营造的观点：不同的词汇传递不同的情感和意义。作家可以选择形容词、名词和动词，以在读者心中建立起某种情感氛围。例如，使用柔和的词汇可以营造出宁静和安详的氛围，而强烈的词汇可能创造出紧张和激动的感觉。句式的结构和长度也对氛围产生影响。短促的句子可能带来紧张和快节奏的感觉，而长句子则可能创造出沉思和宁静的氛围。作家可以通过调整句式，精准地传达所期望的氛围。修辞手法，如比喻、拟人等，是创造氛围的有力工具。通过比喻，作家可以用一种事物的特征来描绘另一种事物，从而赋予场景更为生动的意象。拟人则可以赋予无生命的事物人类的特质，增添情感色彩。语言中蕴含的情感也是创造氛围的关键。作家通过人物的对话、内心独白和描写来传达情感，使读者能够共鸣并感受到作品中所呈现的氛围。对于文学作品中的场景和环境的描写也是影响氛围的重要因素。细致入微的描写可以让读者身临其境，感受到作品中的氛围变化。

2. 人物塑造

人物的语言使用是塑造其形象和展现个性的重要手段之一。以下是一些与人物塑造相关的语境和语言的观点：人物的语言风格往往能够反映其性格特征。例如，一个直率坦诚的人物可能使用简单直白的语言，而一个复杂且心思缜密的人物可能倾向于使用更为复杂和深刻的措辞。不同社会地位和文化背景的人物可能使用不同的方言、俚语或专业术语。作家通过巧妙运用这些语言元素，能够为人物赋予更为立体和真实的特征。人物之间的对话以及他们的内心独白是展现语言差异和个性的良好途径。通过对话，读者可以感受到人物之间的交流方式和关系；而内心独白则让读者更深入地了解人物内心的想法和情感。一些作家通过在对话中体现口音或语音特点，巧妙地传达人物的地域背景或语言特色。这有助于使人物形象更具个性。一些人物可能倾向于使用比喻、隐喻或其他修辞手法，从而为其语言增添艺术性。这种艺术性的语言使用可以反映人物的敏感性、创造力或独特的思维方式。

3. 主题表达

主题表达是文学作品中至关重要的一个层面，而语境和语言是构建、传达主题的重要工具。隐喻和比喻是传达深层次主题的强大手段。通过比较和象征性的语言，作家可以将抽象的概念具体化，使读者更容易理解主题所蕴含的含义。作家常常使用象征性的语言来代表更广泛的主题。例如，一片凋谢的花朵可能象征着时光流逝或生命的短暂。人物之间的对话通常是主题讨论的场所。通过角色之间的交流，作家可以直接或间接地探讨作品的主题，让读者参与到深层次的思考中。一些作家通过巧妙运用语言的韵律和音乐感来强调作品的主题。这种音乐性的语言使用可以使主题更加生动和感性。语境和语言也通过情感表达与主题建立联系。通过表达人物的情感或通过情感充沛的描写，作家能够让读者更深入地体会到主题所包含的情感和共鸣。

4. 叙事结构

叙事结构的构建涉及对语境的巧妙运用，从而影响读者对故事的理解和体验。语境中的时间顺序是叙事中的关键因素之一。作家通过合理安排时序，切换过去、现在和未来的场景，从而呈现出更为复杂和引人入胜的叙事结构。地点不仅仅是故事发生的背景，还直接影响着情节的发展和人物的行为。通过巧妙选取地点，作家可以增强故事的真实感和情感共鸣。

语境也包括故事的叙述视角,即由哪个角色或叙述者来讲述故事。不同的视角会为故事赋予不同的情感和解释,影响读者对事件的看法。通过巧妙构建语境,作家可以透露或隐藏关键信息,从而在故事的发展中制造悬念或揭示重要转折。语境对于营造故事的情感氛围至关重要。通过选择适当的语言和描写方式,作家可以引导读者在特定情感氛围中沉浸。

5. 读者参与

读者参与是文学作品中一项重要的元素,而语境和语言的运用可以巧妙地引导读者参与到故事中。通过有意地留白,作家可以引发读者的好奇心和思考欲。未明说的部分留给读者去填充,让他们在阅读中建构自己的解释。作家可以通过巧妙安排情节、对话或符号,激发读者的思考。这种引导性的语境和语言使用可以使读者更深入地思考作品所探讨的主题和意义。通过塑造复杂的人物形象,作家可以让读者更深入地探究人物内心的复杂性。这种深度的描写促使读者更深入地参与到人物的情感和命运中。一些作品选择采用开放式的结局,留给读者空间去想象和推测故事未来的发展。这种不完全解决的结构激发了读者对故事的持续关注。作家常常使用符号和象征性的语言,这些元素的解读并非唯一。读者有权对这些符号进行自己的解释,从而增加了参与度。

6. 文学风格

文学风格是作家独特的表达方式,它涵盖了语言、结构、叙述手法等多个方面。现实主义的文学作品通常力图真实地描绘生活,语言更注重客观、细致的描写。这种风格的作品通过逼真的语言,使读者产生身临其境的感觉。浪漫主义强调情感、想象和个体的体验,语言常常具有抒情的特点。作家可能使用豪迈的诗意语言,营造出充满梦幻和情感的氛围。象征主义的作品倾向于使用隐喻等,追求深层次的意义。语言可能更加富有诗意,读者需要在象征的层次上解读作品。现代主义作品常常打破传统的叙事结构和语言规范,采用非线性、碎片化的叙述方式。语言可能更加富有实验性,挑战读者的习惯性思维。后现代主义作品常常以对传统的批判和重构为特征。语言可能充满戏剧性、幽默，同时也可能通过多样化的语言形式突显文本的复杂性。

7. 文学传统

文学传统和流派对作家的影响是深远而持久的。例如，19世纪的浪漫主义运动产生了许多标志性的作品，其语言和主题强调情感、自然和个体体验。相比之下，20世纪的现代主义和后现代主义则在语言和结构上进行了大胆的实验，挑战传统的文学表达方式。在文学传统中，有些作家可能选择延续经典的写作风格，如使用古老的修辞手法和叙事结构，以传承文学的经典之美。另一些作家可能更倾向于打破传统，通过创新的语言和结构，探索新的文学可能性。

（二）跨文化交流中的语境挑战

跨文化交流中的语境挑战是一个复杂而敏感的问题。以下是一些可能出现的挑战和应对方法：

1. 文化隐喻和比喻

文化隐喻和比喻是跨文化交流中常见的挑战之一。在解决这个问题时，以下方法可能有助于促进更好的理解：如果使用了涉及文化差异的隐喻或比喻，及时解释其含义是至关重要的。这可以通过提供背景信息、类比或简短的解释来实现。尽量避免过多地使用只在特定地区或文化中有意义的隐喻和比喻。选择更通用的表达方式，以降低误解的风险。在跨文化交流中，倾听对方的反馈并主动提问有助于了解对方是否理解了使用的隐喻或比喻。这可以及时纠正误解。在交流中，尽量适应对方的文化。了解对方习惯使用的隐喻和比喻，以更好地沟通。提高文化敏感性，对不同文化中常见的表达方式有基本的了解。这有助于在交流中更好地预见可能的隐喻和比喻。

2. 语言的正式与非正式

正式与非正式的语言使用在跨文化交流中确实是一个敏感的问题。这方面的挑战包括：一些文化更注重正式的表达方式，视其为对对方的尊重和礼貌的体现。在这种情况下，非正式的语言使用可能被视为不尊重。正式语言可能更适用于正式的场合，但在非正式场合，使用过于正式的语言可能显得生硬或不自然，影响沟通的自然流畅度。一些文化强调社会关系和等级制度，这可能影响语言的正式度。在这种情况下，适应文化的社会结构对于有效的交流至关重要。在一些文化中，正式的表达方式可能更常见于专业领域。

3. 社交礼仪

社交礼仪的不同确实可能导致跨文化交流中的挑战。在这方面，一些可能出现的情况包括：不同文化对于问候的方式有着不同的期望。有些文化可能更注重礼貌的问候，而有些可能更注重直接的表达。不同文化对于身体语言的解读也存在差异。某种姿势或动作在一个文化中可能是友好的表示，而在另一个文化中可能被视为不适当。在用餐时，不同文化对于礼仪的要求也有所不同。比如，在一些文化中，打嗝可能被视为对美食的赞美，而在另一些文化中可能被视为不礼貌。社交交往的方式和频率在不同文化中也可能存在变化。有些文化更倾向于保持一定的距离，而有些可能更喜欢亲近的交往。

4. 语境的重要性

语境在交流中扮演着关键的角色。在强调语境的文化中，人们更倾向于通过上下文、环境和非言语元素来理解对方的意图。这可能涉及一些方面，身体语言、面部表情、姿势等非言语信号在强调语境的文化中可能具有更大的重要性。这些信号能够补充和解释口头表达的内容。人们在这样的文化中可能更注重社会关系和交往的背景。知道与对方的关系、社会地位等信息有助于更好地理解对方的言辞。当前的环境条件、地点等因素也可能在解读言辞时起到关键作用。同样的一句话在不同的场合可能产生不同的理解。强调语境的文化可能更注重言外之意，人们期望通过细微的线索来理解对方真正想要传达的信息。

5. 语速和节奏

语速和节奏对于沟通的效果有着显著的影响。在某些文化中，慢而清晰的语速被视为礼貌，尤其是在正式场合。而在其他文化中，快速而充满活力的语速可能被视为更加自然和友好。这种差异可能会在跨文化交流中带来挑战，特别是当人们的语速偏好不同时。慢速的人可能觉得对方急躁，而快速的人可能觉得对方沉闷或不热情。在这种情况下，了解并尊重对方的语速和节奏偏好可以促进更有效的交流。

第二节 语境对翻译准确性的挑战

一、语言差异与细微差别

语言差异是翻译中一个非常显著的挑战。每种语言都有其独特的语法规则、词汇体系和表达方式，这些差异可能导致在翻译过程中的细微差别。让我们深入了解一下这个挑战的一些方面。

（一）结构和语法

结构和语法的不同是翻译过程中常见的挑战之一。让我们深入了解一下这方面的一些具体问题和解决方法。一些语言中，句子的主语—谓语—宾语的顺序可能不同于其他语言。例如，英语通常采用主谓宾的结构，而日语通常是主宾谓。这样的语序变化可能需要调整翻译中的词语顺序，以确保目标语言的流畅性。不同语言对于动词的时态和语态的表达可能有所不同。在翻译时，需要理解原文的动词形式，并在目标语言中选择合适的时态和语态。翻译者需要根据目标语言的语法规范，灵活地调整原文的词序。这涉及了解目标语言中常见的表达方式，以确保句子结构的合理性。在进行时态和语态的转换时，翻译者需要考虑目标语言中相应时态和语态的惯用表达。这需要深入了解目标语言的语法规则。尽管可以灵活调整词序，但也需要确保译文在语法上是准确的，以避免产生歧义或不自然的表达。结构和语法的差异需要翻译者具备深厚的语言学知识和对目标语言的熟练掌握,以确保翻译既准确又通顺。

(二)词汇的直接对应

确实,这是翻译中一个相当普遍的挑战。有时候,一些语言中存在的特定词汇、习语或文化特有的表达方式在另一种语言中并没有直接的等效物。这时,翻译者需要巧妙地运用目标语言的词汇和表达方式,以传达源文的意思。这种情况下,翻译者的语言功底和创造力就显得尤为重要。灵活运用目标语言的词汇,保持准确性同时使翻译自然流畅,是一个需要平衡考虑的难题。

(三)翻译的音韵和韵律

当涉及翻译的音韵和韵律,尤其是在诗歌或歌词翻译中,我们可以分为几个方面来讨论这个挑战。首先,语言的音韵结构。不同语言有不同的音素和音韵规则,有些语言可能有特定的辅音或元音,而有些语言可能拥有特殊的发音方式。在翻译过程中,要想保留原文的音韵特点,翻译者可能需要寻找目标语言中相似的音素或发音,以尽量还原原文的音韵美感。其次,韵律和节奏。每种语言都有独特的韵律和节奏,这在诗歌和歌词中尤为明显。有的语言强调音节的长短,有的注重词语的重音,而有的则以特定的韵律模式著称。在翻译时,翻译者需要敏锐地捕捉到原文的韵律,然后尽可能在目标语言中找到相近的韵律结构。另外,文化背景和修辞手法也是影响音韵和韵律翻译的因素。有些诗歌或歌词中蕴含着深厚的文化内涵,而修辞手法的运用也使得原文更具艺术性。在翻译时,除了要考虑语言层面的音韵和韵律,还需要了解并传达原文所承载的文化信息和修辞之美。最后,翻译者的创造力和灵活性。在面对音韵和韵律的挑战时,翻译者有时需要发挥创造力,采用一些灵活的翻译策略。这可能包括重新构思句子结构、寻找近义词替代以保持韵律等。总的来说,翻译的音韵和韵律是一项复杂的任务,需要翻译者在语言学、文学和文化等多个方面都有深厚的素养。

(四)文化内涵的表达

首先,文化背景的理解是关键。翻译者需要对原文所属的文化有深入的了解,包括其中的价值观、传统、历史等方面。只有了解了这些,翻译者才能准确地传达文化内涵。其次,等效替代是一种常见的翻译策略。有时候,原文中的词或表达在目标语言中没有直接对应的词,因此翻译者需要寻找一个能够传达相似含义的词语。这可能涉及选择更广泛的概念或使用目标文化中常见的表达方式。另外,注释也是一种有效的手段。在某些情况下,翻译者可以通过脚注或其他形式的注释来解释原文中特定文化内涵的含义,以帮助目标受众更好地理解。此外,适应目标文化的语境也是至关重要的。有时候,直译可能并不足以传达文化内涵,因为文化背景的不同可能导致目标受众无法理解。在这种情况下,翻译者需要灵活运用目标文化的语境,以确保信息的传递更为准确。最后,尊重原文的独特性也是一个原则。有时,原文中的文化内涵可能是独特而无法完全在目标文化中还原的,在这种情况下尽量保留原文的独特性,同时确保不至于造成目标受众的误解,是一个需要权衡的问题。总体而言,文化内涵的表达需要翻译者具备深厚的跨文化理解能力,以确保翻译作品在传达信息的同时保留原文的文化魅力。

(五)习语的翻译

首先,理解习语的文化背景是至关重要的。很多习语都根植于特定的文化、历史或传统,而直接翻译可能无法传达其中的深层含义。翻译者需要了解原文习语的背景,以便更好地选择在目标文化中有类似文化背景的表达方式。其次,寻找功能等效的表达。有时候,目标语言中并没有直接等同的习语,但可能存在与之相近的表达方式。翻译者需要运用创造性和语境适应性,选择能够传达相似意义的习语或表达。另外,灵活运用语言结构也是一种有效的策略。有时候,原文的习语结构在目标语言中可能不够自然,这时翻译者可能需要重新构思句子结构,以确保习语的流畅表达。避免字面翻译是非常重要的原则。直译习语的字面意思可能导致荒谬或不自然的结果。翻译者需要超越字面意义,捕捉到习语所传达的隐含含义,并在目标语言中找到合适的表达方式。此外,考虑语境和受众也是关键。习语的理解往往依赖于上下文,而不同的受众可能对习语有不同的理解程度。翻译者需要考虑目标受众的文化背景和语言水平,以确保翻译的习语能够被准确理解。在习语翻译中,翻译者的创造力和敏感度起着重要作用,因为这涉及更深层次的文化交流和语言传达。

二、文化差异的考量

(一)社交礼仪和文化习惯

社交礼仪和文化习惯确实是涉及文化差异时需要特别注意的方面。首先,语气和称呼的选择。在一些文化中,人们在交往中可能更加正式,使用较为烦琐的称呼和礼貌用语。而在另一些文化中,人们可能更倾向于直接、亲近的称呼。翻译者需要根据目标文化的语言风格选择适当的语气和称呼方式,以避免因为过于正式或不正式而引起误解。其次,问候和告别的习惯。不同文化中,问候和告别的方式可能有很大的差异。一些文化可能注重问候语的热情和亲切,而另一些文化可能更加注重礼貌和正式。翻译者需要了解这些差异,以确保在翻译中传达出适当的社交氛围。另外,礼物的赠送和接受。在一些文化中,礼物的赠送是一种常见的社交行为,而在另一些文化中可能有更多的礼仪和讲究。翻译者需要考虑如何在目标文化中传达原文中关于礼物的态度和文化内涵。此外,交际的空间和距离感。不同文化中,人们对于个人空间和交际距离的看法也有所不同。一些文化可能更注重个人隐私,而另一些文化可能更开放。在翻译中,翻译者需要考虑如何传达原文中关于交往空间的文化习惯。最后,场合和场合特定的礼仪。一些文化可能对于在不同场合中的言行举止有着特定的期望和规范。翻译者需要了解这些文化差异,以确保在翻译中传达出适应不同场合的社交礼仪。

总的来说，社交礼仪和文化习惯的翻译需要翻译者对目标文化的社交规范有深入的了解，以避免因为不当的翻译而导致文本在目标文化中产生不良的社交影响。

（二）历史和传统的影响

历史和传统是文化形成和演变的因素之一，对于翻译工作者来说，考虑到这些方面是至关重要的。历史和传统的影响，特别是在表达方式和习惯上，可能使得一些文化独特的说法在其他文化中难以理解。这就要求翻译者除了熟悉语言，还要对文化和历史有深入了解，以确保在翻译中能够保留原文的文化内涵。隐喻和比喻的处理也是一项挑战。有时候，一个在原文中常见的比喻可能在目标文化中无法找到直接的对应。在这种情况下，翻译者需要巧妙地选择或创造出在目标文化中有类似效果的表达方式，或者通过注释等手段进行解释。另外，语言的含蓄和直率确实会影响信息的传达。一些文化更倾向于直截了当地表达观点，而另一些文化可能更注重委婉和含蓄。在翻译时，翻译者需要在保持信息准确性的同时，考虑到目标文化的语言风格，以确保翻译文本的自然流畅。总体而言，考虑到历史、传统、隐喻、比喻、语言风格等因素，是翻译者在处理文化差异时需要综合考虑的方面。感觉你对这个话题非常敏感和了解。

（三）价值观和信仰的不同

文化之间的价值观和信仰的差异可能导致在翻译中出现一些敏感的问题。让我们更深入地讨论一下这个方面。首先，尊重文化多元性。不同的文化有着不同的价值观和信仰系统。在翻译过程中，翻译者需要对这些差异保持敏感，并且尽量避免对其他文化的观念进行片面或武断的解释。其次，文化敏感度。翻译者在工作中需要不仅仅是语言的熟练者，更是文化的理解者。了解不同文化的价值观和信仰，能够帮助翻译者更好地选择合适的表达方式，以避免误导或冲突。另外，避免文化偏见。有时，翻译可能受到自身文化背景的影响，导致对其他文化的误解或歧视。翻译者需要保持客观和公正，尽量避免在翻译中引入个人的文化偏见。此外，了解文化敏感词汇也是非常重要的。一些词汇在某些文化中可能是敏感的，而在另一些文化中可能是正常的。翻译者需要了解这些文化敏感词汇，以确保在翻译中避免使用可能引起不适或误解的表达方式。

在处理文化差异时，翻译者需要具备广泛的文化知识、深厚的跨文化理解能力，以及对目标受众的深入洞察。只有在这些方面都有充分考虑的情况下，翻译才能够真正做到准确传达原文的意义。

三、幽默与文学作品的挑战

处理幽默和文学作品的翻译确实是一个巨大的挑战，因为其中的趣味和深意通常深深扎根于特定的文化和语境之中。让我们深入研究一下这个问题。

（一）文化差异的影响

文化差异对于幽默的传达起着至关重要的作用。让我们深入了解一下文化差异如何影响幽默翻译。首先，共享知识的缺失。许多笑话和幽默涉及特定文化的共享知识，比如历史事件、流行文化、社会习惯等。当这些元素直译到另一种文化中时，可能因为目标受众不具备相同的共享知识而失去幽默效果。翻译者需要寻找目标文化中与之相近的元素，或者通过适当的解释来填补这种文化差异。其次，语言和双关语的问题。语言的巧妙运用是很多笑话的核心，但双关语和语言游戏在不同语言之间很难直接转换。翻译者需要在确保幽默感的同时，灵活运用目标语言的语言特点，可能需要进行一些创意性的调整。再次，文化背景的理解。一些幽默涉及对文学、历史或社会事件的理解。如果目标受众对这些文化背景不熟悉，那么原文中的笑话可能就不那么好笑了。翻译者可能需要通过注释、脚注等方式来解释这些文化背景，以便读者更好地理解幽默的内涵。最后，文化敏感度。一些笑话可能在另一种文化中被视为冒犯或不适当。翻译者需要谨慎处理这些内容，以确保在跨文化传播时不引起不必要的误解或争议。

处理文化差异时,翻译者的文化敏感度和跨文化理解能力是至关重要的。只有在考虑到这些因素的情况下,翻译者才能够成功地保留原文的幽默感,同时又得到目标受众的理解。

(二)语言游戏和双关语的难题

首先,文化的语言差异。很多时候,语言游戏和双关语是建立在原文语言的特定结构、词汇或发音上的。当直译时,这些巧妙的构思可能无法在另一种语言中得到精确的呈现。这就需要翻译者巧妙地找到目标语言中的替代方案,保持原有的机智和幽默感。其次,平衡字面翻译和意境传达。有时候,完全的字面翻译可能会损失原文的双关或幽默效果。翻译者需要在维持原意的同时,考虑如何在目标语言中呈现相似的双关或语言游戏,以确保读者能够领会其中的幽默。再次,创造性的翻译手法。有时候,直接翻译并不能完全传达原文的巧思。翻译者可能需要运用创造性的翻译手法,如变通用词、调整语序、添加注释等,来更好地保持原文的幽默。最后,目标受众的文化接受度。在进行替代和调整时,翻译者也需要考虑目标受众对于不同形式幽默的接受度。有时,一些文化中的语言游戏在另一种文化中可能并不奏效,因此需要进行适当的调整。处理语言游戏和双关语的挑战需要翻译者具备丰富的语言功底、文学素养和创造性思维。只有在这些方面都得到充分考虑的情况下,翻译者才能成功地传达原文的幽默感,让读者在目标文化中也能体会到其中的机智和趣味。

(三)文学背景的理解

首先,历史和社会事件的知识。有时,笑话和幽默可能涉及某个时期的历史事件或社会现象。如果目标受众对这些事件或现象不熟悉,那么原文中的幽默可能就无法达到预期的效果。在这种情况下,翻译者可能需要提供一些背景信息,通过注释或调整来确保目标受众能够理解幽默的来源。其次,文学作品和传统的了解。某些笑话可能依赖于对特定文学作品、传统故事或文化符号的理解。如果目标受众对这些文学元素不熟悉,翻译者可能需要通过注释或适当的调整来引导读者对这些元素有更深刻的认识。

再次，要注意文化隐喻。文学背景中可能包含一些文化隐喻，而这些隐喻可能在另一种文化中并不具备相同的象征意义。在翻译中，翻译者需要敏锐地捕捉这些文化隐喻，并确保在目标文化中有相近的对应或者适当的解释。最后，文学流派和风格的识别。某些笑话可能涉及特定的文学流派或作者的风格。翻译者需要能够辨识这些特征，并在目标语言中保持相似的文学氛围，以便更好地传达幽默的意图。在处理文学背景的理解时，翻译者的广泛文化知识和对不同文学元素的敏感度非常关键。只有通过深刻理解原文中的文学背景，翻译者才能够在目标文化中成功地传达幽默元素，让读者能够领会其中的含义和趣味。

（四）保留作者的语气和风格

每位作家都有独特的语气和写作风格，其中包括幽默元素。在翻译中，翻译者需要尽力保留原作的风格，使得目标受众在阅读时能够感受到作者的个性和原作的独特魅力。首先，理解作者的独特语言风格。每位作家都有独特的写作方式，包括语言的选择、句子结构，甚至是标点的运用。在翻译中，翻译者需要深入理解作者的独特语言风格，以便在目标语言中尽可能地还原这种风格。其次，捕捉原作的幽默感。作者的幽默感通常是其独特语气的一部分。翻译者需要敏锐地捕捉原作中的幽默元素，理解其中的笑点、调侃和戏谑，以便在翻译中保留这种幽默感。再次，灵活运用目标语言的表达方式。有时候，直译可能无法完全还原作者的语气和风格。在这种情况下，翻译者需要灵活运用目标语言的表达方式，以确保在翻译中能够传达出相似的情感和趣味。最后，维持原作的个性和独特魅力。翻译并不是简单的替换文字，而是在保持原作的独特魅力的同时，使其在目标文化中也能够引起读者的共鸣。这需要翻译者具备一定的创意性和表达能力。在处理作者语气和风格时，翻译者需要更多地站在作者的角度，以致力于还原原作的精髓。只有在理解作者独特的写作风格和幽默感的基础上，翻译者才能够成功地传达出原作的个性和独特魅力。

处理幽默和文学作品的翻译需要翻译者具备丰富的文学知识、语言敏感度和创造力。翻译者具备以上条件,译文才能够成功地传达原作的感情色彩和趣味。

四、多义性的解释

多义性是翻译中一个常见而且复杂的问题。让我们更深入地探讨一下这个挑战。

(一)语境的关键性

语境是翻译中至关重要的一个方面,它直接影响着句子的理解和正确翻译。首先,前后文的考虑。句子所处的上下文非常关键。前后文提供了关于句子意图和语境的信息。翻译者需要仔细阅读原文前后的内容,以确保对整个语境的理解是准确而全面的。有时,一句话在前后不同的情境下可能有截然不同的解释,翻译者需要确保选用的翻译在整个篇章中是一致的。其次,隐喻和文化因素的解读。有些句子可能包含隐喻或依赖于特定文化的背景知识。翻译者需要对这些隐喻和文化因素有敏锐的感知,并确保目标语言中的翻译能够传达出相似的意义。有时,可能需要进行一些解释或注释,以帮助目标受众理解原文的文化背景。再次,语境对于词义的影响也很大。同一个词在不同的语境中可能有不同的诠释。翻译者需要注意到这一点,确保所选用的词汇在目标语境中能够传达出正确的含义,而不至于引起歧义或混淆。最后,翻译的灵活性。有时,为了更好地契合目标语言的语境,翻译者可能需要在语言表达上做一些灵活的调整。这并不是改变原文的意思,而是确保在目标文化中能够更自然地被理解。在翻译过程中,对语境的深刻理解是确保准确传达原文意图的关键。只有通过全面的语境分析,翻译者才能够选择最适当、最贴合整个文本语境的翻译方案。

(二)避免歧义的努力

避免歧义是翻译工作中的一项关键任务,让我们更深入地讨论一下。

首先，使用准确而清晰的表达方式。选择合适的词汇和结构是避免歧义的第一步。翻译者需要确保所选用的表达方式在目标语言中能够传达出与原文相似的明确含义。有时，可能需要调整句子结构或选用更具明确性的词汇，以降低歧义的可能性。其次，添加解释性文字。有时，为了确保读者能够准确理解原文的含义，翻译者可能需要添加一些解释性的文字。这可以是括号内的注释、脚注，或者在文本周围提供额外的说明。这种做法有助于澄清一些可能引起歧义的地方，确保读者对于翻译的理解是准确的。再次，理解目标文化的语境。文化因素在很大程度上影响语言的理解。翻译者需要了解目标文化的语境、习惯用语和表达方式，以确保所选用的翻译在文化上是得体的。这有助于避免因文化差异而引起的歧义。最后，翻译的审校和反馈。在完成翻译后，进行审校是非常重要的一步。翻译者可以通过重新审视翻译文本，结合目标受众的反馈，发现可能存在的歧义并做出修正。综上所述，避免歧义需要翻译者在语言选择、表达方式和文化理解上具备高度的敏感性和谨慎性。只有在这些方面都得到充分考虑的情况下，翻译者才能够成功地传达原文的准确含义，避免目标受众对翻译产生误解。

（三）保留原文的灵活性

保留原文的灵活性既需要敏感性又需要谨慎。我们来深入研究一下这个问题。首先，理解作者的意图。在保留灵活性时，翻译者需要深入理解作者的写作意图。有时，作者可能故意运用多义性、双关语或其他语言技巧，以达到一种幽默、戏剧性或文学的效果。翻译者需要捕捉这种意图，并在翻译中予以保留。其次，选择灵活但准确的翻译方式。在目标语言中，翻译者需要找到一种表达方式，既保留原文的灵活性，又能够在目标文化中自然流畅地被理解。这可能涉及选择多义性词汇、使用具有多重解释的短语，或者通过其他手法来传达灵活性。再次，适当的注释和解释也是一种方式。在翻译文本中，翻译者可以通过添加注释或解释，向读者提供一些关于原文多义性的提示，帮助他们更好地理解作者的用意。这种方式既保留了原文的灵活性，又在必要时提供了额外的信息。最后，审慎处理文化差异。在不同的文化中，对于语言灵活性的理解可能有所不同。翻译者需要谨慎处理文化差异，确保所选择的翻译方式在目标文化中能够达到相似的效果，而不引起误解或混淆。保留原文的灵活性是一项挑战，但也是翻译中的一项重要任务。翻译者需要在保留作者原意的同时，考虑目标文化的语境，以确保翻译文本在新的语境中依然能够传达出原文的趣味和灵活性。

处理多义性的挑战需要翻译者具备敏锐的语言感知力和文化理解能力。只有通过全面的语境分析和恰当的表达选择，翻译者才能够有效地传达出原文的意义，避免歧义，确保目标受众能够准确理解翻译文本。

五、社会变迁与时效性

社会变迁与时效性确实是翻译工作中需要特别注意的因素。这两个方面直接影响到翻译的准确性和可理解性。

（一）社会变迁的考量

社会变迁确实是翻译中一个极其重要的因素。语言和社会之间的紧密联系使得翻译者必须时刻关注社会动态，让我们更深入地讨论这个方面。首先，时代特定的词汇和表达。社会的发展带来了新的概念、技术和文化现象，这些往往伴随着新的词汇和表达方式。翻译者需要及时了解这些变化，以确保所选择的词汇在目标语言中是准确且流行的。反之，一些过时的表达可能需要被更新或替换，以符合当前社会语境。其次，文化敏感性的调整。社会变迁常常伴随着文化的演变。某些观念、价值观或文化习惯可能在不同时期发生变化。翻译者需要了解这些变化，以适应目标文化的当前状态。这也包括对于敏感话题和政治正确性的考虑，因为社会对这些问题的态度可能会有所变化。再次，流行语和口头语的变化也是一个重要方面。社交媒体和流行文化的影响使得某些词汇和口头语的使用频率发生了变化。翻译者需要了解这些趋势，以确保翻译文本在目标文化中能够保持与原文相似的口感。最后，历史文化的传承。虽然社会在发展，但过去的历史文化仍然对当前社会产生影响。某些传统的词汇或表达方式可能因历史的传承而仍然存在。翻译者需要在处理这些元素时保持敏感,确保传达出文本的完整含义。总的来说,社会变迁要求翻译者具备对社会动态的敏感性和深刻的理解。只有通过不断学习和更新知识,翻译者才能够有效地将原文的社会语境传递到目标语言中。

(二)时效性的考虑

时效性和社会变迁对不同的读者群体可能产生不同的影响。在翻译过程中,翻译者需要灵活考虑目标受众的语境,以确保翻译文本在新文化中能够贴合读者的生活和理解框架。了解目标受众的文化背景对于适应语境至关重要。翻译者需要考虑读者的价值观、传统、社会制度等因素,以确保翻译文本在新文化中不会引起误解或不适。考虑社会变迁对目标受众的具体影响。有些社会变革可能会改变人们的观念、价值观,翻译时需要适应这些变化,以确保翻译文本在新的社会语境中仍然具有准确性和可接受性。目标受众的年龄、教育水平等因素也会影响他们对时效性信息的理解和接受程度。翻译者可能需要根据受众的特征调整翻译策略,选择更符合他们理解水平的语言和表达方式。有时,翻译的内容可能涉及特定行业或领域的专业术语。在这种情况下,翻译者需要了解目标受众的专业背景,确保翻译文本不仅准确无误,还能够在专业领域内得到正确理解。当需要涉及当地化时,翻译者可以考虑采用一些当地的习惯用语、俚语或文化元素,使翻译文本更符合当地读者的口味和理解。考虑目标受众在社交媒体和新媒体上获取信息的习惯。有些表达可能在社交媒体上更为流行,翻译者可以灵活运用这些表达方式,使得翻译文本更贴近读者的日常交流语境。通过充分考虑目标受众的语境,翻译者可以更好地满足他们的需求,使翻译文本更具有可读性和接受性。这种个性化的翻译策略有助于信息在不同文化之间的有效传递。

(三)适应读者的语境

适应读者的语境是确保翻译文本成功传达信息的重要一环。这里有一些相关的方面值得深入探讨：首先，文化敏感性。不同的文化背景可能对同一段文本产生不同的理解。翻译者需要了解目标受众所处的文化，以确保翻译文本在那里能够被理解，并且不会引起文化上的误解或冲突。应考虑到目标受众对特定事件、习惯等方面的熟悉程度。其次，时事和社会背景的了解。翻译者需要关注目标受众所处的时事动态和社会状况。某些表达在特定社会背景下可能更易理解，而在另一个地方可能需要进行解释。保持对目标市场的敏感性，使翻译文本与当地的社会现实更为契合。再次，年龄和教育水平的考虑。不同年龄层和教育水平的人对语言和信息的理解方式可能会有所不同。翻译者需要适应目标受众的群体特征，选择恰当的语言风格和表达方式，确保翻译文本能够与读者建立有效的沟通。最后，专业领域的适应。如果翻译文本涉及特定的专业领域，翻译者需要了解目标读者在该领域的专业知识水平。这有助于选择准确的术语和表达方式，以确保翻译文本在专业领域中能够被理解。总体来说，适应读者的语境是翻译中的一项挑战，但也是确保翻译文本最终能够有效传达的必要步骤。翻译者需要综合考虑文化、时事、受众特征等多个因素，以确保翻译文本在目标语境中具有最佳的可理解性和接受度。

在处理社会变迁与时效性时，翻译者需要时刻保持对社会动态的关注，了解当前的语言使用趋势和文化变迁。只有通过不断更新自己的知识，并灵活运用这些信息，翻译者才能够更好地适应不同时期和文化的语言特点。

第三节　不同语境下的语用差异

一、社交礼仪和语言方式

社交礼仪和语言方式的不同确实是翻译过程中需要特别留意的方面。让我们深入研究一下这个主题。

（一）礼貌用语的变化

在礼貌用语的变化方面，的确需要细心处理，因为这直接涉及社交互动的基本规范和文化价值观。让我们更深入地讨论一下这个方面的挑战和应对策略。首先，称呼和尊称的选择。在某些文化中，对于长辈或陌生人，使用正式的称呼和尊称是非常重要的，这被视为一种尊重的表达。例如，使用"先生""女士""阁下"等。而在其他文化中，人们可能更倾向于直接而轻松的称呼方式，更注重亲近感。翻译者需要根据文本所涉及的文化背景，选择适当的称呼，以确保表达的礼貌度符合目标文化的期望。其次，礼貌问候和祝福的表达。在不同文化中，问候和祝福的方式也可能存在显著差异。有的文化可能更注重形式化的问候，而另一些文化则可能更倾向于简洁而真诚的表达。翻译者需要理解目标文化中常见的问候和祝福方式，避免在翻译中产生不必要的正式或非正式的偏差。最后，社交场合和关系的考虑。不同的社交场合和人际关系可能需要不同的礼貌用语。在正式的商务会议中，人们可能更倾向于使用正式、尊敬的语言；而在家庭聚会中，可能更注重亲切和轻松的表达。翻译者需要了解文本所描述的具体社交情境，并相应地选择适当的礼貌用语。总体而言，处理礼貌用语的变化需要敏感性和文化意识。翻译者在进行翻译时，除了注意语法和词汇的准确性，还要深入了解文化差异，确保所选用的礼貌用语在目标文化中能够产生期望的社交效果。

（二）交际风格和表达方式

交际风格和表达方式的不同确实是一个非常关键的方面，因为它直接涉及人们在社交互动中的态度和习惯。让我们深入探讨一下在翻译过程中应对这些差异的方法。首先，正式与非正式的语言风格。在一些文化中，社交互动可能更加正式，人们可能更倾向于使用正式、客套的语言。而在另一些文化中，人们可能更习惯于直接而亲近的表达方式。翻译者需要通过文本的语境来判断何时应该采用更正式的表达，何时可以使用更非正式的语言风格，以确保翻译文本与目标文化的交际规范相符。其次，委婉与直接的沟通方式。在一些文化中，人们可能更喜欢使用委婉而含蓄的语言，以避免直接表达可能被认为冒犯的观点。而在其他文化中，直接而明确的沟通可能更受欢迎。翻译者需要理解目标文化中人们对于委婉和直接沟通的态度，选择适当的表达方式，以确保信息的传达既清晰又符合文化期望。最后，个人空间和亲密度的考虑。不同文化对于个人空间和亲密度的看法可能存在很大差异。有的文化可能更注重保持一定的个人空间，而另一些文化可能更注重亲近和身体接触。在翻译社交场景时，翻译者需要了解目标文化中人们对于个人空间和亲密度的期望，以确保所选用的表达方式符合文化习惯。总体而言，翻译者在处理交际风格和表达方式时需要具备文化敏感性和深刻的语境理解。通过捕捉到不同文化对待社交互动的态度和偏好，翻译者可以有效地传递出正确的交际语境，使翻译文本更加贴近目标文化的习惯和期望。

（三）尊重和谦逊的体现

尊重和谦逊在不同文化中的表达确实是一个涉及深层文化价值观的重要方面。让我们更仔细地研究这个主题，以便在翻译中更好地体现这些文化差异。首先，回避性表达和间接性沟通。在一些文化中，尊重和谦逊可能通过回避性的表达方式体现出来。人们可能更倾向于使用模糊而委婉的措辞，以避免直接表达可能被视为冒犯的意见。相反，在其他文化中，直接而坦诚的沟通可能被视为尊重他人的一种方式。翻译者需要通过文本的语境和所描述的文化背景来判断何时应该采用更回避性的表达，何时应该选择更直接的方式。其次，敬语和尊称的选择。在一些文化中，敬语和尊称可能是表达尊重的重要方式。在与长辈、上级或陌生人的交往中，使用适当的敬语和尊称是社交互动中的基本礼仪。然而，在其他文化中，人们可能更注重平等和直接性，更少使用敬语。翻译者需要根据目标文化中对于敬语和尊称的期望来选择适当的表达方式。最后，谦逊语气和自我降调。在一些文化中，表达谦逊可能需要通过语气和措辞来体现。避免过分强调个人成就，使用自我降调的语言可能被视为尊重他人。在另一些文化中，更直接地表达个人能力和成就可能更被认可。翻译者需要理解目标文化中人们对于谦逊的理解，选择适当的语言风格。总体而言，处理尊重和谦逊的体现需要翻译者对目标文化中的社交规范和价值观有深入的了解。通过准确理解这些文化差异，翻译者可以在翻译中传达出正确的尊重和谦逊的语境，使文本更符合目标文化的交际期望。

（四）社交场合的适应

社交场合的适应确实是一个需要仔细考虑的方面，因为不同的场合对于语言的要求和期望可能存在很大差异。让我们深入了解这个主题，看看在翻译中如何应对不同社交场合的需要。首先，正式场合的语言规范。在正式的商务场合或公共演讲中，语言通常更趋向于正式、庄重。使用正式的敬语、尊称以及专业术语可能更为常见。翻译者需要确保所选用的表达方式符合目标文化中该类场合的语言规范，避免因为过于非正式而显得不专业。其次，非正式场合的亲近感。在家庭聚会或朋友间的非正式场合，人们可能更注重亲近感和轻松的氛围。使用亲切的称呼、幽默的表达方式可能更为合适。翻译者需要在这样的场合中选择更轻松、自然的语言风格，以确保文本与目标文化中的非正式社交期望相符。再次，文体和场合的匹配。某些场合可能更适合使用特定的文体，比如正式的书面语言或口语化的表达。翻译者需要根据文本的特点和所描述的场合，选择适当的文体，以确保翻译文本在语言风格上与社交场合相匹配。最后，专业场合的术语和表达。在某些专业领域的社交场合，可能会涉及专业术语和特定的表达方式。翻译者需要了解目标领域的专业语言，确保在翻译中使用准确、恰当的术语，以满足专业场合的语言要求。总体而言，社交场合的适应需要翻译者综合考虑文本的性质、所处的文化和具体的社交背景。通过灵活运用语言，翻译者可以确保翻译文本在不同场合中都能够显得得体而合适。

总体而言，社交礼仪和言语方式的翻译需要翻译者对不同文化之间的交际规范有深入的理解。这涉及更多文化学和语用学的知识，使翻译不仅仅在语法和词汇上准确，还在社交语境中能够流畅自然。

二、语气和表达的直接度

语气和表达的直接度的差异确实是一个需要特别注意的方面，因为这直接关系到文本在不同文化中的接受度和合适性。我们可以深入了解一下在翻译中如何应对这种直接度的差异。

（一）直接性和坦率的表达

处理直接性和坦率表达的差异确实需要翻译者具备敏感性和判断力，以确保文本在目标文化中既能够传达原文的意图，又能够遵循目标文化的语言规范。让我们更深入地探讨一下这个方面。在面对直接性和坦率表达的情况时，翻译者可以考虑以下几个因素：翻译者需要仔细分析文本所属的领域和具体语境。在一些领域，比如商务或学术领域，直接、明确的表达方式可能更为常见，在这种情况下，翻译者可以更倾向于保持原文的直接性；而在一些涉及个人感情或含义深层的文本中，可能需要更加谨慎地考虑委婉的表达方式，目标受众的文化偏好，了解目标文化对于直接性和委婉性的偏好是至关重要的。如果目标文化更倾向于委婉的表达方式，翻译者可能需要调整原文，以使其更符合目标文化的语言风格。这可能涉及使用更含蓄的措辞或通过更间接的方式表达观点。在调整表达方式时，翻译者需要努力保留作者原意。这可能需要深入理解原文中表达的情感和意图，并在翻译中找到目标文化中能够传达相似情感的方式。对于每一处可能涉及直接性和坦率表达的情况，翻译者都应该进行深入的语境分析。考虑前后文的内容、人物关系、事件发展等因素，以便更好地理解何时使用直接表达或委婉表达更为适宜。在整个翻译过程中，平衡保留原文意图和符合目标文化语言规范之间的关系是至关重要的。这需要翻译者在每一个决策点上都做出明智的选择，以确保最终的翻译文本既忠实于原文，又能够与目标文化产生共鸣。

（二）委婉和含蓄的语气

处理委婉和含蓄的语气的差异需要翻译者深入了解目标文化的交际风

格和价值观。以下是一些在翻译过程中应对委婉和含蓄语气差异的考虑：了解目标文化中人们对于语气的偏好是关键。有些文化更注重委婉和含蓄的表达方式，将直接的表达视为冒犯，而在其他文化中，直接、明确的表达可能更为受欢迎。通过熟悉目标文化的交际风格，翻译者可以调整语言风格，使其更符合文化期望。考虑文本所属的类型和具体语境。在某些情境下，委婉和含蓄可能更为适用，比如处理敏感话题或表达意见时。在其他情境下，比如商务沟通，可能需要更直截了当的表达方式。翻译者需要根据文本的性质判断何时使用委婉的语气。翻译者在调整语气时应努力保留作者原意。这可能涉及深入理解原文中使用委婉表达的原因，是为了避免冲突、保持礼貌还是传达某种情感。通过理解作者的意图，翻译者可以更好地传达相似的语气。深入分析文本的语境，包括前后文的信息、人物关系、事件发展等。委婉和含蓄的表达方式可能在特定语境下更为合适，翻译者需要在整个句子或段落的背景中考虑如何处理语气。考虑目标受众的文化敏感性。如果目标受众更习惯于委婉的表达方式，翻译者可能需要调整原文以适应这种文化背景，从而更好地传达信息。在翻译中，灵活运用委婉和含蓄的语气，使其更符合目标文化的交际规范，是确保翻译文本得体而合适的重要步骤。

（三）道歉和批评的表达方式

道歉和批评是语气中需要特别小心处理的方面，因为它们直接涉及人们的情感和价值观。以下是在翻译中处理道歉和批评的一些建议：在处理道歉和批评时，翻译者首先需要了解目标文化对于这两者的接受度和表达方式的差异。有些文化可能更看重道歉，而在另一些文化中，过分的批评可能被视为不礼貌。要考虑文本所处的具体情境。在某些情境下，道歉可能是必要的，而在其他情境下，过度的批评可能并不适当。根据文本的性质和场景来调整语气，确保道歉和批评的表达方式符合语境需求。努力保留原文中的情感色彩。如果原文中包含有情感的表达，翻译者需要在翻译中找到能够传达相似情感的表达方式，而不仅仅是直译文字。选择在目标文化中合适的措辞。某些表达方式可能在一个文化中是合适的,但在另一个文化中可能需要更为委婉或直接的表达方式。翻译者需要根据文化差异选择适当的表达方式。预测目标受众的反应。翻译者需要考虑到读者可能对于道歉或批评的接受程度,以避免引起不必要的误解或负面情绪。在整个文本中保持平衡。如果文本涉及多个情感色彩或语气,确保在整体上保持平衡,避免突然的转变引起不自然感。在处理道歉和批评时,翻译者的目标是既要保留原文的情感和意图,同时又要确保翻译文本在目标文化中是得体而合适的。这需要细致入微的语境分析和文化敏感性。

(四)文学作品和幽默的表达

文学作品和幽默的表达确实是语气处理中的一项挑战,因为它们往往深受文化、历史和社会因素的影响。在翻译这些内容时,翻译者需要细致入微地平衡原文的情感和作者的独特风格,同时考虑目标文化的接受度。以下是一些建议:在翻译文学作品和幽默时,深入理解作者的独特风格是关键。作者可能有自己独特的幽默感和语气,翻译者需要尽力保留这种独特性,以确保目标读者能够体验到作者的风格。不同文化对于幽默的理解和欣赏度有所不同。一些文化可能更倾向于讽刺和黑色幽默,而另一些文化可能更偏好直白和轻松的表达方式。翻译者需要考虑目标文化的幽默观,以确保幽默元素在新的文化环境中依然有效。有时候,直接翻译幽默并不可行,因为不同语言和文化中的笑点可能有很大的差异。翻译者可以考虑使用目标文化中类似的幽默元素,以达到相似的效果。尽管需要考虑目标文化的接受度,但也要注意不要过度调整以至于失去了原文的趣味和独特性。在保留作者的语气时,翻译者可以通过注释或其他方式帮助读者更好地理解。文学作品往往反映了作者所处的文学背景和社会环境。翻译者需要了解这些因素,以便更好地传达文本的深层含义和文化内涵。总的来说,处理文学作品和幽默的表达需要翻译者兼顾作者原意和目标文化的特点,以创造在语气上自然而有趣的翻译。

总体而言,处理语气和表达的直接度需要翻译者具备良好的文化敏感性和语境理解。通过深入了解目标文化的语言风格和偏好，翻译者可以有效地调整语气，使翻译文本更符合目标文化的口味和期望。

三、隐含信息和上下文的重要性

隐含信息和上下文对于准确传达意思至关重要。以下是一些在处理隐含信息和上下文时的注意事项：

（一）深入理解上下文

深入理解上下文是确保准确翻译的关键。上下文提供了词语和表达的背景，帮助翻译者捕捉到作者的意图和文本中蕴含的含义。以下是一些在深入理解上下文时的注意事项：了解前后文的关系对于理解隐含信息至关重要。前文提供了背景信息，后文可能揭示了更多的细节或发展。翻译者需要在整个文本中建立起一个有机的连接，以确保翻译的连贯性和一致性。文本中的人物之间的关系对于隐含信息的解读有很大的影响。了解人物之间的互动、情感关系和背景，有助于把握他们之间可能存在的隐含含义。文本中的事件发展也是理解上下文的关键。翻译者需要追踪故事线索、事件的发展，以便把握作者想要传达的信息。事件的顺序和发展对于理解隐含信息的含义非常重要。考虑文本的整体结构，包括段落、章节的组织方式。有时，隐含信息可能在整个文本的结构中体现，而非单独的词句中。不同类型的文本可能有不同的上下文解读方式。诗歌、小说、新闻报道等可能需要不同的解读方法。翻译者需要根据文本类型调整理解的焦点。每位作者都有独特的写作风格。了解作者的惯用表达方式、文学手法以及他们在其他作品中的写作风格，有助于更好地理解和传达隐含信息。深入理解上下文不仅有助于翻译者准确传达文本的意思，还有助于保留原文的情感和文学味道。这对于确保翻译的自然流畅至关重要。

（二）保持信息的完整性

保持信息的完整性是翻译中的一个核心原则，尤其在处理隐含信息和上下文时更为重要。以下是一些在保持信息完整性方面的具体方法：有时原文中的隐含信息可能依赖于读者对某些特定背景的了解。在翻译中，翻译者可以通过添加一些背景信息或解释，帮助目标读者更好地理解上下文和隐含的含义。在目标文本中适当地使用注释是一种常见的方法，特别是当原文中的信息难以直接翻译或需要额外解释时。注释可以用于提供上下文信息、文化背景或专业术语的解释。有时，为了保持信息的完整性，翻译者可能需要调整目标语言中的语法结构。这可能包括重组句子、添加从句或使用不同的表达方式，以确保信息传达得更加清晰。有些表达在不同语言中可能没有直接的对应物。在这种情况下，翻译者可以考虑使用近义词或短语，以传达原文中的信息，同时保持意思的完整性。确保翻译的信息与文本的整体语境相契合。避免在翻译中引入不一致或矛盾的信息，以维持整体的一致性。在添加额外信息时，要考虑目标读者的知识水平。不要过度简化，也不要使用过于专业化的术语，以确保信息对目标读者有意义。通过这些方法，翻译者可以在传达信息的同时，确保目标文本在语言和文化上的合适性，保持了原文的完整性和深度。

（三）文化敏感性

文化敏感性在翻译中扮演着至关重要的角色，特别是在处理隐含信息时。以下是一些关于文化敏感性的考虑：翻译者需要深入了解源文本和目标文化的文化背景。这包括了解文化的价值观、信仰体系、社会习惯等方面，以确保能够准确理解和传达文本中的隐含信息。不同文化之间存在着不同的语言习惯和表达方式。一些隐含信息可能是建立在特定的语境和表达方式上的，翻译者需要注意这些差异，以选择最适合目标文化的翻译方式。某些隐含信息在一个文化中可能是显而易见的，但在另一个文化中可能容易被误解。翻译者需要通过适当的注释或调整来避免文化误解，确保目标读者能够理解原文中的文化含义。文化敏感性也意味着尊重文化差异。在处理隐含信息时，翻译者应该避免对其他文化的价值观和表达方式进行主观评价，而是尽可能保持中立和尊重。目标读者的文化背景同样重要。翻译者需要考虑目标读者对于源文本中隐含信息的理解程度，以便进行适当的调整和解释。了解目标文化的社会习惯对于准确传达文本中的社会隐含信息至关重要。这包括人际关系、社交礼仪、家庭结构等方面的了解。通过具备深刻的文化敏感性，翻译者能够更好地应对文本中的隐含信息，确保翻译不仅在语言上准确，还在文化上得体。

（四）维持作者的意图

维持作者的意图确实是翻译中的一项重要任务，尤其在处理隐含信息时。以下是一些方法，有助于翻译者保持作者的原意：了解作者的其他作品，研究其写作风格和惯用表达方式。这有助于把握作者的独特声音和意图，使翻译更贴近原作。文学背景对于理解作者的意图至关重要。了解作者所处的文学时代、流派和文学传统，有助于准确理解和传达隐含信息。许多隐含信息包含了作者的情感和态度。翻译者需要努力保持这些情感色彩，使目标读者能够感受到原作中所蕴含的情感。虽然添加一些额外的上下文信息是有必要的，但翻译者应避免过度解释，以免改变原文的意味。保持一定的灵活性，尽量在保持意境的同时传达作者的原意。作者的语气和语法对于传达隐含信息至关重要。翻译者需要注意原文中的语气、修辞和用词选择，以在目标语言中找到相近的表达方式。在某些情况下，翻译者可能有机会与作者互动，询问有关原作的问题。这可以为翻译提供更直接的理解，有助于更好地传达作者的意图。通过以上方法，翻译者可以更好地理解并保持作者的意图，确保翻译在语言、文化和情感层面上都能忠实于原作。

（五）适当运用注释

运用注释是翻译中一种有效的手段，特别在处理隐含信息时。如果源文本中的隐含信息涉及特定文化的习惯或传统，翻译者可以在目标文本中添加注释，解释相关的文化背景，以便读者更好地理解。某些词汇在不同的上下文中可能有不同的含义。在这种情况下，翻译者可以使用注释来解释原文中可能存在的多义性，以确保读者选择正确的解释。如果原文中的隐含信息涉及作者的意图或思想，翻译者可以通过注释来澄清这些信息，使读者更好地理解作者的目的。有时，隐含信息可能与特定的文学或历史事件有关。在这种情况下，注释可以用于提供相关的文学或历史背景，以帮助读者更好地理解上下文。如果原文中的隐含信息依赖于语言游戏或双关语，翻译者可以通过注释解释这些游戏和双关语的含义，以确保读者不会失去其中的幽默和深意。有些隐含信息可能在翻译时难以准确传达。通过使用注释，翻译者可以提醒读者某些表达可能存在翻译上的难题，并尽量保持原文的意图。运用注释需要谨慎，以确保不干扰读者的阅读体验。注释应该简洁明了，提供足够的信息，同时避免过度使用，以免破坏文本的流畅性。

（六）考虑目标受众

考虑目标受众是翻译工作中至关重要的一环，尤其在传达隐含信息时。了解目标受众所处的文化背景，以调整翻译文本中的隐含信息。不同文化对于隐含信息的理解可能有所不同，因此翻译者需要根据目标文化的特点进行适当的调整。目标受众的知识水平也是重要的考虑因素。翻译者应该选择适合目标受众理解水平的表达方式，避免使用过于专业或晦涩的语言，同时确保不失去原文的深意。根据目标受众所处的语境，翻译者可以调整表达方式。例如，在面向年轻读者的翻译中，可以采用更加轻松、活泼的语言，以增加读者的兴趣和理解。有时，原文中的隐含信息可能涉及特定文化的元素，对于目标受众可能是陌生的。在这种情况下，翻译者需要考虑如何用更熟悉的元素或提供适当的注释来帮助读者理解。不同年龄群体对于隐含信息的理解和接受度也可能存在差异。翻译者在面向不同年龄层次的读者时，应该注意选择适当的表达方式，以确保文本的可读性和吸引力。通过考虑目标受众的文化、知识水平和年龄等因素，翻译者能够更好地调整表达方式，使翻译文本更符合目标受众的理解和接受水平。这有助于确保翻译的有效传达，并使文本更贴近读者的预期。

在处理隐含信息和上下文时，翻译者需要综合考虑语境、文化和作者意图，以确保翻译文本在目标文化中能够传达出与原文相似的意义和情感。

四、表达感情和态度的方式

表达感情和态度的方式在不同文化中存在显著差异。一些文化可能更倾向于强调积极的情感，而另一些文化可能更注重保持冷静。翻译者需要根据目标文化的情感表达规范调整原文中的情感强调，以确保适应目标受众的审美和文化期望。在表达感情和态度时，一些文化可能强调礼貌和谦逊，而其他文化可能更直接和坦率。翻译者需要了解目标文化中人们对于礼貌和直接表达的态度，以选择合适的表达方式。不同文化中，人们对于口吻和语气的接受度有所不同。一些文化可能更喜欢使用正式、客套的语气，而另一些文化可能更注重轻松和亲近的口吻。翻译者需要根据目标文化的口吻和语气偏好进行选择。在表达感情和态度时，翻译者应该注意避免使用可能在目标文化中被视为冒犯或不适当的表达。文化敏感性对于确保翻译文本的接受度至关重要。尽管需要考虑目标文化的规范，但翻译者也应该努力保持原作者的声音和情感表达方式。这有助于保留原文的个性和独特性。通过在表达感情和态度的方式上敏感地考虑文化差异，翻译者可以确保翻译文本在目标文化中更自然而贴近读者的情感共鸣。

总的来说，理解不同语境下的语用差异对于进行准确而得体的翻译至关重要。翻译者需要不仅仅关注语言的字面意义，还要深入了解语境和文化因素，以确保翻译文本在目标语境中能够被理解和接受。

第五章　英语语境对翻译策略的启示

第一节　语境与词汇选择

一、语境对词汇的影响

语境对词汇的选择和理解起着至关重要的作用。让我们深入探讨一下这一点:

(一) 前后文的作用

前后文提供了词语的上下文,帮助翻译者理解词语在句子中的具体含义。有时,一个词可能在前文中被定义或解释,这对于确保在后文中正确理解和翻译它至关重要。

(二) 相关事件和情境

了解相关事件和情境有助于翻译者更好地把握词汇的含义。例如,在小说中,同一个词,在描述紧张情境或平静情境时表达的意思不同。

(三) 文化因素的考虑

文化背景对于词汇的选择也是关键的。同一个词在不同文化中可能具有截然不同的内涵。翻译者需要了解目标文化的文化背景,以确保所选用的词在那种文化中是准确且贴切的。

(四)多义词的处理

多义词在翻译中可能是一个潜在的挑战。通过考虑上下文,翻译者需要确定最合适的含义,以避免歧义。这可能需要深入了解原文中词汇的不同可能解释。

(五)作者的写作风格

有些作者可能有独特的写作风格,他们选择的词汇可以反映出这种风格。翻译者在选择词汇时要努力保留作者的独特风格,使得目标文本更贴近原作的特色。

总体而言,对语境的深刻理解是确保翻译准确、自然且贴切的关键。有了对语境的敏感性,翻译者可以更好地选择适当的词汇,确保信息的一致传达。

二、多义词的挑战

多义词确实是翻译过程中的一项挑战。让我们更深入地探讨一下这一点:

(一)上下文分析

在处理多义词时,翻译者需要仔细分析上下文,以确定在特定语境下最合适的含义。有时,前后文可以提供关键线索,帮助翻译者正确选择词汇的含义。

(二)语境补充

有时,为了在目标语言中传达相同的含义,翻译者可能需要在翻译中添加额外的语境或说明,以帮助读者理解作者原意。这对于避免歧义至关重要。

(三)文化因素

不同文化可能对于多义词的理解存在差异。翻译者需要考虑目标文化中对于这些词汇含义的偏好,并选择最贴切的翻译,以确保信息的正确传达。

（四）专业背景的考虑

在特定领域，多义词的选择可能受到专业领域的限制。翻译者需要了解目标受众的专业背景，以选择最适合上下文的含义。

（五）语言知识的更新

由于语言是不断演变的，某些词语的含义可能会随着时间的推移而发生变化。翻译者需要保持对目标语言的语言发展趋势的了解，以确保所选用的含义在当代语境中仍然准确。

（六）保留原意

面对多义词时，翻译者的目标是保留原文的意图。通过深入理解作者的写作意图，翻译者可以更好地选择适当的含义，以传达相似的信息。

在处理多义词时，灵活性和判断力是翻译者的关键素质。有时，这可能需要一定的创造性，以确保翻译文本在目标语言中保持准确和清晰。

三、文化因素和词汇选择

文化因素在词汇选择中的影响确实是一个重要而复杂的考虑因素。我们来看看文化因素对词汇选择的具体影响：

（一）文化背景影响词汇含义

同一个词在不同文化中可能有截然不同的含义。翻译者需要深入了解目标文化对于特定词汇的理解，以确保所选用的翻译在那个文化中是准确的。

（二）文化敏感度

一些词汇可能在某些文化中被视为合适和正常的，而在另一些文化中可能具有冒犯性。翻译者需要考虑目标文化的文化敏感度，选择不会引起误解或冲突的词汇。

（三）习惯用语和俚语

不同文化中存在独特的习惯用语和俚语。翻译者需要了解这些表达方式，以确保在目标文化中保持语境的自然和贴切。

（四）正式与非正式的区别

一些文化更注重正式的表达方式，而另一些文化可能更倾向于非正式、亲近的用语。翻译者需要根据目标文化的语言习惯，选择适当的形式。

（五）文化认同感

使用与目标文化相关的词汇可以增强读者的文化认同感。翻译者可以选择与目标文化更为契合的词汇，使翻译文本更具亲和力。

（六）文学和艺术风格

在文学作品或艺术品中，特定文化的独特词汇和表达方式可能成为艺术风格的一部分。翻译者需要在保持原作风格的同时，找到目标文化中最贴切的翻译。

总体而言，文化因素不仅影响词汇的选择，还涉及语言的整体风格和氛围。翻译者的文化敏感度和深刻的跨文化理解对于成功传达信息至关重要。

四、专业术语的处理

专业术语的处理确实是一个需要高度专业知识和谨慎的领域。让我们来深入探讨一下专业术语的处理：专业术语通常在特定领域中具有特定的含义，但同一个术语在不同上下文中可能有不同的解释。翻译者需要仔细分析上下文，确保所选用的专业术语与原文的意图一致。考虑到不同读者的专业水平，翻译者可能需要根据目标受众的专业背景选择合适的术语。在专业领域内的读者可能更倾向于具体的术语，而非专业读者可能需要更多的解释。有时，即使选择了正确的专业术语，读者仍可能需要额外的解释。在这种情况下，翻译者可以考虑在文本中提供注释或脚注，以帮助读者更好地理解专业术语的含义。一些专业术语在不同领域中可能具有相似但不同的含义。翻译者需要警惕这种歧义，确保所选用的术语在目标领域中是准确的,同时不会引起混淆。如果可能,与目标领域的专业人士合作是解决专业术语问题的有效途径。专业人士可以提供准确的建议和上下文,有助于确保翻译的专业术语是恰当的。在整个文本中保持专业术语的一致性非常重要。如果某个术语在文中多次出现,应该保持一致性,以避免引起读者困惑。

五、保留原作风格

保留原作风格确实是翻译中的一项重要任务。这需要翻译者在语言层面和文学风格上的敏感性。让我们深入探讨一下如何在翻译中保留原作的独特风格:在着手翻译之前,翻译者需要深入理解原作的作者风格。这包括作者的用词选择、句子结构、语气等方面的特点。有些作品可能包含特殊的文学元素,如隐喻、比喻、象征等。翻译者应该努力在目标文本中保留这些元素,以确保作者的文学风格得以传达。词汇选择是表达文学风格的重要方面。翻译者需要在目标语言中选择与原文相近的词汇,以确保作者的语言特色得以保留。虽然保留原作风格是重要的,但也需要考虑目标受众的理解程度。有时,可能需要做出一些微调,以适应目标文化和读者的语言背景。语言是灵活的工具,不同的语言有不同的表达方式。翻译者可以灵活运用目标语言的表达方式,以更好地传达原作的独特风格。一些作品的独特之处可能体现在情感色彩上。翻译者需要努力保持原作情感的一致性,使读者在目标文本中能够感受到相似的情感。如果可能,与作者进行互动或参考作者的其他作品可以提供更深入的理解。这有助于翻译者更好地捕捉到作者的独特写作风格。

六、用词的正式与非正式

用词的正式与非正式确实是一个需要在翻译中仔细考虑的方面。让我们深入讨论一下在处理正式与非正式用词时可能面临的挑战和应对策略：正式和非正式用词的选择通常取决于语境和交流场合。翻译者在进行翻译前应该充分理解原文所处的语境，并考虑目标受众在何种场合下会更倾向于使用正式或非正式语言。不同文化和群体对于正式和非正式语言的接受度有所不同。翻译者需要考虑目标受众的文化、社会地位、年龄等因素，以确定使用哪种语言风格更为适宜。如果原文中使用了一定的正式或非正式语言，翻译者需要努力保持相似的社交氛围。这有助于确保目标文本在语气上与原文一致。有时，翻译者可能会过度强调正式或非正式的用词，导致翻译文本显得生硬或不自然。在用词选择上要保持适度，以符合目标文化的语言风格。在专业领域，对于正式用词的要求可能更为严格。翻译者需要了解特定领域的语言规范，确保专业性和得体性。语言是灵活的，有时在正式和非正式之间可以找到一种中庸的表达方式。翻译者可以灵活运用目标语言，以创造一个既得体又自然的翻译结果。

七、感情色彩的传达

感情色彩在语言中扮演着至关重要的角色，尤其在翻译过程中，正确传达情感是保持原文意境和作者意图的关键。让我们深入讨论一下在感情色彩传达中可能面临的挑战和应对策略：情感的表达方式在不同文化中可能存在差异。某个词在一种文化中可能带有积极的感情色彩，而在另一种文化中可能被理解为中性或负面的。翻译者需要了解目标文化对于情感表达的敏感度，以确保翻译不会产生误导或歧义。一些词汇可能具有多个含义，其中一些可能携带不同的感情色彩。翻译者需要根据上下文和作者的语境来选择最贴切的含义，以保持情感的一致性。不同的作者有不同的写作风格，其中包括对情感的表达方式。翻译者需要深入理解作者的独特风格，以确保在翻译中能够传达出作者想要表达的情感。某些语言中存在难以直接翻译的感情色彩，因此翻译者可能需要寻找目标语言中最接近的表达方式，以避免失真原文的情感。一些语言可能更富有表现力，能够更准确地传达情感。在翻译中，翻译者需要考虑如何利用目标语言的表现力，以尽可能地传达原文的感情色彩。考虑到目标受众的情感背景也是重要的。不同的人可能对相同的词汇有不同的情感反应。翻译者可以通过了解目标受众的文化和社会背景，更好地调整感情色彩的传达方式。

第二节　语境与句法结构

一、复杂句的拆解

拆解复杂句确实是翻译中一个常见的挑战。在处理这个问题时，翻译者可以考虑以下策略：仔细分析原文句子的结构，识别主谓宾关系、从属关系等，以便更好地理解句子的核心意思。将复杂句子置于上下文中，确保理解句子的含义及其在文章中的作用。这有助于确定哪些信息是关键的，哪些可以在拆解中保留。将复杂句子分解为更简单的子句，每个子句都包含一个独立的意思。这样有助于更清晰地翻译每个子句，并确保目标语言的语法结构更为简洁。根据目标语言的语法规则，调整子句的语序，使其更符合目标语言的表达习惯。在翻译过程中，适度使用连接词来建立子句之间的关系，以保持文本的连贯性。在拆解和重新构建句子时，确保保留原文中的关键信息，以避免失去原文的重要含义。

二、语序的不同

调整语序是确保翻译通顺和符合目标语法的重要一环。在处理语序不同的情况时，翻译者可以考虑以下方法：对目标语言的语法规则有深刻的理解是关键。了解主语、谓语、宾语等在目标语言中的典型排列方式可以帮助你更好地调整语序。调整语序时，确保信息的流畅传达。避免造成歧义或使句子难以理解。考虑文本中的重点信息，确保调整语序不会削弱原文中的重要意义。使用适当的连接词来使句子在结构上更为自然，连接不同部分。根据目标语言的语法规则，可以运用变换方式，如将主动语态变为被动语态等，以适应目标语言的表达习惯。在调整语序的过程中，注意修辞和语气的变化，确保不影响原文的风格和表达方式。

三、虚拟语气和时态

虚拟语气和时态是翻译中需要特别注意的语法元素。在处理虚拟语气和时态时，可以考虑以下方面：确保原文中的动作时态得以正确传达。不同语言可能有不同的时态体系，需要根据目标语言的规范进行调整。虚拟语气在不同语言中有不同的表达方式。翻译者需要了解目标语言中常用的虚拟语气形式，并在翻译中进行相应调整。注意原文中的语气，如陈述、疑问、祈使等，确保在翻译中保持相似的语气，以便准确传达作者的意图。考虑上下文中的时间线和逻辑关系，以确保时态和虚拟语气的使用符合文本整体的逻辑。一些语言可能在虚拟语气的使用上更为灵活，表达作者的主观想法。在翻译时，需考虑如何传达原文中的主观性或客观性。

四、省略和补充

省略和补充是翻译中的敏感问题。在处理省略和补充时，翻译者需要综合考虑以下几个方面：确保省略或补充的信息是原文中的核心内容，对于整体理解至关重要。避免遗漏关键信息或引入过多无关紧要的内容。在进行省略或补充时，保持目标语言的语法结构和风格与原文一致，以确保翻译文本自然流畅。综合考虑原文和目标文的上下文，确保省略或补充的信息在整个文本中都能够融洽地贴合，不引起歧义。考虑目标读者对于省略或补充信息的理解水平。确保翻译文本在目标文化中能够被准确理解。保持文体和风格的连贯性，避免因为省略或补充而导致整体风格不一致。

五、形式和语法规范

形式和语法规范的遵循是翻译中的基本原则之一。在处理形式和语法规范时，以下几点可能会帮助你更好地保持文本的准确性和自然流畅性：注意目标语言中冠词的用法，因为在不同语言中，冠词的使用方式可能存在很大差异。有时需要增加或省略冠词以符合目标语言的规范。确保翻译文本中的时态与目标语言一致。不同语言可能有不同的时态表达方式，需要适应目标语言的规范。在处理名词性从句时，确保结构清晰、语法正确。这涉及正确使用关联词和确保从句与主句在语法上协调一致。注意动词的时态、语态和人称的正确使用。在一些语言中，动词形式可能会根据句子的结构和上下文发生变化。了解目标语言中从句和主句连接的习惯用法，确保连接词的准确使用，以维持句子结构的连贯性。

第三节　语境对文化内涵的影响

一、社会变迁与时效性

社会的不断演变是翻译中一个常被忽视但极其重要的方面。随着科技、文化和社会观念的发展，过去的表达方式可能已经不再适用或产生了新的含义。这就需要翻译者具备对当代社会变迁的敏感性和了解力。在考虑时效性时，翻译者需要关注以下几个方面：有些词汇可能在新的社会语境中演变，产生了不同的语义或引申义。翻译时要选择符合当代语境的同等词汇，避免使用已经过时的术语。随着技术和科学的进步，新的术语和表达方式不断涌现。翻译者需要保持对这些新兴术语的了解，以便在翻译中使用准确的术语。某些表达可能受到当代文化潮流的影响，比如流行语、网络用语等。理解这些潮流对于准确翻译涉及当代文化的文本至关重要。社会观念的演变会影响一些词汇的含义。某个词语在过去可能有一种社会认知，而今天可能有了新的理解。翻译者需要捕捉这种变化，确保译文符合当代社会的理解。政治和经济的变革通常伴随着一些术语和表达的变化。了解这些变革对于正确理解和翻译相关文本至关重要。在处理时效性时，及时更新自己的知识，保持对时事和社会变革的关注，是每位翻译者都需要不断努力的方向。

二、文化差异的考量

文化差异是翻译中一个至关重要的因素。每个文化都有其独特的价值观、传统和习惯，这些元素深刻影响着语言的使用和理解。在考虑文化差异时，翻译者需要关注以下几个方面：不同文化对于价值观和信仰的理解可能存在很大的差异。某个表达在一个文化中可能是正常的，但在另一个文化中可能被视为冒犯。因此，翻译者需要了解这些文化价值观的不同，以避免误导或冲突。社交互动的方式在不同文化中可能存在显著差异。一些表达可能在一个文化中是常见的礼貌用语，但在另一个文化中可能显得过于正式或不自然。翻译者需要了解这些社交礼仪的差异，并在翻译中进行相应的调整，以确保文本在目标文化中具有适当的礼仪。文化的根源通常深植于历史和传统之中。某些表达可能源自于文化的独特历史经验，而这些经验在目标文化中可能并不存在。因此，翻译者需要考虑如何传达原文的历史和文化背景，以确保读者能够理解其中的文化内涵。有些文化更倾向于使用直截了当的语言，而另一些文化可能更喜欢含蓄和委婉的表达方式。翻译者需要在这方面做出调整，以符合目标文化的语言风格。隐喻和比喻在不同文化中可能有截然不同的解释。翻译者需要选择目标文化中更为通用的表达方式，或者进行适当的解释，以确保信息的准确传达。深入了解目标文化的这些方面，有助于翻译者更好地把握原文的文化内涵，确保翻译文本在另一个语境中能够得到准确理解。

三、幽默与文学作品的挑战

幽默和文学作品中的笑料、讽刺以及文化隐喻往往是紧密相连的，因此在翻译这些作品时确实面临一些挑战。这里有一些挑战和策略：幽默常常建立在文化的共同理解之上。某个笑话可能基于特定文化的事件、人物或传统，这对于目标受众来说可能是陌生的。翻译者需要深入理解原文中的文化隐喻，并找到目标文化中具有相似效果的元素。幽默往往涉及多义性和双关语，这在不同语言之间很难直接转换。翻译者需要在保持笑点的同时，避免造成歧义。这可能需要一些创意的翻译，以确保幽默感得以保留。作品中的文学背景、作者的写作风格以及作品的流派都是影响幽默的因素。翻译者需要通过适当的注释或解释来传达这些信息，让目标受众更好地理解作者的意图。幽默往往是情感的表达方式之一，翻译者需要努力保留原作的感情色彩，确保读者在目标文本中能够体会到作者的幽默感和情感。很多幽默依赖于语言的巧妙和文字游戏。直译这些部分可能导致语言的机智和巧妙失去，因为不同语言之间很难找到完全相等的表达。在这里，翻译者需要巧妙地平衡字面翻译和传达原作幽默感之间的关系。总的来说，翻译幽默和文学作品是一项富有挑战性但也非常有趣的任务，需要翻译者兼顾语言、文化和文学三个方面的考量。

四、文化差异的影响

文化差异在幽默翻译中扮演着关键的角色。每个文化都有其独特的价值观、传统和共享经验，这直接影响到人们对于幽默的理解和接受程度。

在处理文化差异时,翻译者可能会面临以下挑战和需要考虑的因素:笑话和幽默元素通常建立在共享知识之上。如果目标文化缺少原文中的相关知识,那么幽默可能会失效。翻译者需要找到目标文化中具有相似共享知识的元素,以确保笑话的有效传达。幽默常常嵌套在文化的细微差异中。理解作者在原文中采用的文化背景,以及目标文化中的类似背景,是确保幽默得以传达的关键。不同语言有不同的幽默表达方式。直译可能失去原文中的戏谑或调侃。因此,翻译者需要在维持原有幽默感的同时,选择目标语言中更为通用或等效的表达方式。幽默有时涉及对特定文化群体的戏谑或讽刺,这可能在另一文化中被视为冒犯。翻译者需要谨慎处理这些内容,以避免引起误解或不适。总体而言,幽默翻译需要翻译者充分了解原文的文化脉络,同时在目标文化中找到最合适的替代元素,以确保笑话和幽默元素得以保留并产生预期效果。

五、语言游戏和双关语的难题

幽默经常涉及语言的双关、游戏和文字游戏。直译这些部分可能导致语言的机智和巧妙失去。翻译者需要在字面翻译和原作幽默感之间取得巧妙平衡。

语言游戏和双关语是幽默翻译中的重要元素。这些元素通常依赖于特定的语言结构、词汇用法或语音相似性获取,而不同语言之间可能难以找到完全相等的表达。在处理语言游戏和双关语时,翻译者面临以下挑战:不同语言具有不同的语法结构和表达方式,这可能导致原文中的语言游戏在目标语言中无法直接呈现。翻译者需要寻找目标语言中能够传达相似效果的语言结构。双关语和游戏通常涉及词汇的多义性或双关含义。直接翻译可能导致失去这种多层次的含义,因为不同语言中同一个词可能没有相同的双关意味。常常有幽默通过音韵相似性或谐音来创造效果。不同语言的发音不同,因此这种音韵上的巧妙可能在翻译中失去。在应对这些难题时，翻译者需要运用创造性和灵活性，有时可能采用重新构思、替代或解释的方式，以确保目标文本中保留原文中的幽默和双关效果。同时，保持幽默的自然流畅性也是至关重要的，不应让翻译变得生硬或违和。这种平衡需要对源语言和目标语言的语言特性有深入的理解。

这几个方面共同构成了一个复杂而丰富的翻译挑战，需要翻译者在语境中灵活运用各种策略，以保持原文的意义和情感，同时让目标文本在新的文化环境中生动而富有表现力。

参 考 文 献

[1] 邓俊叶,王琳.基于语块理论的大学英语翻译教学模式的构建[J].常州信息职业技术学院学报,2017,16(1):53-56.

[2] 刘晓萌.生态翻译学视域下的大学英语翻译教学研究[J].西部素质教育,2017,3(10):103-104.

[3] 陈梅霞.基于建构主义理论的翻译教学模式改革与实践[J].海外英语,2015,31(23):93-95.

[4] 刘晓民,刘金龙.大学英语翻译教学:问题与对策[J].山东外语教学,2013,34(05):69-73.

[5] 肖丽.母语负迁移在英语翻译教育实践中存在的现象及解决策略[J].内蒙古师范大学学报(教育科学版),2016,29(9):130-132.

[6] 肖乐.试论旅游英语翻译中的创造性[J].外国语文(四川外语学院学报),2011,27(4):93-97.

[7] 高梅.项目课程模式下商务英语翻译教学改革[J].价值工程,2016,35(31):144-146.

[8] 周妮.中国茶文化对外传播中英语翻译策略探析[J].福建茶叶,2017,39(05):295-296.

[9] 陶冉冉. 大学英语翻译教学存在的问题及对策 [J]. 吕梁教育学院学报, 2016, 33（3）: 67-68.

[10] 李亚蕾. "互联网+"背景下大学英语翻译教学模式的创新路径 [J]. 湖北函授大学学报, 2018, 31（8）: 163-164.

[11] 曹野. "互联网+"背景下医学英语评注式翻译教学模式的构建 [J]. 中国医学教育技术, 2018, 32（1）: 66-69.

[12] 黄旦华. "互联网+"背景下大学英语翻译教学模式创新研究 [J]. 教育理论与实践, 2017, 37（15）: 53-54.

[13] 杜开群. 关于高校英语语言学教学问题及对策分析 [J]. 山东农业工程学院学报, 2017, 34（02）: 5-6.

[14] 郑雨. 高校英语教学中模糊语言学的语用意义分析 [J]. 西部素质教育, 2015, 1（06）: 46.

[15] 朱先明, 王彬. 体育新闻标题翻译中的译者主体性探析——以隐喻翻译为中心的考察 [J]. 淮北师范大学学报（哲学社会科学版）, 2016, 37（05）: 79-82.

[16] 杨飞. "ESP"理论视角下的大型国际赛事体育英语翻译现状分析 [J]. 成都体育学院学报, 2015, 41（03）: 64-67.

[17] 李淑康, 李克. 英语体育新闻语篇翻译的转喻现象探析 [J]. 厦门理工学院学报, 2011, 19（04）: 94-98.

[18] 刘建芳. 浅谈中西文化差异对英语翻译的影响 [J]. 开封教育学院学报, 2004, 24（1）: 58-60.

[19] 刘静. 浅析中西方文化差异对翻译的影响 [J]. 长江大学学报（社会科学版）, 2012, 35（6）: 105-106.

[20] 赵桂华. 翻译理论与技巧 [M]. 哈尔滨: 哈尔滨工业大学出版社, 2002.

[21] 庄绎传. 英汉翻译简明教程 [M]. 北京: 外语教学与研究出版社,

2002.

[22] 冯伟年.最新汉英翻译实例评析[M].西安：世界图书出版西安公司，2005.

[23] 陈雪松，李艳梅，刘清明.英语文学翻译教学与文化差异处理研究[M].西安：西安交通大学出版社，2017.

[24] 冯庆华.文体翻译论[M].上海：上海外语教育出版社，2002.

[25] 曹顺庆.中国古代文论话语[M].成都：巴蜀书社，2001.

[26] 汪榕培，卢晓娟.英语词汇学与教程[M].上海：上海外语教育出版社，2001.

[27] 平洪，张国扬.英语习语与英美文化[M].北京：外语教学与研究出版社，2000.

[28] 王令申.英汉翻译技巧[M].上海：上海交通大学出版社，1998.

[29] 陈文伯.英语成语与汉语成语[M].北京：外语教学与研究出版社，1982.

[30] 於奇.世界习语文化研究[M].郑州：大象出版社，2003.

[31] 冯庆华.实用翻译教程[M].上海：上海外语教育出版社，1997.

[32] 朱竹芳.陶瓷英语基础教程[M].北京：高等教育出版，2013.

[33] 廖国强.英汉互译理论、技巧和实践[M].北京：国防工业出版社，2006.

[34] 程晓堂.英语学习策略——从理论到实践[M].北京：外语教学与研究出版社，2002.

[35] 吕敏敏.古诗英译中语法隐喻现象对比研究[D].江西师范大学，2015.

[36] 戴冬苗.翻译补偿视角下的查良铮诗歌翻译研究[D].广东财经大学，2014.

[37] 郭建军.英语格律诗的节奏汉译研究[D].西北师范大学，2013.

[38] 宫萍.关于汉英诗歌艺术构思相似性的个案研究[D].吉林大学，2012.

[39] 刘金梅.翻译美学视域中许渊冲的中国古典诗词英译研究[D].广西师范大学，2011.